민족의 뿌리를 밝히는

한국 역사 9000년

민족의 뿌리를 밝히는

한국 역사 9000년

최종철 지음

미래문화사

구려(九黎) 9000년 비사

흔히 우리 민족의 역사를 반만년 또는 단기 4300년이라 말한다. 그런데 9000년이란 무엇인가? 그리고 4300년의 기준이 되는 단기(檀紀), 즉 단군의 기원마저 불행하게도 고려시대 승려였던 일연(一燃)의 신화 같은 한마디에 매달려 있을 뿐이다. 그나마 일부 반도사관의 사학자들은 이를 신화로 취급하여 왔으며, 남은 2천년의 역사마저 중국 은나라의 망명객 기자에 의해 잘라 먹히고 그 터 위에 위만이 설치다가 드디어 한(漢) 무제 때는 한사군이 우리 민족의 머리 위에 집을 지었다고 한다.

그러면 무엇을 근거로 반만년의 역사를 말하며 또한 실종된 5000년을 보태어 9000년의 맥을 짚어 볼 것인가?

천행으로 최근에 발견된 행촌 이암의 《단군세기》에서 47대 단군의 세가보가 기록되어 비로소 단군조선의 대개를 알게 되었다. 그리고 동굴의 바위 틈에 숨겨져 있다가 오늘에야 빛을 보게 된 《환단고기》와 《규원사화》 등 옛 서적들에서 민족사의 영광이 재현된 듯하다. 하지만 《환단고기》를 일본어로 번역한 가지마 노보루(鹿島昇)는 제멋대로 역사를 날조하고 변조시키려 하고 있다.

아관 신규식 선생은 '남의 나라를 망하게 하고 남의 터전을 흔들며 남의 인재를 끊기도록 하고 남의 교화(敎化)를 없애 버리며 남의 기강을 무너뜨리고 남의 조종(祖宗)을 짓밟으려면 먼저 그 역사를 없애야 한다'고 통탄했다.

일본인들은 우리 민족을 한일합방으로 무단 점령한 뒤 조선총독부 내에 조선사 편수회를 조직해 놓고 우리 민족의 역사를 말살했다. 이제는 더 이상 민족의 역사를 남의 손에 맡길 수 없고 더 이상 왜곡되도록 좌시해선 안될 일이다.

필자는 민족의 뿌리를 찾아 10여 년의 노력 끝에 《환웅 단군 9000년 비사》(1995, 미래문화사)를 펴냈고, 보다 많은 사람들이 이해하기 쉽고 재미있게 역사 공부를 할 수 있게 하기 위해 소설의 형식을 빌어 본서를 펴냈다. 단순한 허구의 구성이 아니라 민족의 근원을 파헤치는 방대한 작업인지라 어려움도 없지 않았으나 왜곡된 역사를 되돌려 놓고 실종된 역사를 끌어내는 데 의의를 두고 소명의식을 갖고 썼음을 솔직히 고백한다.

먼저 신라 박제상의 저술인 《부도지》에서 마고할미와 황인종의 조상 황궁씨를 그리고, 《역대신선통감》과 《운급칠참》에서 황로, 원시천존, 순비천황, 잠총, 어부, 박호 환인으로 이어지는 천황, 지황, 인황의 만주대륙 개척사, 《중국고대신화》와 《일본서기》로 연결되는 중국 황하의 유웅국과 일본 출운국의 개척, 뽕나무와 비단의 이야기, 직녀와 견우의 은하수에 얽힌 사연을 만나고, 훗날 환웅과 단군, 반고와 태호복희의 비밀을 밝히고자 한다.

단군을 지금까지 신화로 보던 의식의 고착에서 탈피하여 대동이(大東夷) 구려(九黎)가 바로 환웅·단군의 주체 민족임을 자각하게 될 때 동북아의 역사와 문명은 새롭게 해석될 것이다.

1914년 아관 신규식 선생이 쓴 민족혼에 대한 글에 '오늘날과 같은 세대에 태어나서 치욕을 씻고 죽음을 구하기에 여념이 없으니 자양(朱子 家門－紫陽)에 두 무릎 꿇고 감히 스스로 한 발자욱도 옮겨 디디지 못하는 것은 남이 뱉아 버린 침을 핥는 것과 같으며 온몸을 백조(白潮-서구사상)에 적시는 것은 그 껍데기도 알기 전에 내 정신을 장사 지내는 것과 같다' 하였다. 배움이 부족하고 재주도 부족한 후학말진이 감히 부끄러움을 무릅쓰고 이 글로써 민족의 영원한 영광 앞에 바치려 한다.

이제 우리 민족의 역사를 회복하여 민족혼을 되살려 세계 앞에 빛을 드러내는 한민족이 되기를 기원하며 옷깃을 여민다.

저 자

차례

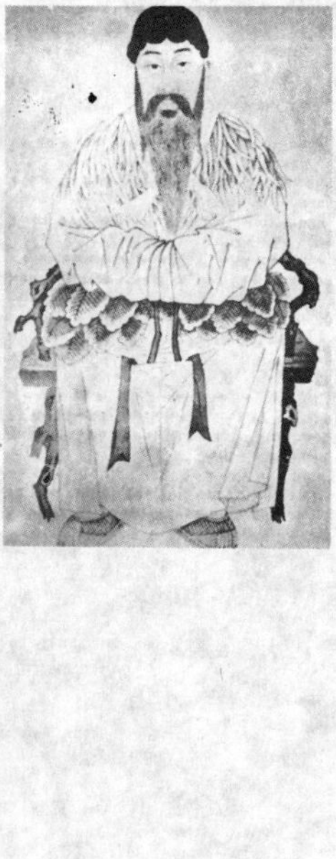

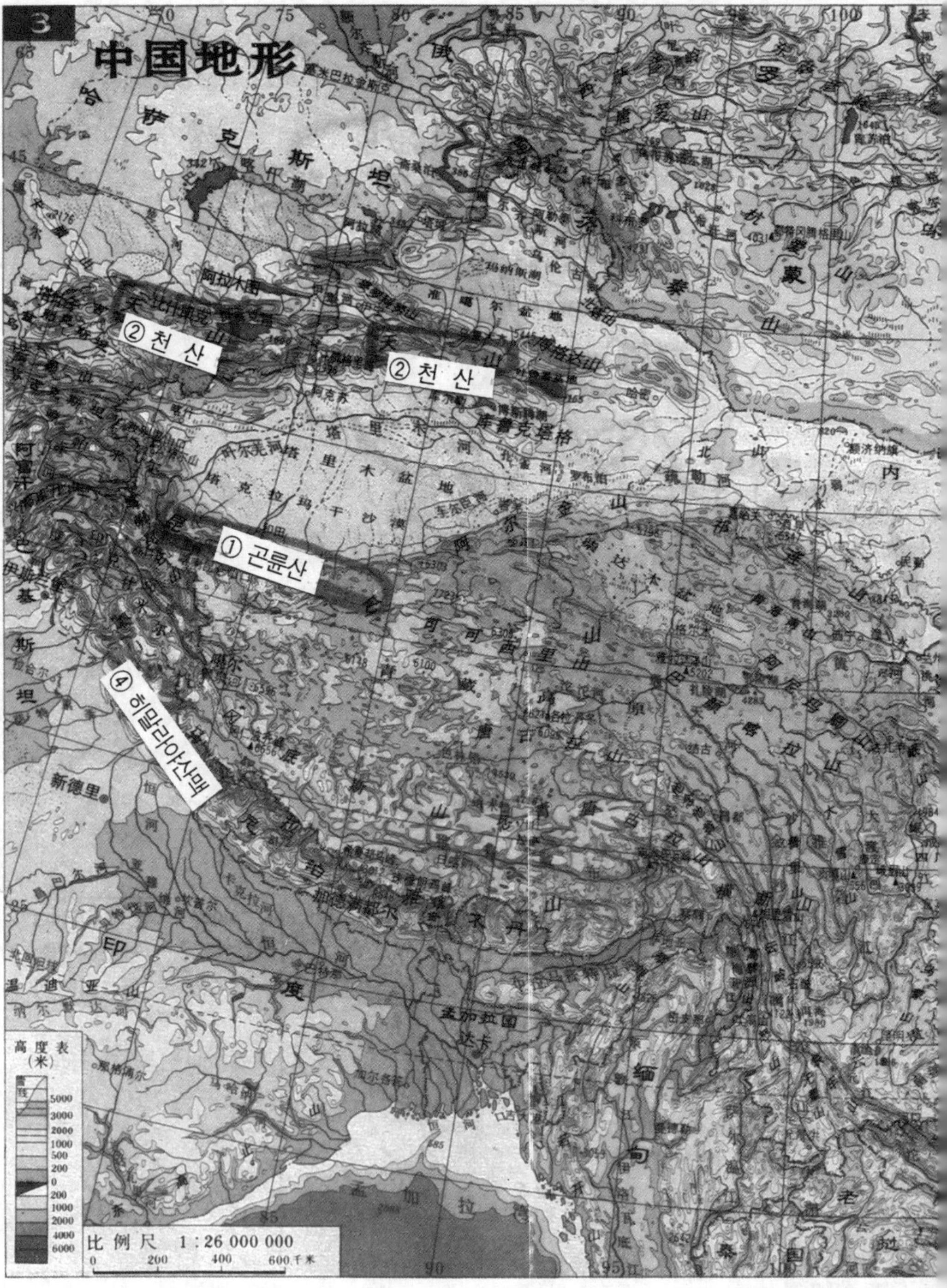
3
中国地形
② 천 산
② 천 산
① 곤룬산
④ 히말라야산맥
塔里木盆地
青藏高原
高度表
(米)
比例尺 1:26 000 000
0 200 400 600千米

3
③ 바이칼호
北京
天津
石家庄
太原
济南
青岛
胶州湾
成山角
连云港
辽东湾
西朝鲜湾
东朝鲜湾
渤海
渤海海峡
黄海
东海
济州岛
朝鲜海峡
对马海峡
九州岛
四国岛
本州岛
北海道岛
东京
舟山群岛
三门湾
三沙湾
福州
钓鱼岛
赤尾屿
台湾岛
台湾海峡
澎湖列岛
高雄
汕头
大鹏湾
香港
湛江港
雷州半岛
海南岛
北部湾
东沙群岛
十万大山
锡林浩特
呼和浩特
包头
乔巴山
海拉尔
河内
海口
西沙群岛
中沙群岛
南沙群岛
曾母暗沙
胡志明市
马尼拉
南海诸岛
0 200 千米

①
천랑성이 빛나는 곳

굴원[1]은 노래한다.

"누가 천지의 시작을 알 수 있을까?"

천지는 인간이 태초에 발자국을 찍기 전 혼돈과 어둠 속에서 둥근 알이 깨듯 신의 의지에 따라 질서로 편재되었고, 만물의 영장 유인원과 신의 아들 호모사피엔스[2]가 구별을 갖게 될 때 비로소 불씨가 야만의 허울을 벗기기 시작한 지 어언 41만 5천 년, 즉 지금으로부터 9천8백 년 전이었다.

하늘을 우러러 치받고 있는 곤륜산의 서쪽 파미르 고원에 선천세계와 후천세계의 사이 짐세(朕世)에 영원히 늙지 않는 한 여인이 있었다.

여인은 사면에 만년설 빙하가 암벽을 이루고 지표 위엔 끝없는 설원을 이뤄 감히 인간의 침입을 허락치 않던 곤륜을 바라보며 하

---

1) 굴원 : 중국 춘추전국시대 초나라의 정치가, 애국 시인.
2) 호모사피엔스(Homosapiens) : 현생 인류의 조상. 40만 년 전 화석 인류의 일종. 두 발로 직립 보행, 도구 사용, 언어 · 문자 사용.

늘의 천권(天權)을 이어받아 삼라만상 유형(有刑)과 무형(無形)의 실체 세계를 다스리는 인류의 어머니 마고(麻姑)라 한다.

그날은 하늘의 뭇별이 저마다 눈동자를 빛냈고 달 속의 토끼는 지상의 설원 위에 금빛 구슬들을 뿌려놓아 바라보는 이의 눈길을 멀게 했다.

해시(亥時)를 지나 자정(子正)이 가까워 올 무렵 곤륜 천왕봉을 바라 천단(天壇) 앞에 긴 옷자락을 펄럭이며 한 여인이 서 있었다.

신의 나라 입구가 그곳에서 시작되었고 인간은 그 앞에서 옷깃을 여며야 하는 거룩한 곳이다.

여인은 삼족규역(세발토기)을 들었다. 여인의 옆에 선 천관은 쇠뿔잔을 받들었고 여인은 쇠뿔잔 가득 하늘의 벽계수 한 줄기를 담아 천단 위에 올렸다. 여인의 두 팔은 어느새 천지의 정기(精氣)를 모아 합장한 손 끝에 푸른 빛줄기를 피워 올리고 있었다.

"천지신명이시여! 후천개벽의 천운을 여소서!"

여인의 음성이 어두운 밤하늘을 가르자 사면의 천단마다 천인(天人)과 천녀(天女)들이 일제히 천악(天樂)을 연주하기 시작했다. 큰 북소리가 크게 세 번 울리자 황종(黃鐘)과 대려(大呂) 소리가 우렁차게 뒤를 따랐다.

삼층 천단 아래에는 오색 깃발이 펄럭였고 무리들이 천악에 맞춰 춤을 추었다.

먼저 한 쌍의 남녀가 춤을 추기 시작했는데 이 춤을 공제무(空齊舞, 하늘의 축복을 기원하는 춤)라 한다. 남녀가 두 쌍이 되면서 사면두(四面頭), 네 쌍이 되면서 팔면풍(八面風), 여덟 쌍이 열여섯 개의 꽃으로 피어나고(十八開花) 드디어 9만18식(九彎十八式)에 이르러 천만변화가 이루어졌다.

대오를 맞춰 함께 나아가고 물러나는 동작들이 고도로 정제되어 있을 뿐 아니라 일파만파의 변화가 일어났다. 그것은 단순한 춤사위가 아니라 저 깊은 내면의 고뇌와 희열을 응축한 단학(丹鶴)의 천년비원이었다.

"공제(空齊), 공제(空齊)."

사람들이 입을 모아 하늘의 축복을 기원했고 황종, 태주, 협종,중려, 유번, 이칙, 남려, 응종의 8여가 오음(궁 · 상 · 각 · 치 · 우)과 칠조(평면조와 계면조의 칠조)로 어우러졌다.

옛 악서(樂書)의 말대로 음악이 시작될 때 북을 치고 끝날 때 징을 울리는 것 그대로였다. -- 사기(史記) 악서(樂書)

돌연 징소리가 울리자 모든 천관의 음악 소리와 뭇 무리들의 춤사위가 멎었다. 산천초목이 숨을 죽이고 하늘의 뭇별조차 운행을 멈췄다.

두번째 징소리가 울리자 만산이 일어나서 우뢰를 토했다. 징소리는 물결처럼 퍼져 갔다가 파도처럼 되돌아왔다.

천단 정상의 여인이 천천히 옥음(玉音)을 열었다.

"태일(泰一)께서 한 별〔一星〕을 내리시니 하늘이 내리는 축복을 받아 자자손손 이어지리." (泰一貢兮 一星下 旣受帝祉 施于孫子.)

여인의 격앙된 옥음이 천지에 울려 퍼지자 하늘의 왕자별 천랑성(天狼星 – Sirius)이 푸른 빛줄기를 뿌리며 땅으로 내려왔다.

"아 ! 천지신명의 보우하심이다."

여인이 탄성을 지르자 무리들이 천단을 향해 경배를 올렸다. 이와 동시에 고고지성이 울렸고 삼신(三神) 석굴에서 나이가 들어 보이는 한 여인이 강보에 어린아이를 싸안고 나왔다. 산모를 돌보느라 지쳐 보였으나 새 생명을 얻은 기쁨 탓인지 얼굴은 옥처럼 빛나고 있었다.

"옥동자입니다, 마고대성(麻姑大聖)."

나이 많은 여인의 말을 듣고 천단위의 마고할미의 볼에서는 작은 경련이 일었다. 그 눈에는 별빛보다 영롱한 이슬이 맺혔다.

"삼신천제(三神天帝)시여, 천지신명이시여, 축수 올리나이다."

마고할미의 축수는 별빛이 흐려지고 동녘에 햇살이 퍼질 때까지 멈추지 않았다.

천랑성의 운기를 타고난 아이는 유복자였는데 어머니마저 삼칠일을 못 넘기고 세상을 뜨고 말았다.

할머니는 아이를 지극정성으로 보살폈다. 어머니의 젖을 먹지 못하는 손자를 위해 언제나 따뜻한 산양의 젖을 먹였다. 산양들은 외부 사람들의 접근을 금하는 곳에서 길러졌으며 바위틈 석청과 봉밀, 삼근영초(三根靈草 - 인삼)를 모아 아이를 보양하고 정성으로 길렀다. 아이는 할머니의 사랑으로 아무 탈 없이 무럭무럭 자랐다. 어린 아이의 눈빛에는 별빛을 담고 있었다.

아이는 3개월도 채 못 되어 걷기 시작했으며 6개월째에는 말을 하기 시작했다. 호기심이 무척이나 많은 아이였다.

"이게 뭐야?"

"저게 뭐야?"

아이가 귀찮을 정도로 물어댔으나 어른들은 아이의 미소를 보면서 마냥 기쁨에 젖어 귀찮은 표정조차 지을 수 없었다.

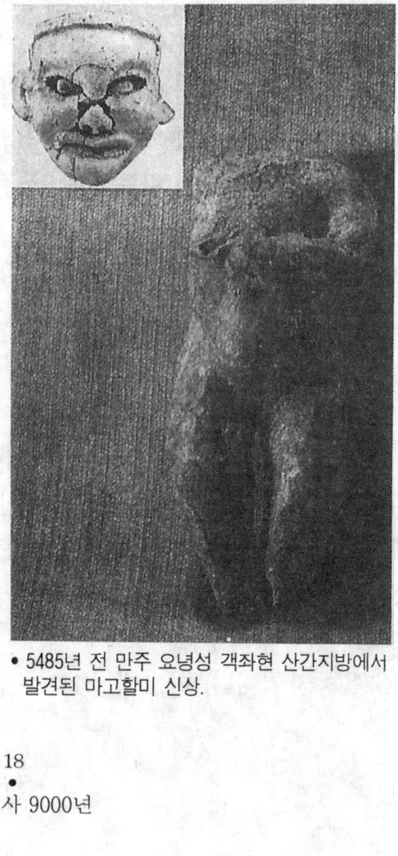

• 5485년 전 만주 요녕성 객좌현 산간지방에서 발견된 마고할미 신상.

그런데 한 돌이 되면서 아이는 아무것도 묻지 않았다. 아이가 들판을 걷게 되자 나비와 새들과 온갖 벌레와 짐승들이 아이의 주위에 몰려들었다. 여러 아이들과 섞여 놀아도 사람들은 유난히 그 아이만 기억했다.

아이의 이름은 황궁이라 했다. 황궁족은 들판에 천막(天幕)을 치고 살았는데 이를 궁(穹 – 하늘 궁, 활꼴 궁)이라 했다.

따뜻한 봄날 이른 아침이었다. 황궁은 아직 잠에서 깨지 않은 할머니를 흔들어 깨웠다.

"할머니, 일어나세요. 백소족 라임이 울고 있어요. 배가 아프대요."

"뭐라구? 그게 무슨 소리냐?"

마고할미는 깜짝 놀라 일어났다. 하지만 황궁의 말을 믿을 수가 없었다. 황궁과 라임은 지난 7월 1일 천제(天祭) 때 만나 어울려 놀긴 했지만 그 후엔 만난 적이 없었다. 그런 라임이 울고 있다니 무슨 소리인가?

"라임이 어디 있느냐?"

"라임 엄마하고 소(巢)에 있는데 배가 아파서 쩔쩔매며 울고 있어요."

"저런 쯧쯧……, 이걸 어쩌지. 그런데 네 눈엔 라임이 보인단 말이냐?"

"그럼요, 빨리 월이(月伊)를 보내주세요."

월이는 황궁이 아끼는 개였다. 매우 영리해서 잔심부름을 곧잘 했다.

"그래, 그러자꾸나. 월이야! 월이야!"

월이는 컹컹 짖으며 꼬리를 흔들고 달려왔다. 마고가 약재를 월이의 허리춤에 달아주고 등을 두드려 주자 쏜살같이 달려갔다. 월이가 떠난 후 한식경이 되자 황궁은 방긋 웃었다.

"됐어요. 라임이 이젠 웃고 있어요."

월이가 돌아왔을 때 허리춤엔 편지가 담겨 있었다.

"마고대성(麻姑大聖), 고맙습니다. 덕분에 라임이 나았습니다."

그런데 어느 날 황궁이 또 밖에서 놀다가 뛰어 들어오며 말했다.

"할머니, 두악재에 청궁(靑穹) 마린기 아저씨가 큰일났어요. 골짜기로 떨어져 허리를 다쳤어요. 꼼짝 못하고 있는데 도와줘야겠어요."

마고할미는 얼른 마을 장정들을 보내 청궁 마린기를 데려오게 했다. 황궁의 말이 어김없자 마고할미는 황궁의 총기가 두려울 정도였다.

"황궁아, 이런 소리는 함부로 하면 안된다. 할머니 외에는 말하지 않도록 해라."

황궁이 말없이 고개를 끄덕이자 마고할미는 손자의 머리를 쓰다듬었다.

곤륜산맥의 남쪽 히말라야 산맥에서 인도의 머리맡을 돌아 동쪽 뱅골만으로 흘러 들어가는 강 항하(恒河)가 있다.

인도인들은 이 강을 일러 "어머니 강가(gang ka)" 또는 여신 "강가"라 하는데 하늘의 강이라는 갠지스의 원천이 흐르는 곳이다. 마고할미는 빙하가 석벽들을 깎아내며 흘러내리는 계곡을 손자 황궁의 손을 잡고 오르고 있었다.

아열대의 수림을 뚫고 올라가면 뽕나무과의 고목들을 만난다. 고목들은 '보리수'라 한다. 석가모니가 성불(成佛)하기 전부터 신성한 나무로 일컬어졌다. 인도인들은 그 나무 아래서는 감히 거짓말을 할 수 없었다.

마고할미는 손자 황궁을 이끌고 하늘로 이어지는 천제(天梯) 구름

사다리를 사흘 밤낮이나 올랐다. 발밑에 구름이 흘러가는 아득한 절벽길 위에 한 칸 모옥(茅屋 – 초가집)이 쓰러질 듯 놓여 있었다. 모옥 옆에는 푸른 대숲이 둘러 있고 대숲엔 작은 새들이 날아다녔다. 싱그러운 대숲 냄새를 한 가닥 바람이 날리고 지나갔다.

모옥 앞에는 흰 머리에 수염이 긴 한 노인이 잿빛 두루마기와 먹빛 옷을 입고 서 있었다.

"어서 오십시오, 마고대성!"

먹빛 옷을 입은 노인은 마고할미와 황궁이 올 줄을 미리 알고 기다리고 있었던 듯한 눈치였다.

"황현진인(黃玄眞人)! 별고 없으셨소?"

"예! 마고대성께서 염려해 주신 덕분에 미천한 몸이 백년을 헛되이 보내고 있습니다."

"별말씀을……, 황현진인께서 천부(天符)의 도맥(道脈)을 잇고 계시니 마음이 든든하기 그지없소."

마고할미는 황현진인의 인사를 받으며 쓸쓸히 웃음을 머금었다.

"황궁아, 이리 오너라. 이분이 앞으로 너를 가르치실 스승이시다. 절을 올려라."

"이 아이가 바로 황궁이로군요."

회의노인은 황궁의 이목구비를 살폈다. 비록 나이는 어렸으나 이마가 반듯하고 콧날이 오똑하여 공명정대함이 넉넉히 엿보였다.

"과연 인중룡(人中龍)이요 기린아(麒麟兒)로군요."

"그렇소. 비록 나이는 어리나 천랑성(天朗星)의 정기를 타고나서 이미 천안(天眼)이 열려 있어요. 앞으로 우리를 대신하여 후천개벽의 천운을 개척할 아이니 부디 잘 가르쳐 주시오."

"부족한 재주나마 최선을 다하겠습니다."

마고할미와 회의노인이 얘기를 나누는 동안 황궁은 모옥의 뒤를 돌아 뒤뜰로 갔다. 뒤뜰엔 커다란 동굴이 입을 벌리고 있었다.

황궁이 살금살금 굴 속으로 들어가자 굴이 서서히 밝아졌다. 굴 안에는 야명주가 어둠을 밝히고 있었다. 석굴 벽에는 주황색의 이상한 사람 모습이 아로새겨져 있고, 춤을 추는 듯 씨름을 하는 듯 보이는 사람 그림 아래엔 알지 못할 글자들이 새겨져 있었다.

양피지가 야명주 아래 가득 쌓여 있었는데 황궁이 그 중에 하나를 보니 지금까지 시선을 잡아 끌던 벽면의 그림과 같았다.

황궁이 이곳 저곳 기웃거리는 동안 두 노인의 대화가 끝났는지 부르는 소리가 들렸다.

"황궁아, 할미 간다!"

"할머니, 나도 가!"

황궁은 다람쥐처럼 재빨리 뛰어 나와 할머니의 치맛자락을 붙잡았다. 황궁은 이제 겨우 다섯 살이 된 정이 그리운 아이일 뿐인이었다. 하지만 할머니는 황궁을 뿌리쳤다.

"안 돼! 너는 이제부터 스승님 모시고 열심히 공부해서 천부(天符)의 동량(棟梁)이 되어야 하느니라."

마고할미는 안겨드는 황궁을 뿌리치고 눈시울이 붉어진 채 황급히 떠났다. 황궁은 할머니를 쫓아가다 힘에 부치자 땅바닥에 주저앉아 엉엉 울어댔다. 황현진인은 살그머니 황궁의 어깨를 짚고 다정다감한 손길로 눈물을 닦아 주었다.

"황궁아, 남자는 울지 않는 법이야. 할머니는 지금 몹시 힘이 드신 상태란다. 황궁이 아직 어려서 할머니를 도울 수 없어. 그러니까, 황궁이 빨리 커서 할머니를 도와드려야지?"

황현진인의 말에 황궁은 울음을 그치고 아주 낭랑하게 대꾸했다.

"응, 이 황궁이 꼭 할머니를 도와줄 거야."

황궁은 자그마한 주먹을 꼭 움켜쥐었다. 이미 모든 것을 알아차린 듯 얼굴을 밝히려 애를 쓰는 모습이었다.

"그래, 황궁 장하구나. 그래야지. 어디 우리 한번 재미있게 놀아 볼까?"

황현진인은 입으로 새소리를 냈다. 서너 번 소리를 거듭하자 온갖 종류의 새들이 마당에 가득 모여들었다. 황현진인은 새들에게 먹이를 주며 황궁을 돌아보았다. 어느새 새들은 황현진인과 황궁의 어깨와 머리 위에 앉기도 하고 주위를 빙빙 돌며 황궁을 반겨주듯 춤을 추었다.

황현진인은 품속에서 옥피리를 꺼내 불었다. 새들은 이미 날이 저물었는데도 돌아가지 않고 마당에서만 놀았다.

그날부터 노인과 황궁은 스승이라기보다는 할아버지요 마음 터놓고 지낼 수 있는 친구였다.

함께 들판에서 열매를 따고 메뚜기를 잡았으며 냇가에서 수영도 했다. 노인은 황궁에게 무엇을 가르치지는 않았다. 한번 여행을 떠나면 열흘이든 보름이든 끝없이 돌아다녔다.

여행하다 지치면 풀숲이나 바위틈에서 잠을 잤으며, 황궁이 배고파할 때면 노인은 항상 먹을 것을 주었다. 하지만 황궁은 황현진인이 먹는 것을 한번도 보지 못했다.

여행 중에 황현진인과 황궁은 한번도 비를 맞은 적이 없었다. 모옥이나 석실에 있을 때 한 차례씩 비가 왔지만 여행할 때는 언제나 맑았다. 황현진인은 천기를 예측하고 있었기 때문이었다.

황현진인은 황궁에게 돌팔매를 가르쳤다. 이따금 과일을 딸 때 황현진인은 작은 돌을 던졌다. 돌은 무서운 파공음을 날리며 한꺼번에 많은 과일을 땄다. 그런데 이상하게도 깨지거나 상처난 과일이 하나도 없었다.

"할아버지, 어떻게 이렇게 상처 없이 딸 수가 있어요?"

황궁이 물었다.

"익지 않은 과일을 일부러 따선 안 돼. 익은 과일은 바람만 불어도 떨어지게 마련이거든."

황궁은 황현진인의 기술이 너무나 신기해서 틈만 나면 돌을 던지곤 했다. 그러나 좀처럼 돌이 뜻대로 맞지 않았다. 어느새 황현진인이 다가와 말을 거들었다.

"팔로 던져서는 안된다. 마음으로 던져야지. 마음으로 던지면 이미 목표물은 적중하고 있음이야."

이따금 스승은 돌 던지는 것을 보여주었다. 스승은 눈을 뜬 듯 감은 듯 숨을 쉬는 듯 쉬지 않는 듯 팔을 슬쩍 들썩였을 뿐인데 언제나 정확히 과녁에 적중했다. 더욱 놀라운 것은 던진 돌이 나무든 바위든 적중할 뿐 아니라 그 한가운데를 뚫고 들어가 박혀 버리는 것이었다.

황궁이 여덟 살이 되던 날부터 스승은 매일 인시(寅時)만 되면 그를 깨워 강으로 데려갔다.

강까지는 꽤 멀었다. 새벽 바람이 차가웠지만 스승과 황궁은 매일같이 강까지 뛰어갔다. 그때부터는 숲속의 여행을 하지 않았다.

이상하게도 겨울인데도 강물은 차갑지 않았다. 계곡에서 흐르는 물은 두 갈래였다. 그 중 한쪽은 유황 냄새가 독하게 나는 뜨거운 물이었다. 계곡에서 흘린 땀을 씻은 스승과 황궁은 너럭바위에 가부좌를 틀고 앉았다.

"허리를 펴고 똑바로 앉아 저 하늘의 별을 바라보아라. 사람의 허리에는 서른세 개의 뼈가 있는데 하늘의 천극성(북극성)과 통하는 거란다. 깊이 우주의 정기를 들이마셔 피를 순환시켜야 맑은 피가 도는 것이니라."

스승은 그 말을 던지듯 건네고 석상이 되어 버린 듯 꼼짝도 하지 않았다. 하지만 눈을 감고 있음에도 황궁이 몸을 비틀거나 다리가 아파 꿈틀대면, "으흠" 하고 큰기침을 했다. 황궁은 그때마다 깜짝 놀라 자세를 바로 고쳤다. 그 일은 아침 해가 퍼질 때까지 계속되었다.

황궁의 이러한 수련이 여섯달째 접어들자 가부좌로 앉는 데에 많이 익숙해졌다. 목욕을 하고 허리를 쭉 편 채 앉으면 머릿골에 서 척추와 등뼈가 반듯하게 이어진 듯했다.

더구나 무언지 모를 기운이 등줄기를 타고 오르내리는 듯했다.

"그래, 잘하는구나, 황궁! 그 기운을 단전(丹田)에다 모으도록 해라."

"단전이 뭐예요?"

"단전이란 배꼽 밑 세 치쯤인데 그곳에 천지의 정기를 모아야 하느니라."

황궁은 스승의 말씀에 따라 단전에 힘을 주었으나 좀처럼 잘 되지 않았다. 스승은 낮게 중얼거렸다.

"원래 인간의 몸은 우주와 하나이니 머리는 하늘이요 배는 땅이라. 하늘과 땅의 정해진 위치대로 살아야 하는 것을……."(首乾腹坤天地定位.)

스승의 가르침에 따라 단전에 기운을 모으자 점차 따뜻한 불기운이 엉기는 듯했다.

"스승님 뜨거워요."

"그래, 그 기운이 회음혈 쪽으로 내려갔다가 척추를 따라 머리를 꿰뚫고 올라야 하느니라. 그런 후 다시 단전에 모이면 임맥이 비로소 뚫리게 되는 게야."

마침내 황궁의 몸 속에는 스승의 말처럼 뜨거운 기류가 흐르기 시작했다.

②
오미의 화(禍)

부도성(符都城)의 남쪽 백소(白巢)족들의 마을에 가뭄이 들었다. 울창했던 숲들은 이미 시들어 버렸고 나무 위에 지은 집들만 앙상하게 형체를 남기고 있을 뿐이었다.

한 나무집〔巢〕 위에 고릴라처럼 큰 몸집의 사내가 몹시 화가 나 있었다.

"아, 배고프다."

푸른 눈과 붉은 머리칼의 괴인은 몸이 온통 털로 덮여 있었다. 그리고 몸에서는 노린내가 심하게 났다.

"벌써 몇 번째 허탕인가?"

괴인은 백소족의 수령 지소(支巢)였다. 유천(乳泉)으로 젖을 먹으러 갔는데 사람은 많고 젖이 부족해 먹지를 못했던 것이다.

그리스 신화에 의하면 인류 문명의 초기는 역사상 이상향의 황금시대였다.

'이 시대는 행복과 천진무구한 기쁨만이 충만한 세계였다. 법률의 구속이나 관리들의 횡포나 위험이 없었으며 도(道)만이 가득하여 서로 먹을 것을 양보하고 일을 나눠 도와주었다.

숲은 나무들로 울창하고 땅은 씨를 뿌리거나 힘들여 경작하지 않아도 풍성한 열매를 맺었다. 강에는 젖과 술이 넘쳐 흘렀고 떡갈나무 숲에는 꿀이 넘쳐 흘렀다.' (그리스 · 로마 신화)

마고성(麻姑城)의 황금시대는 이러한 때였다. 이 시대를 불교에서는 이렇게 극찬했다.

'만약 철(鐵)이 금(金) 옆에 있으면 금만 못하고 지금의 금은 부처(석가모니)가 세상에 있을 때의 금만 못하고 부처 재세시(在世時)의 금은……수미산(須彌山)에 비하면 미치지 못하니라…….'(한국의 불상, 진홍섭 著)

수미산은 곤륜산을 말하며 부도성이 있는 곳을 의미한다. 결국 석가모니의 시대보다 마고성의 부도(符都) 시대가 더욱 이상적인 황금시대였음을 말해 준다. 그러나 이러한 황금시대도 어느 순간 끝이 났다.

마고(麻姑)를 장자(壯子)는 '오곡을 먹지 않는다' 했다. 마고할미뿐 아니라 그 당시 마고성 사람들은 어느 누구도 오곡을 먹지 않았다. 지유(地乳) 즉 가축의 젖만을 먹었다.

'가축은 풀을 먹고 사람은 가축의 젖을 먹으니 대지의 은혜에 감사해야 한다'고 마고는 사람들에게 가르쳤다.

그런데 백소족의 수령 지소가 여러 번 가축의 젖을 먹으러 갔다가 젖이 부족해 먹을 수가 없었던 것이다. 허기진 배를 움켜쥐고 소(巢)로 돌아왔으나 현기증으로 정신을 잃을 지경이었다.

이때 소(巢) 난간을 타고 뱀처럼 올라가는 포도줄기가 보였다. 이미 잎과 줄기가 말라 버렸으나 철 지난 포도가 시큼한 냄새를 풍기고 있었다.

포도는 마고성의 금단열매였다. 하지만 지소의 머리 속에는 먹는 것으로만 가득 차 계율은 이미 안중에도 없었다.

"그래, 이래 죽으나 저래 죽으나 마찬가지 아니겠어."

지소는 야생의 시큼한 포도를 왈칵 움켜쥐고 따먹기 시작했다. 포도는 이미 술이 될 지경이었다. 지소는 배가 불러 오자 정신이 몽롱해졌다.

"아! 이제 죽는구나. 에라 이 망할 세상."

술에 취한 지소는 소(巢)를 뛰어 내려와 노래를 불렀다.

"넓고 큰 세상에 내 기운이 산을 넘고 강을 건너건만, 어찌 계율에 묶여 죽으란 말인가. 차라리 포도를 먹고 죽는 게 나으리."

백소족의 지소는 이후에도 포도를 따 먹었다. 그리고 다른 사람들에게도 권했다.

• 불교의 사찰에 도교 혹은 선교의 인물이 같이 모셔져 있다.

"먹어 봐. 이 사람들아, 죽긴 왜 죽어. 포도를 먹으면 세상이 조그맣게 보이네. 세상만사가 별것 아니라네."

사람들은 차츰 지소의 말에 넘어갔다. 포도를 먹기 시작한 사람들은 술에 취해 자기를 수양하기는커녕 제사에도 참여하지 않았다. 뿐만 아니라 일도 하지 않았고 오히려 싸움만 하고 다녔다.

마고할미는 지소를 불러 타일렀다.

"사람이 도(道)를 잃으면 금수와 다를 바 무엇인가. 포도를 먹지 못하게 함은 포도의 독력으로 도를 잃을까 염려함일세. 부디 포도의 독력에서 벗어나 도의 바른 길을 가게."

지소는 마고할미의 꾸지람에 처음엔 부끄러워하며 얼굴을 들지 못했으나 포도의 맛을 잊지 못해 자꾸만 유혹에 넘어갔다.

그리스 · 로마신화에 의하면 '디오니소스(바쿠스)라는 술의 신이 있는데 그는 최고의 신 제우스와 세멜레 사이에 태어난 아들로서 술에 취한 힘과 술의 사교적 · 자선적 세력이면서 문명의 계발자이자 입법자, 평화의 애호자로 섬겨지고 있다' 한다.

그리스 신화가 인류 최초의 시음자 지소를 나타낸 것이라면 지중해와 메소포타미아 지방에 포도농업이 번창한 비밀을 이해할 수 있을 것이다.

지소 씨가 포도를 따 먹은 이후부터 부도성의 질서는 무너졌다. 청정한 도장(道場)이 술취한 사람들의 싸움터가 되었다. 술에 취한 사람들은 알콜중독으로 폐인이 되었고 생명마저 잃어갔다. 아이들도 술에 취해 죽어갔으며 기형아가 출산되기도 했다.

보다 못한 청궁족의 수령 람궁이 포도를 먹은 사람들을 모아 놓고 말했다.

"너희들은 따먹지 말라 한 포도를 따 먹었으니 이제부터는 부도성의 지유(地乳)를 먹을 수 없다.

너희가 먹을 것은 곡물이니 너희가 땀흘려 가꿔야만 오곡을 얻을지니라. 가시덤불과 엉겅퀴를 헤쳐 식물을 구하고 마침내 흙으로 돌아가리라.

이미 술에 유혹됨이 심하니 어찌 하겠는가. 그러나 자기를 닦고 술의 유혹을 끊을 수가 있다면 돌아옴을 어찌 마다하겠는가."

청궁족의 수령 람궁은 이 말과 함께 포도를 먹는 자들을 성 밖으로 내쫓았다.

내쫓긴 사람들은 모두 청궁족의 수령 람궁을 미워했고 성 안의 사람들을 원망했다.

그들은 농사를 짓겠다고 땅을 마구 파헤쳤으며 땅에 물을 대기 위해 샘을 파헤쳐 샘물조차 말라 버렸다.

가축의 젖을 먹는 사람들과 오곡을 먹는 사람들 사이에 싸움이 잦아졌다. 가축을 기르던 자들은 가축에게 먹일 물과 풀밭이 없어지자 참을 수가 없게 되었다.

파미르 고원의 부도성 곳곳에 세워진 소(巢)와 궁(穹)과 천단을 지나면 깎아 지른 듯한 웅대한 암벽을 만난다.

암벽 한쪽에 큰 석굴 입구가 있는데 양쪽에 기골이 장대한 괴수가 지키고 있다.

그 괴수는 가릉빈가(迦陵頻伽)* 와 해태(獬豸)를 닮았다.

석실 중앙으로 한 젊은이가 들어섰다. 젊은이는 이목이 매우 뚜렷했고 이마가 반듯했다. 엷은 옥색의 장삼을 입고 머리에 세 가닥의 꿩털이 꽂힌 모자를 쓰고 있었는데 매우 경쾌해 보였다.

석실은 밖에서 보기보다 웅장했다. 그리고 곳곳에 송진불이 밝게 비치고 있었다. 동굴 가운데 통로를 제외하고는 온통 만년 종유석이 오색의 만물상을 빚어내 신비함으로 가득했다. 곳곳에 연못과 냇물이 흘러 산천어와 열목어들이 무리지어 노닐었다.

하지만 청년은 어느 곳에도 눈길을 주지 않고 곧바로 굴 중앙으로 걸어 들어갔다. 몇 명의 천관과 천녀들이 조용히 시립해 있는 중앙에 한 여인이 호피에 가지런히 누워 있었다. 청년은 조용히 다가

---

* 가릉빈가(Kalavinka) – 불경에서 주작정토에 살면서 묘한 소리로 설법을 한다는 새. 사람 머리에 새의 몸. 몸에는 비늘이 있고, 새의 날개와 꼬리를 가지고 있음. 악기를 가지고 연주한다고 함.

가 말없이 누워 있는 여인의 주름진 손을 잡았다. 마치 마른 장작처럼 앙상하고 작은 손이었다.

순간 여인의 눈이 번쩍 떠졌다. 그리곤 어디서 그런 큰 힘이 솟아났을까 싶을 정도로 큰 목소리로 외쳤다.

"황궁이 돌아왔구나!"

"예, 할머니! 황궁이 돌아왔습니다."

"어디 보자. 그래, 정말 황궁이구나. 13년의 세월이 흘렀어도 너는 언제나 내 가슴속에서 자라고 있었단다. 정말 생각했던 대로 잘 자라 주었구나. 그래, 수업은 다 마쳤느냐?"

마고할미는 연신 얼굴과 머리칼을 만져 보고 등을 두드리며 물었다.

"예. 그저께 영령의 마지막 수업을 마치고 스승님을 하직하였습니다."

"그래, 장하구나. 그 나이에 영령의 수업을 마치다니……, 과연 내 새끼로구나."

영령이란 일체의 변화하는 어지러운 만물 속에서 절대 무차별의 정적을 지켜 나가는 것을 말한다.

말은 간단한 듯하지만 천랑성의 정기를 타고난 황궁조차 무려 13년을 지나 도달할 수 있었던 경지였다.

황궁이 도를 닦은 과정을 살펴보면 이러하다.

단전(丹田)에 기를 모으기 시작한 지 삼 년이 지나자 황궁은 아랫배가 따뜻해짐을 느낄 수 있었으며 그 기운을 온 몸 속에서 마음대로 운용할 수 있었다. 이것이 수련의 바탕이었다. 이로부터 다시 3년 후 능히 천하를 잊을 수 있었다. 7년째가 되자 만물의 존재를 잊을 수 있었고 9년째가 되자 생(生) 자체마저 잊을 수 있었다. 그런 뒤에 조철(朝鐵), 즉 맑은 아침의 하늘과 같이 청명(淸明)한 경지에 들게 되었으며, 그로부터 견독(見獨), 즉 나 홀로만의 참된 절대적인 경지에 이르는 것이다. 그 경지를 영령이라 하는 것이다.

한마디로 황궁의 공부는 모든 것을 비워내는 데서 시작되었다. 모든 잡념과 사념뿐 아니라 희로애락의 감정을 비워내고 자기 자신의 존재마저 비워낸 터 위에 우주의 참 진리가 맑은 샘물처럼 고이는 상태, 그것은 천지의 이치와 더불어 조화로운 합일을 의미하는 것이다.

"할머니 ! 왜 이렇게 힘이 없으십니까 ? "

황궁은 마고할미의 지친 모습을 보며 의아해 했다. 황궁이 아는 할머니는 이렇게 약한 분이 아니었던 것이다.

"모두 내가 덕(德)이 부족한 탓이지. 이제 천부(天符)를 지킬 수가 없구나. 백소족 지소가 포도를 먹고 오미의 재앙을 일으켰으니 사람들이 모두 자기의 이익에만 눈이 밝아져 올빼미같이 되었구나. 이는 사사로이 공률(公律)을 어김이며 그로 하여 사람의 혈육이 탁해지고 심기(心氣)가 악해져서 끝내 열매를 취하려 성지(城地)를 파괴하니 샘의 근원조차 말라 버렸단다.

목축하던 궁(穹)족조차 가축에게 먹일 풀과 물이 없던 차에 어저께는 쫓겨난 백소족들이 청궁족 람궁을 죽였다구나.

신성한 대지에 피를 쏟아 한을 남겼으니 어찌 도(道)를 밝힐 수 있겠느냐."

마고할미는 말을 마치자마자 주르르 눈물을 흘렸다.

장자는 이 마고할미를 막고야(莫姑射)의 신인(神人)이라 했다. 그 내용을 보면 '막고야산에 신령스러운 사람이 살고 있는데 피부가 얼음과 눈처럼 희고 매끄러우며 단정하여 처녀처럼 보인다. 곡식을 먹지 않고 바람을 호흡하고 이슬만을 마실 뿐이다. 구름의 기운을 타고 날으는 용을 부리며 사해의 밖으로까지 거닌다. 그 신인이 마음을 모으면 오곡이 병들지 않고 익는다'고 했다.

그러나 우리 민족에 전해 내려온 마고할미는 정이 많은 할머니였다.

《부도지》의 저자 박제상의 본관 경북 영해에 마고산(麻姑山)이 있으며 지리산에도 마고할미를 모신 노고단(老姑檀)이 있다. 또 옛날 성황당이나 불교 사찰 한 모퉁이의 삼신각(三神閣) 삼신할미가 바로 마고이다.

지리산에 전해 오는 마고할미는 마음씨가 착하며 정이 많아 남의 어려운 처지를 보면 딱한 마음을 참지 못한다고 한다. 자기가 가진 것을 모두 나눠 주고 또 딱한 사람을 만나게 되면 자기 옷을 모두 벗어 주는 할미였다.

그래서 마침내 자신이 벌거숭이가 되어 밖으로 돌아다닐 수조차 없게 된다. 부끄러워 바위틈에 숨어 있었는데 힘센 장수들이 나타나 큰 바윗돌을 들고 와 마고할미를 가려 주었다. 이것이 고인돌의 유래라는 것이다.

이러한 사랑의 할머니 마고가 사람들의 불행 앞에 좌절하고 있는 것이다.

"황궁아, 나 좀 일으켜다오."

마고할미는 어지러운 머리를 짚으며 일어나려 했다. 황궁이 황급히 마고할미를 안아 일으켰다.

"아니, 왜 그러십니까?"

"이제 너에게 천부삼인(天符三印)을 물리려 한다."

"예? 그건 안 됩니다."

황궁은 무릎을 꿇고 결연히 머리를 흔들었다.

천부삼인(天符三印)은 살아 있는 뭇 생명은 물론 죽은 영혼까지 부릴 수 있는 천하의 진보(眞寶), 즉 천왕의 상징인 것이다. 언젠가 황궁이 물려받아 천하를 다스려야겠지만 아직은 할머니께서 더 다스려야 한다고 생각한 것이다.

"알고 있다, 황궁아. 네 마음은 잘 알겠지만 난 앞으로 얼마 살지 못한다. 이제 선천세계를 마감하고 열성조에 돌아갈 때가 온 것이다. 네가 맡아 주지 않는다면 나는 마음놓고 눈을 감지 못하게 된다. 늙고 병든 몸을 이끌고 언제까지 부도(符都)를 이끌 수 있겠느냐. 어떠냐? 그래도 맡을 용기가 나지 않느냐?"

마고할미의 다짐은 차분하고 부드러웠으나 거절할 수 없는 준엄한 명령이었다. 마주 잡은 두 사람의 손에서는 뜨거운 혈연의 정이 격랑처럼 흘러내렸다. 황궁은 더 이상 대답을 늦출 수가 없었다. 그래서 마침내 공손히 대답했다.

"예, 알겠습니다."

황궁은 어떠한 어려움이 닥치더라도 후천세계의 천부(天符)를 복본(復本)하리라고 맹세했다. (謝於麻姑之前 自負五味之責 立誓復本之約.)

마고할미는 그제야 안심한 듯했다. 마고는 고개를 끄덕인 후 주위의 천관(天官)을 불렀다.

"천부인을 가져오너라."

천관들이 붉은 보자기에 싸인 천부인을 조심스레 받들고 왔다.

천왕의 왕권을 상징하는 첫째 보물은 '석경'이었다. 그것은 맑은 옥을 다듬어 만물을 밝게 비추는 것이었다. 뒷면에 천부경(天符經)의 요결이 신대문자(神代文字)로 조각되어 있었고 주위엔 용문(龍文)이 아로새겨져 있었다.

둘째 보물은 '옥피리'였다. 하늘의 소리로써 만물의 영혼을 일깨우고 기른다는 의미였다.

셋째 보물은 '석검'이었다. 일명 천부신검(天符神劍)이라 하는데 길이가 한 자 다섯 치나 되고 폭은 네 치쯤 되는 돌칼이다. 이는 천하의 흑백을 밝히고 정의를 지킨다는 상징이다.

천부신검에는 푸른 빛이 감돌아 무한한 영기가 서려 보였다. 천부인을 물려준 마고는 다시 양피지로 만든 비서를 전했다. 이는 일명 삼보대유금서(三寶大有金書)라 하는데 영보 동현 자연 구천생신장경(靈寶 洞玄 自然 九天生神章經)이라고도 한다.

이것은 선천시대의 천보군(天寶君), 즉 대동지존(大洞之尊)으로부터 마고할미가 물려받은 것으로 천보군이 부도를 세울 때 만들어진 부도의 배치 도면이라는 것이다. 그곳엔 부도인 상청현도(上淸玄都)의 옥경(玉京)과 칠보(七寶), 자미궁(紫微宮)의 자세한 내용이 기록되어 있다.

"부도성의 천운이 다했으니 장차 천산으로 부도를 옮기도록 하여라. 북쪽 천산은 가히 천하의 중앙에 있어 부도를 세울 만한 곳이다."

"그렇다면 마고성은 어찌합니까?"

"먼저 마고성의 실달성(實達城)을 폐쇄하고 사족(四族)은 흩어져 오하(五河)를 이룬 후에 허달성마저 폐쇄하여라. 그래서 삼보대유금서를 준 것이란다. 부디 새로운 천부도를 세워 만인의 홍익을 밝혀다오."

"왜 북쪽의 천산으로 부도를 옮겨야 하는지 소자에게 좀더 자세히 하교(下敎)해 주십시오."

마고할미는 황궁의 질문에 답을 내렸다. 한마디 한마디가 후세에게 남기는 유언이었고 축복을 내리는 말이었다.

"천도(天道)는 원래 북극에서 일어났으니 천일(天一)이 물을 내는 까닭이란다. 대개 북극수는 만물의 씨앗이 나는 곳이라 천산(天山)은 동·서 십만 리 중앙에 있어 제족에 능히 통할 수 있기 때문이다."

"알겠습니다, 할머니. 그럼 쉬십시오."

황궁은 할머니가 지칠까봐 염려되어 그만 하직을 고하고 물러나왔다. 이제는 황궁의 어깨에 천부도의 운명을 짊어져야만 하게 되었다.

③

옥담(玉淡)은 흩어지고

마고할미의 건원 동부(洞府)를 나온 황궁은 천부단(天符壇)을 지나 들판을 가로질렀다.

계절의 여왕 오월의 여신은 메마른 산하에도 신록의 향기를 뿌렸다. 산뽕나무와 버드나무, 전나무 등과 엉겅퀴, 찔레덤불에도 새싹이 향기로웠다.

황궁은 훈훈한 황토흙 냄새를 맡으며 언덕길을 거슬러 올랐다. 풀밭이 끝나고 검은 자작나무숲이 시작되는 곳에서였다.

갑자기 하늘이 무너지는 듯 검은 그림자가 쏟아져 내렸다. 천붕(天崩)이었다. 호랑이와 표범 같은 사나운 맹수를 잡는 그물, 즉 사방 십여 자를 덮을 정도로 크고 튼튼하여 나는 새도 빠져 나갈 수가 없었다.

휘번쩍! 하고 줄기 섬광이 찰라지간에 스쳐갔다.

순간 자작나무숲에 먹빛 옷을 입은 두 괴인이 나타났다.

"흑무상(黑無常)! 이게 어떻게 된 일인가, 분명히 걸려들었는데……."

작달막한 키에 목은 자라처럼 어깨에 붙었고 어깨가 넓어 가슴이 보통 사람의 두 배는 됨직한 사람이 그물을 살피고 있었다.

그는 몸집도 몸집이었지만 오싹 소름이 돋을 정도로 무서운 눈초리를 하고 있었다.

야밤에 먹이를 물어뜯으러 나타난 살쾡이의 눈빛이 저러할까. 사람들은 그를 죽음의 사신이라고도 하고 백무상(白無常)이라고도 했다. 그런데 원래 이름은 울목태였다.

"쯧쯧! 백가야, 네놈은 언제나 칠칠치 못하구나."

마치 무덤에서 걸어 나온 듯한 축축하고 음산한 목소리로 한 사내가 말했다. 백무상과는 대조적으로 장대처럼 큰 키에 시커먼 얼굴을 하고 있었다. 목신(木神)처럼 무뚝뚝한 그 사내는 흑무상 용골지였다. 두 괴한이 그물 주위를 살피고 있을 때였다.

"웬놈들이길래 백주 대낮에 사람에게 그물을 던지느냐?"

황궁이 그물을 벗어나 자작나무 뒤에서 모습을 드러냈다.

"쥐새끼처럼 빠진 줄 알았더니 거기 숨어 있었구나."

백무상 울목태는 음흉하게 웃으며 황궁에게 다가섰다.

"아가야, 좋게 말할 때 내놓아라."

"흥, 무얼 달라는 게지?"

황궁은 백무상과 흑무상을 교대로 바라보며 코웃음쳤으나 내심으로는 긴장해 마지않았다.

상대는 백소 씨가 포도를 먹고 도를 벗어난 이후부터 갖은 악행과 살인을 밥먹듯이 해 온 악기가 넘치는 인물임에 비해, 황궁은 밝은 도의 청명한 기운을 닦았을 뿐이니 그들 악의 근성과 수법들을 알지 못했기 때문이었다. 그러므로 언제 어디서 악랄한 암습을 시도할지 모르는 일이었다.

"낄낄, 어린 놈이 보기보다 머리가 둔하구나. 어서 천부인을 내놓아라. 그런 건 우리 같은 어르신네가 보관해 주마."

흑무상 용골지가 예의 음산한 목소리로 말했다.

"핫하하! 이제 곧 황천으로 돌아갈 노괴들의 욕심이 지나치군! 감히 천부인을 뺏으려 들다니! 재주가 있으면 뺏어 가 보시지."

황궁이 웃으며 대꾸하자 흑무상과 백무상은 흠칫했다. 감히 흑·백무상의 기세에 눌리지 않고 정면으로 도전하다니, 이는 십여 년간 처음 있는 일이었다.

흑무상 용골지는 검은 날의 도끼를 비껴들고 황궁의 허점을 노리며 말했다.

"기어이 피맛을 봐야겠다면 어린 놈이라고 봐줄 순 없지. 저승사자를 만나거든 우리가 보냈다고 안부나 전하거라."

"마황참백수(魔皇塹魄手)!"

용골지가 수백 명의 목을 베어 혼백을 잃게 한 악마의 도끼질 마황참백수를 떨치자 흉맹한 기운이 시커멓게 뻗어 나와 순간 금석(金石)이라도 부수어 버릴 듯했다.

황궁은 용골지의 도끼질 마황참백수를 피해 마치 나비가 날개를 접듯 사뿐사뿐 물러났다. 호접비표(胡蝶飛飈)였다.

황궁은 나비처럼 피하면서 흑무상의 허점을 노려 날카로운 반격을 가했다. 마치 벌이 침을 쏘듯 손가락으로 적의 급소를 찍는 탄지건곤(彈技乾坤)이었다.

이때 황궁의 등뒤에서 백무상 울목태가 그림자처럼 달려들며 창을 찍었다. 연거푸 세 번 창을 찔러대는 연환삼재초(連還三才招)의 비술이었다.

양쪽에서 협공하는 두 괴한의 살수가 매우 날카로워 황궁의 모습이 마치 바람 앞에 등불처럼 위태로워 보였다. 황궁은 순간 '구구 팔십일' 팔십일방(八十一方) 어느 곳에도 그 흔적을 남기지 않는 구구미종(九九迷踪)의 보법으로 급히 피하면서 등에서 천부신검(天符神劍)을 뺐다.

햇살 아래 푸른 날이 빛났다. 검신에는 황룡이 푸른 하늘을 나는 듯한 모습이 그려져 있었다.

"과연 듣던 대로 천부신검은 명검이로구나. 하지만 네가 과연 천부신검의 주인 노릇을 할 수 있겠느냐? 아서라, 다치기 전에 지금이라도 어서 천부신검을 바치고 목숨을 빌면 어린 네 목을 살려 주마."

울목태가 천부신검을 보고 군침을 흘리자 황궁은 천부무경(天符武經) 가운데 신검합일(神劍合一)의 비전을 펼치기 시작했다.

"늙은 괴물이 천부검이 탐난다면 어디 한번 받아 보시지!"

황궁이 날카로운 기합과 함께 울목태의 창을 쳐 나갔다. 순간 울목태의 연환삼재초가 위력을 잃고 있었다.

창끝과 칼끝이 맞부딪히면서 격돌했다. 그때였다. '앗'하는 소리와 함께 울목태가 창을 놓치고 얼굴이 사색이 되어 있었다.

"쉬가 마려운 모양인데 어려워 말고 볼일을 보시지 그래."

황궁은 창을 놓친 울목태를 내버려 두고 용골지를 향해 덮쳐 갔다.

용골지는 황급히 도끼를 휘둘러 막아내며 물러섰다. 그리고는 울목태에게 다가가 어깨를 마주 잡았다.

두 사람이 서로의 몸을 합친 듯 빠르게 움직이자니 갑자기 몸이 보이지 않고 흉맹한 바람만 황궁의 주위를 휘돌았다.

천지가 온통 모래와 낙엽, 작은 자갈돌에 휩싸였다. 그 가운데 칼날처럼 날카로운 바람 줄기가 황궁의 전신요혈을 노리고 급속하게 파고들었다.

사풍무영표(沙風無影飄)였다. 수백 년 전 마고성에서 이미 실전돼 버린 선천세계의 마괴 사마일귀(邪魔一鬼)의 사술이다.

황궁은 바람줄기를 구구미종으로 피하면서 중얼거렸다.

"놀랍군. 단전의 힘을 이용해 바람을 일으키다니……."

황궁은 사풍무영표를 알지 못했으나 그 기운이 단전에서 나온다는 것을 간파했다. 황궁은 지그시 눈을 감고 서서히 바람 속으로 뛰어들었다.

"바람은 허상이니 사기속진(邪氣俗塵)으로 허상을 씻고 사일유성초(沙一流星招)로 맞서리라!"

황궁은 눈을 감고 천부신검과 혼연일체가 되어 바람줄기를 따라 검광(劍光)을 뿌렸다.

순간 흑·백무상 두 사람이 고통에 찬 비명을 지르며 땅바닥에 나뒹굴었다. 황궁은 쓰러진 두 사람의 견정혈과 거궐혈, 천돌혈을 재빨리 눌러 제압했다.

용골지와 울목태는 눈이 찢어질 듯 놀랐다.

"도대체 네놈이 어떻게 우리의 사풍무영표를 깨뜨렸단 말인가. 이것은 마황(麻皇)이라도 쉽게 깨뜨릴 수 없는 것이거늘……."

황궁은 놀라서 넋이 나간 두 노괴들을 보며 담담하게 대꾸했다.

"바람은 천지의 기운이니 천지의 기운을 깨닫는다면 바람의 현상을 깨닫는 것 또한 자명한 일 아닌가."

황궁의 말에 두 사람은 여전히 믿을 수 없다는 표정이었다. 황궁은 쓰러져 있는 두 사람에게 다그쳤다.

"그대들이 천부인을 빼앗아 무엇을 하려 했는지 말해 보라. 혹시 마황이라고 말한 자가 시킨 일이더냐?"

황궁은 용골지가 말한 마황이란 이름을 듣고 짐작은 했으나 확인해 보기 위해 물었다.

"모른다. 평생을 검으로 닦아 왔건만 젖비린내 나는 어린애한테 당해 보기는 처음이다."

용골지는 분한 듯 눈을 꼭 감더니 입에서 시커먼 피를 주르르 흘렸다. 그리곤 더 이상 움직이지 않았다. 입에 독액을 터뜨려 자결한 것이다.

"지독하군."

"백무상, 그대도 모르는가?"

황궁은 흑무상 용골지의 죽음에 혀를 내두르고 이번엔 백무상을 향해 물었다.

"그렇다. 나도 모른다. 네놈 마음대로 될 것 같으냐?"

백무상 또한 분을 못 이겨 입 속의 독액을 터뜨려 자결하려는 순간 황궁은 재빨리 사목유성초의 독심술로 알아차리고 선천신군(仙天神君)의 최심수(摧心手)를 펼쳐 울목태 스스로 말을 하게 했다.

"누가 시켰는가? 마황 백소천군인가?"

최면에 걸린 백무상 울목태는 눈의 초점이 흐릿한 상태에서 순순히 털어놓았다.

"그렇습니다. 백소천군이 천부인을 이용해서 부도성의 천황이 되기 위해 우리에게 시켰습니다."

"역시 짐작대로 백소족의 지소가 이들의 마황이며 백소천군이었구나. 좋다. 그가 어디 있는지 앞장서서 안내할 수 있겠나?"

황궁이 울목태의 눈을 쏘아보며 묻자 울목태는 온순한 양처럼 대답했다.

"예, 바로 조금만 더 가면 됩니다."

황궁은 최심수에 걸린 백무상 울목태를 앞세우고 백소천군이 있는 곳을 찾아 나섰다. 조금 더 걸어가자 자작나무 숲을 벗어났다. 그리고 넓은 개활지(開豁地)가 나왔다.

'아니, 백소천군이 이런 곳에 새처럼 거소를 짓고 있었구나.'

울목태는 기력이 떨어졌는지 백소천군의 거소에 닿자 갑자기 힘을 잃고 기절해 버렸다.

황궁이 백소 씨를 찾아가자 그가 흘낏 황궁을 쳐다보더니 여전히 가부좌를 틀고 차가운 음성으로 말했다.

"진객(珍客)이 오셨군. 어서 오시오, 천왕(天王)!"

역시 백소천군은 흑·백무상과는 달리 마황이라 할 만큼 신비한 기운이 섬뜩한 바람처럼 느껴졌다.

황궁이 천랑성의 별 기운을 타고난 데 비해 백소는 명왕성의 기운을 타고났다.

백소는 어딘지 모르게 비밀스런 냄새가 풍겨 오는 괴인이었다. 백발의 귀밑머리가 길게 드리워진 그는 과묵한 편이었다. 좀처럼자기를 드러내지 않았다. 마음에 드는 심복에게는 너그러운 면도 없지 않아 기이한 마력에 끌린 추종자들도 많았다.

하지만 한 번 적의를 품으면 독기를 품어 용서가 없는 지옥의 마왕 명왕성이다.

백소천군의 응대에 황궁은 우선 감사를 표했다.

"고맙습니다, 천군! 이토록 수하를 보내 마중해 주시니 영광입니다."

황궁의 말에는 뼈가 있었다. 하지만 백소천군은 천년 묵은 너구리였다.

"소뢰배들이 천왕의 진면목을 알지 못해 결례를 한 모양이니 조카가 이해하게."

백소천군은 연치의 서열로 황궁을 누르려 했다. 그에겐 뱀과 같은 번뜩이는 지모가 있어 쉽게 꼬리가 잡히지 않았다. 하지만 황궁 또한 녹녹하지 않았다.

"핫하하! 과연 천군의 덕이 사해(四海)를 덮는군요. 소뢰배들의 죄는 죽어 마땅하지만 천군이 사과한다면 용서하리다."

황궁의 웃음은 쾌활했으나 백소천군의 사과를 요구하는 날카로움이 숨어 있었다.

백소천군은 화롯불을 뒤집어쓴 듯 왈칵 화를 터뜨렸다.

"조카가 내 사과를 받겠단 말인가? 허허 과연 조카에게 그럴 자격이 있을까?"

황궁은 백소천군의 싸늘한 눈초리를 묵살하면서 또다시 빙긋 웃었다.

"천군, 비록 나 황궁은 불초하나 마고성의 성주요. 시험을 해 보고 싶다면 사양치 않겠소이다."

가볍게 예를 표했으나 황궁은 도전을 받겠다는 의사를 분명히 했다. 여기서 물러선다면 천왕의 지위를 인정받을 수 없기 때문이었다.

"좋다. 조카는 백소천군의 손속이 무정하다 원망치 말라. 이는 그대가 자초한 일이니까."

백소천군은 왼쪽 손을 손바닥이 위로 가게 하여 배꼽 앞에 놓고 오른쪽 손바닥을 그 위에 겹친 후 두 엄지손가락을 맞닿게 했다.

선천세계 천혈지존(天血至尊)의 선정인(禪定印)이었다. 이는 삼천세계의 마귀를 제압하는 천부무경의 비술이다.

백소천군의 손바닥엔 푸른 기류가 엉겼다. '선정빙공(禪定氷功)'이었다.

무서운 잠력이 황궁의 천돌혈을 향해 밀려들었다. 무형의 잠력이 닿자 모든 물체가 얼음처럼 얼어 버렸다.

황궁은 선정빙공의 싸늘한 기운이 뼛속의 골수가 시리도록 파고들자, 왼손을 가슴까지 들어 올려 검지손가락을 세우고 오른손으로 잡아 오른손 엄지 끝과 왼손 검지 끝이 맞닿게 했다. 이것은 천혈지존의 지권인(智拳印)이었다.

그런 후 황궁은 크게 소리질렀다.

"모든 만물의 근본 되는 힘, 만유원력(萬有原力)! 그것은 무극(無極)이니 그리로 돌아가라!"

황궁의 고함 소리와 함께 일체의 무명 번뇌가 일순 사라지고 투명한 기류가 백소천군의 선정빙공을 무위로 만들어 버렸다.

황궁이 지권인을 결한 것은 부도의 천왕이 하늘의 천권을 이어 하나로 통한다는 의미이기도 했다. 백소천군은 서서히 얼굴이 일그러지며 속으로 혀를 내둘렀다.

'저 나이에 천부무경을 저 정도로 습득하다니……. 무서운 놈이로구나. 선정빙공을 간단히 해소하니 가볍게 봐선 안 되겠군.'

백소천군은 선정인을 풀어 필사의 비법을 시전했다. 왼손의 엄지와 검지 끝을 서로 대고 나머지 손가락을 폈다. 오른손도 이와 같이 펼치되 왼쪽 손바닥은 위로 하고 오른쪽 손바닥은 위에서 밖을 향하게 했다.

광음혈존(光陰血尊)의 전법륜인(轉法輪印)이었다. 이는 자칫하면 시전자의 목숨이 순식간에 소멸해 버릴 정도로 위험한 비술이다.

하지만 백소천군은 위험을 감수할 수밖에 없었다. 다른 비술로는 황궁을 이기기 어렵다는 것을 알았기 때문이다.

마침내 백소천군의 손바닥에 피꽃이 피어남과 동시에 세 명의 미녀들이 허공 속을 빙글빙글 돌았다.

푸른 눈의 금발 미녀들은 하나같이 몸에 실오라기 하나 걸치지 않고 온몸을 흔들어대며 음란함을 보였다.

미녀들은 제각기 요염한 자세로 황궁의 주위를 돌면서 음탕한 육향을 풍겼다. 사나이의 철석간장을 녹이고 허점을 파고드는 선천시대 낙인마(樂人魔)의 비전이었다.

황궁은 눈앞이 어지러워지면서 이마에 송알송알 땀이 맺히기 시작했다.

'안 돼! 음양은 천지의 조화이니 음풍이 성하면 도가 어지러워져.'

황궁은 재빨리 온몸의 진기(眞氣)를 순행(順行)하여 음사한 기운을 쫓으려 했으나 쉽지 않았다. 현기증은 더욱 심해져 이젠 숨이 막히고 정신을 잃을 정도였다.

황궁은 최후의 힘을 모아 단전의 기운을 운행하고 관절요혈을 보호하면서 입술을 깨물었다. 입술에서 피가 흘러내리자 일순 정신이 맑아졌다.

이때를 놓치지 않고 황궁은 항마촉지인(降魔觸地印)을 결하며 소리쳤다.

"천상천하에 천부인을 이은 자는 나 천왕 황궁밖에 없다. 마황은 내 앞에 무릎을 꿇어라!"

황궁의 사자후가 터져 나오자 허공 속을 맴돌던 미녀들의 환영이 사라지고 황궁의 항마촉지인이 가리킨 땅 끝에서 백소천군을 향해 뜨거운 불기운이 치솟았다.

백소천군의 주위에서 십여 장이 새까맣게 타 들어갔다. 그러자 백소가 서둘러 시무외인(施無畏印)을 결하며 막으려 했다.

그러나 이미 땅의 화산이 폭발하듯 불기둥이 치솟아 가슴을 격중시키고 있었다.

"울컥!"

백소천군은 선혈을 토하며 삼장 밖에까지 밀려와 간신히 자세를 바로 잡았다.

"조카, 너무 심하지 않은가. 천하는 만민의 천하이며 덕이 있는 자가 천하를 차지함이 정한 이치가 아니겠나."

백소는 옷깃으로 입술의 피를 닦으며 항의했다. 그러나 황궁은 나직이 천부의 이치로 응대했다.

"나 황궁은 불초하나 천부인을 물려받은 마고성의 성주요. 천하가 만민의 천하라 하나 천하를 다스리는 천권은 하늘에 있소. 하늘의 해가 둘일 수 없듯 부도성의 천제(天帝)는 나 황궁 외에 누구도 존재할 수 없으며 천부의 권능을 가지고 결코 용서치 않겠소."

이제 도저히 황궁에게 이길 수 없음을 깨달은 백소천군은 긴 장탄식을 내뿜었다.

"음-."

"과연 부도성의 성주는 인력으로 되는 게 아니로군. 노부는 백소족을 이끌고 부도성을 떠나겠네."

"그 일은 천제지회에서 결정할 일이오. 그 일은 7월 7일 천부단에서 결정하겠소. 천군, 부디 몸조심 하시오."

황궁은 가볍게 목례를 한 후 부도성으로 돌아갔다. 그때까지도 백소천군의 얼굴은 밀납처럼 굳어 있었고 호흡이 진정되지 않은 채였다.

드디어 7월 7일이 되었다. 천제지회에 부도성의 오족(五族)이 모두 모였다. 모여든 사람들은 이미 오족의 흩어짐을 예견하고 있었다. 저마다 이를 받아들이는 감정이 달랐다. 노인들은 수만 년 동안 살아온 터전을 떠나게 되자 모두 침울해 했으며 기운들을 잃고 있었다.

척박하지만 정들었던 산하와 오족이 영욕을 함께했던 부도제에 대한 향수……. 이러한 노인들의 슬픔을 알지 못한 아이들은 신이 나서 뛰어 다녔다.

젊은이들은 허전함을 느끼면서도 황궁이 없는 동안 백소천군과 그 수하들의 횡포에 진저리를 쳤다. 그들은 오히려 자유롭게 신천지를 찾을 수 있음을 다행스럽게 생각했다.

오족들이 떠날 준비를 마치고 천부단을 중심으로 모였다. 그때 마음 약한 여인들과 노인들의 통곡 소리가 넓은 천부단을 가득 메웠다.

황궁 역시 며칠 밤을 뜬눈으로 지새우며 안타까워했으나 그로서도 어쩔 수 없었다.

이미 백소족을 중심으로 인간의 본성을 잃어버린 그들을 더 이상 잡아 둔들 아무런 의미가 없었다.

황궁은 흰옷을 입고 흰 띠풀〔白茅〕로 자신의 몸을 묶어 마고할미의 혼령에 사죄했다. 스스로 오미(五味)의 책임을 짊어지고 복본을 서약했다.(黃穹氏 爲諸人之長故 乃束身白茅 謝於麻姑之前 自負五味之責 立誓復本之約.)

황궁은 이에 제족들에게 눈물을 흘리며 호소했다.

“사랑하는 오족의 형제들이여! 선천세계 수만년 신성한 성지(城址)이며 보금자리였던 이곳이 오미의 재앙으로 장차 폐허가 되어야 하니 이는 형제들이 자연의 바른 이치를 알지 못함이다. 사람마다 본성의 아름다움을 잃고 욕심만이 가득하여 서로 양보할 줄 모르니 이곳 거룩한 성지는 피를 뿌리는 혈장(血場)이 되리라. 어쩔 것인가. 조상 대대로 이어온 신성한 성지를 연옥의 광란에 맡길 것인가?”

황궁의 말에 양심의 가책을 느낀 몇 사람은 흐느껴 울기 시작했고 몇몇의 기개 있는 사람들은 백소천군을 원망했다.

“모든 게 백소천군 지소 씨 때문이야. 그가 포도를 먹지 말라는 계율을 지켰다면 오미의 재앙은 없었을 것이 아닌가.”

이러한 원망을 듣고도 백소천군은 묵묵부답이었다. 하지만 그의 추종자들은 여전히 그를 감싸고 돌았다.

"무엇이? 배가 고파서 포도를 따 먹었는데 뭐가 나빠. 마음대로들 해 보라구. 우리가 떠나면 그만 아닌가?"

사람들은 한꺼번에 고성과 욕설이 오가며 유혈 충돌이 일어날 지경이었다.

황궁이 급히 소리쳤다.

"여러분 조용히 하라! 여기 천부삼인(天符三印)이 있다."

황궁은 천부인을 꺼내 놓고 석경을 높이 쳐들었다. 햇빛을 받은 옥거울이 사방에 밝은 빛을 뿌렸다. 천부인을 본 순간 모든 무리들이 그 자리에 꿇어 엎드렸다.

천부인은 그 누구의 이의나 거역을 허용치 않는 절대복종의 신물(信物)이었다.

"이제 나 천제 황궁은 제족들에게 하늘을 대신하여 명을 내리노라. 이제부터 제족은 부도성을 떠나 각기 신천지를 개척토록 하라."

먼저 백소족은 서쪽 달이 지는 곳 월식주로 나아가라. 그곳에 기름진 평야가 있으니 그곳을 터로 하며 살도록 하라.(중근동, 메소포타미아 평원.)

그리고 흑소족은 남쪽으로 내려가서 별이 뜨는 곳, 즉 생성주로 떠나가라. 그곳은 더운 나라이니 의식에 걱정이 없으리라.(인도, 아프리카.)

사실 황궁은 흑소족에게 가장 풍요로운 땅을 차지하도록 배려했다. 그들이 가장 게을렀기 때문이었다.

이어서 황궁은 또 명했다.

"청궁족은 동쪽 구름바다가 있는 운해주로 나아가라.(중국 운남성과 동남아 일대.) 그대들은 각기 그곳에서 신천지를 개척토록 하라. 비록 제족이 흩어져 살지라도 부도성에서 닦은 천부도의 가르침을 잊지 말고 그대들의 뿌리는 피부색이 다르나 모두 하나임을 잊지 말라. 그리하면 그대들의 앞길을 마고신성께서 언제까지나 지켜 주실 것이다."

황궁은 곧 천부(天符)를 신표(信標)로 나누어 주고 칡을 캐서 굶주림을 면하게 하는 방법을 가르쳐 주었다. 그리고 사방으로 나눠 열심히 살 것을 명했다.(黃穹氏 乃分給天符爲信 敎授採葛爲量 命分居四方.)

황궁족은 다른 무리들이 모두 떠나가는 것을 지켜보았다.

백소족의 후손 고대 슈멜·아카드족은 이 내용을 그들의 왕조표(王朝表)에 다음과 같이 기록했다.

'왕권이 천상에서 내려왔을 때 그것은 에리두(聖都, 바벨로니아)에 있었다. 아르비움이 왕이 되어 28,800년을 다스렸다. 대홍수가 일어났다. 대홍수 뒤에 최초의 왕권은 키슈에 있었다.'

대홍수의 내용을《부도지(符都誌)》는 이렇게 설명했다.

'분거제족이 각 주(洲)에 이르니……, 마고가 궁희와 소희와 더불어 대성(大城)을 보수하고 천수(天水)를 부어 성내를 청소하고 대성을 허달성 위로 옮겼다. 이때 청소를 한 물이 동과 서에 크게 넘쳐 운해주의 성을 크게 부수고 월식주(백소 씨의 땅)의 사람들을 많이 죽게 하였다.'

슈멜·아카드족의 홍수를《부도지》는 분명히 밝히고 있다.

황궁은 종족을 이끌고 북쪽 천산(天山)을 향해 나아갔다. 천산주는 춥고 거친 땅이었으나 황궁은 스스로 오미의 책임을 느껴 어려움을 택한 것이었다. 그럼에도 불구하고 황궁족뿐 아니라 백소와 흑소·청궁족 들의 많은 사람들이 황궁을 믿고 함께 동행하기를 원했다.

황궁이 무리를 이끌고 부도성을 떠날 때는 이미 7월의 태양이 사막을 뒤덮었고 사막은 몸살을 앓듯 지열을 내뿜고 있었다.

황량한 황야를 지나 사막에 들어서자 그곳은 마치 가마솥 같았으며 비가 온 지 오래 되어 풀 한 포기조차 볼 수 없었다.

노약자들과 부녀자들은 낙타와 말 등에 태우고 남정네들은 사람의 숫자보다 열 배나 더 되는 양과 낙타떼를 몰면서 사막 한복 판으로 빠져들었다. 가도 가도 끝이 없는 모래벌판이었다.

사막의 바람은 물결 무늬를 곱게 아로새긴 모래언덕을 옮겨 쌓았다. 그리고 눈도 뜨지 못할 정도의 회오리 바람이 되어 순식간에 가축과 사람들의 생명을 앗아갔다.

그들은 목과 입술이 타들어 갔다.

"송백랑, 노약자들과 여인들에게 물을 나눠 주시오."

"천황님, 물이 조금밖에 남지 않았는데 아껴야 하지 않을까요. 사막이 얼만큼 계속될지 모르는데……."

송백랑은 구레나룻이 무성한 믿음직한 중년 사내였다. 그는 머리 위를 빙빙 원을 그리며 도는 독수리떼를 바라보며 걱정 어린 목소리로 말했다. 독수리들이 그들이 쓰러지길 기다리는 것처럼 보였기 때문이었다. 순간 황궁이 우뚝 걸음을 멈추고 지평선을 가리켰다.

"걱정 말고 저기를 보시오. 타림강이 흐르는 오아시스요. 저곳은 젖과 꿀이 흐르는 곳이오. 조금만 힘을 내도록 하시오."

"아, 오아시스!"

황궁의 손끝을 따라 이마에 손을 얹고 지평선을 바라보던 송백랑은 펄쩍 뛰며 기쁨의 탄성을 질렀다. 그는 입 안에서 모래가 버적거렸으나 아랑곳하지 않고 남은 물을 노약자와 아녀자들에게 우선적으로 나눠 주며 소리쳤다.

"오아시스가 보인다. 힘을 내라."

황궁의 옆에 말없이 걷고 있던 자월랑이 송백랑의 모습을 보고 옷소매로 입을 가리고 살풋 웃었다. 먼지와 땀에 얼굴이 말이 아니었다. 그러나 그녀는 암사슴처럼 날렵한 몸매와 깊고 검은 눈동자를 가진 아름다운 여인이었다.

"천황님, 이곳은 언제부터 사막이 되었을까요?"

자월랑이 눈빛을 빛내며 황궁을 바라보았다.

"선천시대에 이곳은 사방의 강물이 흘러들어 바다와 호수가 끝없이 펼쳐 있었지. 하지만 강물들은 높은 산과 들에서 흙과 모래를 실어 와 바다와 호수를 메워 버리고 말았어. 강물은 모두 모래 속으로 스며들었고 더 이상 흐르지 않았지. 마고신성의 가르침에 의하면 다행히 천산산맥 남쪽에는 타림강이 흘러 오아시스가 멀리 동쪽으로 이어진다 하셨지. 저기 보이는 곳이 바로 타림강의 오아시스야."

"천황님, 빨리 가서 물 속에 뛰어들고 싶어요."

자월랑의 목소리는 더위에도 지치지 않고 쾌활하고 맑았다. 그녀는 자신 속에서 언제나 사랑을 긷는 샘물이 넘쳐나고 있었기 때문이었다.

"자월랑이 물에 빠져도 난 모르오."

황궁이 자월랑에게 미소를 보이자 순간 자월랑의 심장이 마구 방망이질을 해대기 시작했다. 그리고 얼굴이 점차 노을빛으로 물들기 시작했다.

자월랑은 토라진 듯 고개를 푹 숙였다.

"미워요."

자월랑은 곱게 황궁을 흘겨보다가 암사슴처럼 달아났다.

6일 동안 황야와 사막을 걸어온 무리들은 타림강변에 도착하자마자 어머니의 품속인 듯 달음질쳐 뛰어들었다. 남녀노소 할 것 없이 강물에 뛰어들어 손발과 얼굴을 씻고 갈증을 풀었다. 강변에는 울창한 삼림이 우거져 있어 강물이 차고 시원했다. 사람들은 저마다 기쁜 얼굴로 떠들어댔다. 마치 축제의 분위기 같았다.

강 아래쪽으로 가축떼를 몰고 가 물을 먹인 황궁은 송백랑을 불렀다.

"송백랑, 겔(gel－穹)을 칩시다. 여기서 며칠 쉬었다가 강변을 따라 동쪽으로 가야겠소."

"장정들에게 나무를 베어 오게 하겠습니다. 이곳 숲엔 물푸레나무와 자작나무가 많군요."

유목민들의 천막집 겔은 나무장대를 엮어 뼈대를 세우고 자작나무 껍질이나 양가죽을 덮어 만든다. 서너 사람이 협력하면 한 시진(1～2시간) 내에 천막집을 지을 수 있고 해체할 수도 있다.

황궁이 천막을 세우고 자리 안쪽에 모셔 둔 마고할미의 신상 앞에 축원을 올렸다.

"할머니, 소자 황궁이 무리를 이끌고 타림강에 이르렀습니다. 예서 천산은 그리 멀지 않으니 곧 당도할 것입니다. 약속드린 대로 곧 부도(符都)를 다시 일으켜 세우겠습니다."

황궁이 기도를 마치자 자월랑이 쯔디짜이(乳茶, 우유나 말젖 또는 산양 젖을 물에 섞어 끓인 유목민의 음료)를 만들어 왔다. 자월랑의 얼굴은 아까와는 달리 그녀의 이름처럼 삼십 년 강물에 잠긴 달이 떠오른 듯 환했다. 촉촉한 눈매와 삼단 같은 머리카락엔 양귀비 붉은 꽃이 흔들리고 있었다.

"자월, 꽃과 사람이 아름다움을 다투는구려."

자월랑은 황궁의 말에 대답도 못하고 또다시 얼굴이 붉어졌다. 그러나 곧 차분히 쯔디짜이와 아토르(백색 치즈의 일종)를 황궁 앞에 내려놓았다. 가냘픈 손끝이 바르르 떨리고 있었다.

"오늘 밤엔 축제를 벌여야겠어. 사람들이 사막을 건너느라 고생이 심했을 테니까. 사슴과 양도 몇 마리 잡고 아이락〔馬乳酒〕도 듬뿍 마시고 말야. 어때, 자월이 춤을 보여주지 않겠나?"

황궁의 말에 자월랑은 손뼉을 쳤다.

"천황님, 정말이세요? 아이 좋아라."

자월랑은 어린아이와 같이 기뻐하며 뛰어 나갔다. 황궁은 혼자 중얼거렸다.

"오늘 밤 뜨는 달은 매우 특별하겠군."

눈물 젖은 빵을 먹어 본 자만이 진정한 삶의 가치를 깨닫듯, •열사의 사막에서 생사의 고통을 겪은 후에 얻은 오아시스의 축복은 인간을 겸허하게 했다.

사막의 밤이 깊어 가는 가운데 늑대와 여우들은 푸른 눈을 빛내며 울부짖었고, 사람들은 삶의 기쁨을 신께 감사드림에 여념이 없었다.

남녀노소 할 것 없이 모든 사람들이 모닥불을 피워 놓고 노래 를 부르며 춤을 추었다.

그날따라 별들이 더욱 가까이 내려와 풀밭 위에 내려앉곤 했다.

고각 소리와 북소리, 비파와 생황 소리가 넓은 벌판을 울려 나갔고, 사람들은 우울했던 마음을 씻고 신명을 다해 어깨춤을 추며 한데 어우러졌다.

자월랑은 초원 위의 사람들을 헤치고 무리 한가운데로 걸어 나와 춤을 추기 시작했다.

처음에는 강변의 백양나무 줄기처럼 미풍에 나부끼다가 점차 서서히 한 마리 물새처럼 유연하게 날아올랐다.

달빛과 모닥불이 그녀의 얼굴을 더욱 고혹적으로 만들었다. 사람들은 점점 그녀의 춤사위에서 신비함을 느끼기 시작했다. 양귀비가 흐드러지게 핀 초원을 그녀가 맨발로 사뿐사뿐 건널 때마다 그들의 영혼도 함께 선계를 넘고 있었다. 초원 가득 퍼진 꽃향기는 세속의 풍진을 모두 씻어 주는 듯했다.

그녀의 작고 예쁜 발이 땅끝을 디딜 때면 은빛 이슬과 푸른 별빛이 입을 맞추었고 미인송처럼 흰 다리가 달빛을 저만치 무찌르고 있었다.

춤사위가 빨라지자 사람들의 호흡이 멎고 어디선가 은방울 소리가 들려 왔다.

"짤랑 짤랑……."

하늘나라의 황금마차가 은방울을 울리며 선녀를 하강시킨 듯했다. 황궁은 자월랑의 춤 속에서 함께 춤추고 있는 자신을 보았다. 마냥 알기르마(행복)했던 어린 시절 마고할미의 냄새를 맡고 있었다. 그 냄새는 그립고 포근한 흙 냄새와 서럽고 시리게 한맺힌 강물 냄새였다.

황궁은 옥피리를 불기 시작했다. 그 소리는 춤사위와 어우러져 선계의 비경을 빚어내고 있었다.

황궁은 자월랑의 품 속에서 마고할미에게 안긴 듯 포근함을 느낌과 동시에 목놓아 울고 싶은 광폭함이 움틀댔다.

잠자리의 날개처럼 얇은 자월랑의 옷자락에서 춤추는 시바 여신의 농염함이 물씬 풍겨 왔다.

그러나 그것은 때묻지 않은 순수함으로 걸러져 구름 위 선녀들의 춤을 방불케 했다.

선남 선녀들은 강변에 또 하나의 낙원과 신화를 만들고 있었다. 거기에 별빛조차 대자연의 자유로움으로 모든 것을 포근히 감싸 주고 있었다.

이윽고 타림강변을 따라 천산주(天山注)에 도착한 황궁은 마고할미와의 약속에 따라 천부단(天符檀)을 쌓고 무리들에게 천부의 가르침을 베풀어 본성(本性)을 닦도록 권했다. (黃穹巖 到天山洲 誓解惑 復本之約 告象勤勉 修證之業.)

황궁이 천부단을 세움에 마고할미로부터 물려받은 삼보대유금서(三寶大有金書)에 따라 상청현도(上淸玄都)의 옥경과 칠보, 자미궁을 세웠음은 물론이다.

황궁이 세운 천산주의 천부단을 후세 사람들은 곤륜산이라고도 했다.

황궁족은 천부도를 닦아 본성의 깨우침을 더했으나 사방으로 흩어진 제족들은 그렇지 못하여 욕심에 따라 죽고 죽이기에 바빴다. 이를 안타깝게 생각한 황궁은 그들 중 말을 잘 타는 젊은이를 뽑아 천부의 표식인 부절을 주어 천하를 방문케 했다.

이 젊은이들을 '나라의 젊은이(國子郎)'라 하며 그들은 오우관(烏羽冠)을 썼다.

까막까치는 새 중에서 하늘나라의 사자이기 때문이었다.

이들은 말을 잘 탔기 때문에 마랑(馬郎)이라고도 했고 머리에 무궁화를 꽂아 화랑(花郎)이라고도 했다.

"너희들은 각기 백소와 흑소, 청궁 씨가 사는 월식주, 생성주, 운해주로 떠나거라."

황궁은 마랑들을 사방의 제족에게 보냈다.

"무리들이 비록 흩어져 살지라도 도(道)를 잃지 말도록 깨우쳐야 하느니라. 천부의 도는 사람이 마땅히 닦아야 할 이치이니라." (人者 當行之道.)

마랑들은 사방으로 흩어진 제족들에게 찾아가 천부의 가르침을 베풀었다.

사방의 제족들은 마랑들에게서 황궁의 안부와 가르침을 배웠으며 잔치를 베풀어 마랑들을 황궁 대신 받들기도 했다.

이들을 서양에서는 선지자(先知者)라 했고 동양 제족들은 수도자(修道者)라 했다.

황궁은 임무를 마치고 돌아온 마랑들에게 천문과 지리, 역법 등을 가르쳐 백성들로부터 존경을 받게 했다.

④

황로가 동쪽으로 오던 날

천산산맥의 남쪽 타림강을 따라 동쪽으로 달려가면 멀리 알타이 산이 보인다. 몽고인들이 '어머니의 산'이라 부르는 알타이 산은 한여름에도 흰 눈으로 뒤덮여 있었다.

동쪽으로 몽고 고비사막과 세렝게 강 유역을 굽어보며 서 있는 알타이 민족의 어머니 알타이 산이다.

우리 민족은 이 어머니의 말을 배워 지금까지 9천년의 역사를 살아왔다. 알타이 산맥과 한가이 산맥 동쪽을 따라 북으로 오르면 '하늘의 바다' 바이칼 호수에 이르른다.

이곳은 336개의 하천이 모여들어 지상 최대의 호수를 이룬 곳이다. 2천여 종의 민물조개와 담수어들이 살고, 바다 표범과 철갑상어가 사는 내륙 속의 바다이다.

이 호수를 끼고 말을 달리는 젊은이들이 있었다. 자작나무숲을 향해 한떼의 곤줄박이 새들이 잠자리를 찾아 날아들 무렵, 해는 지평선 들녘에 누워 있었다.

젊은이들이 찔레덤불을 지날 때 암노루 한 마리가 뛰어나와 낮선 사람들을 물끄러미 바라보고 있었다. 재빨리 한 젊은이가 도끼를 빼 들었다. 그는 백발백중의 솜씨를 자랑하는 부도성 최고의 마랑 원시랑(元始郞)이었다.

마랑이란 부도성의 황궁이 말을 잘 타는 젊은이들을 골라 사해에 흩어진 제 종족들에게 파견하여 마고성의 천부도를 일깨우는 삼국시대 신라 화랑의 원래 모습이다.

원시랑은 얼굴이 뾰족하고 몸집이 작아 마치 원숭이가 옷을 입고 있는 것 같았다. 하지만 지혜만큼은 부도성 어느 누구도 따르기 힘들 만큼 가득한 꾀주머니였다.

이 원시랑을 도교에서는 원시천존(元始天尊)이라 했다. 원시랑이 암노루를 향해 도끼를 던질 찰나에 다른 한 젊은이가 원시랑의 손목을 잡았다.

"아서! 그만두게."

젊은이는 머리에 세 가닥의 꿩의 깃털이 달린 관을 쓰고 있었다. 그는 황궁의 젊은 시절을 꼭 빼닮은 듯했다. 그가 바로 황궁의 아들 황로(黃老)이기 때문이다.

도교에서는 황로를 태산노군(太山老君)이라고 했다.

황로는 어디를 가고 있을까?

부도성을 떠난 제족이 각 주(洲)에 이르러 오랜 세월이 흐르자 사람들은 점차 근본을 잃고 성질이 거칠어져 서로가 서로를 미워하며 서로 살륙함이 잦아졌다. 이를 안타깝게 생각한 황궁은 젊은이들을 뽑아 사해와 사방에 보내 부도성의 근본을 깨우치게 했다.

황로 또한 이러한 황궁의 명과 더불어 날로 늘어가는 황궁족의 새로운 삶의 터전을 찾아 동쪽으로 나가게 된 것이다.

황로에게 팔목을 잡힌 원시랑은 의아한 듯 바라보았다.

"아니, 왜 그러십니까? 저녁 거리로 잡으려는데……."

이때 놀란 노루가 파다닥 수풀 속으로 사라져 버렸다.

"에잇, 다 잡은 걸 놓쳤네."

원시랑은 입맛을 다시며 도끼를 말 안장에 달아매었다.

"원시랑, 살아 있는 생명을 함부로 죽여서는 안 되네. 반드시 더 큰 생명을 살리기 위해서라면 몰라도 그 암노루는 지금 새끼를 밴 상태지 않은가."

"아니 태자님, 그 노루가 새끼를 가졌다구요?"

"그렇다네. 몸가짐이 둔하지 않던가. 살생은 가려서 해야지."

원시랑은 황로의 말이 이해되었다.

환족이 수렵을 할 때는 함부로 생명을 뺏으려는 게 아니었다. 수렵의 목적은 첫째, 사나운 짐승들로부터 사람이나 소, 말 등 가축을 보호하기 위한 것이며, 둘째는 한겨울에 식량 부족으로 어쩔 수 없을 때에만 했던 것이다. 그래서 짐승들의 번식기에는 수렵을 금지했었다.

황로 일행은 천산에서 준비해 온 건육포를 씹으며 바이칼 호수 동쪽 해 뜨는 곳을 향해 계속해서 나아갔다. 그들 앞에 시베리아 동쪽을 감아 돌며 흐르는 아무르강이 나타났다. 중국인들이 흑룡강(黑龍江)이라 부르는 강이 바다처럼 도도하게 흐르고 있었다.

흑룡강을 따라가다 금산(金山)의 협곡을 빠져 나갈 즈음 선두의 황로가 갑자기 우뚝 발걸음을 멈추었다. 협곡 산마루에 이리떼가 울부짖고 있었기 때문이었다.

"우~ 우욱……."

울부짖는 이리떼 가운데 묘령의 여인이 서 있었다. 그녀는 늑대의 여왕처럼 보였는데 묘한 소리를 내자 오십여 마리의 이리떼들이 일제히 황로 일행을 향해 덮쳐들었다.

황로는 이를 보자 옆에 있던 태시랑에게 말했다.

"태시랑(太始郎)! 그대가 앞장서서 솜씨를 한번 보여다오."

태시랑은 황소와 맞설 만큼 체구가 크고 힘이 좋은데다 권법과 씨름에 능해 '비호(飛虎)'라 했다.

태시랑은 황로의 명을 받자 맨손으로 나서며 큰소리로 외쳤다.

"염려 마십시오. 이리 몇 마리쯤은 문제없습니다."

"원시랑, 그대도 삼태성(三台星, 큰곰자리의 상태성, 중태성, 하태성을 일컬음)을 이끌고 태시랑을 도와라."

황로는 원시랑과 태시랑을 내세워 싸우게 하고는 사태의 진전을 관망하고 있었다. 태시랑은 달려든 이리떼를 몽둥이로 후려 갈기며 맞부딪쳤다. 그러자 주춤 뒤로 물러선 회색털 이리가 갑자기 태시랑의 가슴팍으로 뛰어올랐다. 목을 물어뜯을 참이었다.

순간 태시랑은 달려드는 이리의 한쪽 다리를 잡고 거꾸로 메쳤다. '반공회전술'의 묘기였다. 바위에 머리를 부딪친 이리는 '캑' 소리와 함께 사지를 쭉 뻗었다.

그때 태시랑이 몸을 돌리기도 전에 또 두 마리의 이리가 한꺼번에 달려들었다. 간신히 한 마리는 주먹으로 후려쳐 떨어뜨렸으나 다른 한 마리에게는 왼쪽 팔을 물어뜯기고 말았다.

"악!"

태시랑이 비명을 지르며 이리와 싸울 때 원시랑이 재빨리 이리의 머리통을 향해 도끼를 휘둘렀다.

원시랑과 삼태성들은 태시랑 앞을 가로막으며 이리떼와 싸우고 있었다. 원시랑은 체구는 작았지만 날렵하여 오행미종보법(五行迷縱步法)을 전개해 삽시간에 십여 마리의 이리를 내리쳤다. 황로는 이리에게 물린 태시랑의 상처를 살피고 있었다. 이리의 이빨이 팔의 살점을 물어뜯어 피가 많이 흐르고 있었다. 황로는 몸에 지닌 약쑥과 황토를 섞은 후 품속에서 단약을 꺼내 바르고 자작나무 껍질로 감싸주었다.

"조금만 참게. 좀 있으면 괜찮아질 걸세."

황로는 태시랑을 다치게 하여 마음이 아팠다. 다행히 이리떼들의 습격은 원시랑과 삼태성의 공격으로 한풀 꺾여 있었다.

그러자 여인이 이리떼를 물러서게 하고 직접 나섰다. 여인은 십칠팔 세쯤 되어 보이는 소녀였다. 표범 가죽으로 만든 옷을 입고 있었는데 목에는 표범 이빨로 만든 목걸이를 하고 있었다.

매우 아름다운 소녀였다. 백합처럼 흰 얼굴에 복사꽃 붉은 뺨, 상큼한 콧나루와 석류처럼 붉은 입술, 얼굴뿐 아니라 몸매 또한 날렵하면서도 우아하여 완벽한 아름다움을 갖추고 있었다.

'이렇게 아름다운 소녀가 이리떼의 주인이라니…….'

아연실색할 정도로 신기한 일이었다.

"너는 누구냐? "

원시랑은 소녀를 향해 물으면서 경계를 늦추지 않았다. 소녀가 이상하게 생긴 지팡이를 들고 눈에 살기를 뿌리며 다가서고 있었기 때문이었다. 소녀는 원시랑의 급소를 향해 지팡이를 휘둘렀다.

"휙 – 휙 –!"

지팡이에서는 무서운 파괴력이 흘러 나왔다. 기이한 변화로 인해 예측이 불허했고 찌르고 베고 이리처럼 도약해서 후려치는 소녀의 공격 앞에 원시랑은 쩔쩔매고 있었다.

삼태성들이 옆에서 거들었지만 소녀의 공격이 너무도 심오해서 접근조차 하지 못했다.

원시랑이 양쪽 손에 도끼를 들고 휘둘러 반격했지만 오히려 아슬아슬한 위기만 모면할 뿐이었다. 지팡이의 공격에 원시랑의 옷깃이 벌써 몇 갈래나 찢겨 나갔다.

소녀의 지팡이에 맞은 바위가 불꽃을 튀기며 산산이 부서졌다.

원시랑은 등에서 진땀이 흘렀다.

'조심해야지, 이 계집아이의 솜씨가 보통이 아닌걸.'

원시랑이 속으로 생각하며 뒤로 물러나다가 왼쪽 발이 걸려 털썩 엉덩방아를 찧고 말았다.

"이얏……!"

소녀는 그 순간을 놓치지 않고 지팡이 끝의 날카로운 곳으로 원시랑의 목줄기를 찔렀다.

"절대절명!"

원시랑은 앞이 노래지며 정신이 아뜩했다.

"쨍!"

소녀의 지팡이가 한 자쯤 튕겨났다. 어느새 황로가 천부신검을 빼 들고 태산교각의 자세로 원시랑을 가로막았다.

황로는 천부신검의 끝을 들어올려 소녀의 양 미간을 겨냥했다.

"그대는 누구냐? 어디서 부도성의 용두화 만개타법을 배웠느냐?"

'용두화 만개타법'이란 말이 황로의 입에서 흘러 나오자 소녀는 움찔 놀라며 주춤했다. 소녀의 앵두같이 붉은 입술이 열렸다.

"내가 누구든 상관없다. 난 너희 같은 인간들을 미워한다. 너희들을 모두 죽여 형제들의 밥으로 만들겠다. 각오해라."

"형제들이라니? 이리들이 네 형제냐?"

"긴 말 필요없다. 간다."

소녀는 다시 지팡이를 휘둘렀다.

"용두화 만개타법!"

지팡이는 수십 개의 꽃을 한꺼번에 뿌려대듯이 사방에 흉맹한 기운을 뿜었다. 용두장 끝이 닿는 곳마다 풀과 바위가 시커멓게 타들어 갔다. 황로는 천부신검의 검장을 뿌리며 맞받아쳤다.

"비연월광살!"

그것은 제비가 달빛 속을 차고 올라 나는 듯한 천부신검의 도법이었다.

'용두화 만개타법'의 맹위가 하나씩 수세로 몰리기 시작했다.

그러자 소녀가 입술을 깨물면서 소리쳤다.

"만개 화류비!"

용두화 만개타법의 비전이었다. 수천 수만의 꽃잎들이 회오리바람을 일으키며 날아올랐다. 이어 꽃잎 하나하나가 하나의 화살처럼 쏟아졌다. 비법(秘法)과 절기(絶技)의 대결이었다.

원시랑은 깜짝 놀랐다. 황로가 위기를 맞고 있었기 때문이었다. 하지만 황로는 두 눈을 꼭 감고 땅에 박힌 듯 우뚝 서 있었다. 꽃잎의 돌개바람이 황로를 향해 폭사될 즈음 천부신검이 황로의 손을 떠났다. 순간 원시랑이 검법을 보고 소리질렀다.

"이기어검술이닷!"

전설의 검법이었다. 칼을 손으로 쓰는 것이 아니라 마음의 의지에 따라 날아가는 상승무종의 경지였다.

"쨍그랑……."

만개화류비의 바람줄기를 가르며 날아간 천부신검이 날카로운 금속성을 울리며 소녀의 용두장을 삼장 밖으로 쳐냈다. 황로는 '금나포획수'를 시전해 소녀의 전신 36혈을 찔러 꼼짝 못하게 제압해 버렸다.

순간 소녀의 얼굴은 놀람과 부끄럼으로 빨갛게 상기되었다. 황로 또한 당황하기는 마찬가지였다. 소녀의 공력을 제압하기에 급급해 소녀의 부끄러운 가슴 육봉을 짚어 버린 것이다.

"미안하오. 소저, 부끄럽게 할 뜻은 없었소."

황로가 미안해 하자 소녀는 처음엔 어리둥절해 하더니 갑자기 뜨거운 눈물을 흘렸다. 황로의 따뜻한 말 한마디가 얼어붙은 소녀의 인간에 대한 불신을 녹여 버린 것이다. 자기 생명을 빼기 위한 극렬한 공격을 퍼부었는데 오히려 미안해 하다니…….

소녀가 황로에게 잡히자 물러섰던 이리들이 어미 잃은 새끼들처럼 발악하며 달려들었다. 순간 소녀가 알지 못할 소리를 지르자 이리들이 슬금슬금 뒤로 물러났다.

황로가 소녀의 눈을 보며 다정하게 물었다.

"소저는 누구이며 어떻게 용두화 만개타법을 배웠소?"

소녀는 자기 또래의 황로가 다정히 묻자 저항을 포기하고 순순히 입을 열었다.

"저는 청궁족 '라킨'의 딸 서왕녀(西王女) 미희라 합니다."

"청궁족 라킨의 딸? 그는 백소족에게 죽었다고 들었는데……."

"예. 부도성을 떠난 후에 백소족들이 청궁족을 습격하여 아버지와 종족들을 죽였습니다. 어머니와 저는 간신히 그곳을 빠져 나왔지만 갈 곳이 없었습니다. 백소족에게 복수를 하기 위해 어머니와 저는 무공을 닦으며 천하를 떠돌아 다니다가 어머니는 삼 년 전에 세상을 떠났습니다.

저는 산 속의 이리들을 길러 장차 인간들에게 복수하려 했는데 마침 귀인 일행이 온 것입니다."

황로는 그제야 납득이 갔다. 미희의 어머니 유희는 마고할미의 사랑을 받았다고 아버지 황궁으로부터 들은 바 있었는데, 그녀가 마고할미로부터 용두화 만개타법을 배운 모양이었다.

용두화 만개타법은 마고할미가 못된 짐승들로부터 사람들을 보호하기 위해 여인들에게 가르친 것인데 미희는 거기에 이리의 습성을 섞어 더욱 공격적으로 만든 것이었다.

서왕녀 미희를 후일에 중국인들은 서왕모(西王母)라 칭했다.

《산해경》에 보면 '서해의 남쪽(바이칼호), 유사(流砂)의 언저리(몽고사막 가장자리), 적수의 뒤편, 흑수(黑水)의 아래쪽에(흑룡강) 큰 산이 있는데 곤륜의 언덕이라 한다.

사람의 얼굴에 호랑이의 몸인데 꼬리에 무늬가 있으며 모두 희다. 신령스러운 사람이 여기에 산다. 산 아래에 약수(弱水)의 연못이 둘러싸여 있으며 그 바깥에는 염화산이 있어 물건을 던지면 타버린다.

어떤 사람이 머리에 꾸미개(왕관, 보관)를 꽂고 동굴 속에서 사는데 이름을 서왕모라 한다. 이 산에는 온갖 것들이 다 있다'라고 하였다.

서왕모가 호랑이 이빨에 표범 꼬리를 했다는 것은 호랑이 가죽으로 옷을 입은 까닭이다. 하지만 황로가 처음 서왕모를 만났을 때는 매우 아름다운 소녀였다.

오히려 가슴이 탄력 있고 날렵하면서 우아한 다리를 드러낸 요염한 소녀였다.

《역대신선통감》에 의하면 '서왕모가 동해를 쫓아왔다 곤륜으로 돌아갔다'고 했다.(西王母 從東海 還崑崙.)

서왕녀 미희는 황로에게 물었다.

"귀인은 누구신지요?"

"나는 황궁 씨의 아들 황로라 하오. 아버님의 명을 받아 동해 바닷가 신령스러운 땅을 찾아 장차 홍익인간할 이화세계(利化世界)를 개척코저 온 것이오."

"아니, 그럼 귀인은 천황(天皇)이신 황궁님의 아드님이셨군요?"

서왕녀는 어머니 유희로부터 황궁에 대한 말을 들은 바 있었다.

"그런데 천황이신 황궁님께서는 어디 계시고 황로 태자님만 오셨습니까?"

"부왕이신 황궁 천황께서는 부도성을 떠나 천산(天山)에 부도를 세우셨는데 나에게 율여를 부활시킬 새로운 부도의 도읍지를 찾으라 하셨소. 내가 보기엔 이곳이야말로 자방(玆方)*의 기운이 있어 가히 부도의 도읍지가 될 만하겠기에 이곳으로 온 것이오."

《역대신선통감》은 이렇게 기록했다.

'황로가 원시와 더불어 똑바로 동쪽 푸른 하늘 구름과 안개를 헤치고 나갔다. 동쪽 바다 신령스러운 땅을 향해 약수(弱水-흑룡강) 삼천리를 지나 봉래(蓬대)의 땅에 이르렀다.' (黃老 與元始 遂入正東靑天撥開雲霧 向東海靈墟 過弱水三千 至蓬萊之境.)

황로 일행과 서왕녀 미희는 금산(金山)을 떠나 흑룡강을 따라 내려갔다. 그때는 이미 해가 저물고 있었다.

그들은 강변에 겔을 치고 야영에 들어갔다. 지금의 흑룡강 노도점(老道店)이란 곳이다.

---

* 자방-지구는 하나의 큰 자석이라 할 수 있다. 지구의 북쪽은 자석의 N극이며 남쪽은 S극에 해당한다. 지구의 북극과 남극 사이엔 눈에 보이지 않는 자력이 자장을 형성하고 있다. 이 자력과 자장은 대기의 바깥쪽을 감싸고 있다. 이러한 사실을 400년 전 영국의 길버트라는 사람이 발견했다 하는데 특히 백두산을 중심한 동북아시아는 예로부터 자방이라 했다. 자력과 자장이 가장 강한 곳이기 때문이다. 그렇기 때문에 인삼과 같은 영약이 많으며 신선의 나라, 즉 불사지국이 된 것이다.

⑤
선학초(仙鶴草)

흑룡강변 가진구(街津口)엔 강변을 따라 기암괴석이 만물상을 빚으며 병풍처럼 늘어서 있고, 절벽 아래에는 흰 모래가 좁다랗게 펼쳐 있다. 그리고 이름 모를 물새가 발자국을 찍고 있고 강물은 깊이를 자랑하고 있다. 해는 이미 서산으로 기울고 이윽고 달이 강 한가운데로 차 올라 찰랑대는 강물과 천지에 금빛을 뿌리고 있었다. 이 절벽 끝에 한 줄기의 대나무가 신기하게 서 있었는데 낮에는 둘로 갈라졌다가 밤에는 하나로 합쳐지곤 했다.

황로가 이 대나무를 잘라 피리로 만들었다. 그러자 갑자기 천지가 어두워지면서 마른 번개가 내리쳤다.

"태자님, 이게 대체 무슨 징조일까요?"

원시랑이 놀라서 황로에게 물었다.

"이는 한 손바닥으로 치면 소리가 없고 두 손바닥으로 치면 소리가 나듯 두 대나무가 합쳐져 한 소리를 이루니, 이 피리 소리가 일면 사악한 혼령이 물러나고 어진 혼령이 춤을 추리라."

"그까짓 대나무 소리가 무엇이라고 그런 신효가 있겠어요."

원시랑은 의아한 듯 픽 웃으며 고개를 저었다. 황로는 엄숙한 목소리로 타일렀다.

"대저 악(樂)이란 천지의 조화이며 예(禮)는 천지의 질서인 것일세. 서로 화합하기 때문에 일체의 사물이 모두 융화하며 질서정연하기 때문에 사물에 구별이 있음이네. 음악은 하늘의 이치에 의해 만들고 예는 땅의 이치에 의해 만드는 것일세. 음기와 양기는 잠시도 쉬지 않고 두루 미쳐 만물을 화육(化育)하는데 성인은 하늘과 땅의 조화로움을 본받아 악(樂)을 만듦으로써 천지가 화합하는 것이라네."

이러한 황로의 설명에 원시랑은 고개를 갸웃할 뿐 잘 납득이 안 된다는 눈치였다.

"음악과 혼령이 무슨 상관이 있습니까?"

원시랑은 또 되물었다.

"화육에 있어 하늘과 부합하지 않으면 만물이 생장하지 못하며 남녀 사이에 분별이 없으면 음란 방탕해지나니 예와 악이 하늘에 도달하고 땅에 충만하며 음양과 병행하며 귀신과 상통하게 될 때 예와 악의 작용은 지고(至高), 지원(至遠)에 도달하는 것일세."

황로의 설명에 그제야 원시랑은 고개를 끄덕였다.

황로는 낭랑한 목소리로 한마디 덧붙였다.

"엄숙하고 화목한 음악이 울려 퍼지니 선조들께서 이를 들으시네." (肅雅和鳴 先祖是聽.)

황로는 지그시 눈을 감고 피리를 불기 시작했다. 그의 머리 속에는 아버지 황궁으로부터 들은 마고할미의 자애로운 얼굴이 떠올랐다. 피리 소리는 애절하면서도 감미로움을 더하고 있었다.

가야금의 명인 우륵이 '슬프면서도 비통에 젖지 않는 음악이 좋은 악이라' 했는데 황로의 피리 소리 또한 그러했다. 슬프면서도 어딘지 모르게 옷소매로 흐르는 눈물을 씻어 주는 따사로움이 있었다.

이 피리 소리를 듣는 또 한 사람이 있었다. 천년송 한 그루에 말없이 기대어 듣고 있는 서왕녀 미희였다.

그녀가 비록 이리떼와 섞여 자랐지만 심성은 고운 것 같았다. 끊어질 듯하면서도 이어지는 황로의 피리 소리에 자신도 모르게 눈물을 흘리고 있었던 것이다.

이때 갑자기 천년송 한 줄기가 와지끈 부러지면서 검은 돌풍이 일더니 미희의 전신을 휘감아 버렸다.

"아악! 살려줘요."

비명 소리와 함께 미희의 몸이 천길 절벽 아래 푸른 물 속으로 꽃잎처럼 떨어지고 있었다.

"안 돼. 기다려……."

황로는 천부신검을 빼들고 강물로 뛰어들었다. 잠시 후 강물 한가운데 거센 물결이 용솟음치더니 푸른빛이 감도는 회색빛 소와 먹빛 교룡(蛟龍)이 서로 엉켜 필사적으로 싸우는 모습이 보였다. 원시랑은 갑자기 벌어진 사태에 어쩔 줄 몰라 쩔쩔맬 뿐 손을 쓰지 못하고 있었다.

한시진이 지났을까. 황로가 어깻죽지에 붉은 피를 흘리며 물 속에서 모습을 드러냈다.

"원시랑, 교룡이 서왕녀 미희를 잡아갔는데 만만치가 않네. 원시랑이 좀 도와줘야겠어."

원시랑은 걱정을 하다가 황로를 보자 마음을 놓으며 소리쳐 물었다.

"쉿! 조용히. 조금 있다 두 마리 소가 싸우거든 몸에 흰 천을 감은 소 말고 다른 소를 쏘게. 흰 천을 감은 소가 바로 날세."

황로는 다친 어깨를 흰 천으로 감싸더니 다시 강물 속으로 들어갔다. 또다시 천지가 갈라질 듯한 소리가 들리며 두 마리의 소가 나타났다. 사생결단을 하려는 듯 두 마리의 소는 뿔을 부딪히며 요란 격렬하게 싸워댔다.

원시랑은 황로의 말이 생각나 재빨리 흰 천이 감기지 않은 소를 향해 활을 쏘았다.

"크액!"

목젖에 화살을 맞은 소는 단말마의 비명을 지르며 물 속으로 사라졌다. 잠시 후 황로가 서왕녀 미희를 안고 모습을 드러냈다. 온몸에 상처를 입은 황로가 서왕녀를 해변에 내려놓자마자 기력이 다했는지 혼절해 버렸다. 후세인들은 이곳을 복룡담(伏龍潭)이라 불렀다.

백두대봉의 성스러운 천지물이 동녘 해 뜨는 곳을 향해 생명수를 내리는 두만강이 있다. 물은 매우 푸르고 강변에는 울창한 수림이 드리운다.

이 두만강의 한 지류에 어제(漁濟)라는 강이 있다. 강폭은 그다지 넓지 않으나 주변에 산이 높고 골짜기가 깊어 물고기가 많았다. 실히 석 자는 될 듯한 열목어(列目魚)와 어른 키보다 큰 우어지어(于於只魚), 아가미에 가시가 돋힌 뿔도깨비 모양의 적어(赤魚) 등 여러 종류의 물고기가 자라고 있었다.

미희는 혼자 가진구(街津口)를 떠나 이 강가에서 물고기를 잡아 시장기를 메우고 있었다. 산에서 자라 산중 생활에 익숙한 편이었지만 천리길 밤낮을 달려온 여인의 몰골은 말이 아니었다.

이따금 열매를 따먹거나 풀뿌리를 캐 씹으며 이슬을 맞고 걸은

지 칠일째, 물고기는 그 중 맛있는 음식이라 할 만했다. 비린내도 느끼지 못한 채 껍질이 질긴 우어지어를 뜯어먹고 뿔도깨비처럼 흉하게 생긴 적어를 맛있게 먹고 있었다.

오직 서왕녀 미희의 머리 속엔 사경을 헤매고 있는 황로의 환영만이 가득했다.

'죽어서는 안 돼요. 천지신명이시여! 태자님을 살려 주소서.'

교룡과 싸우다가 탈진해 버린 황로는 사경을 헤매고 있었다. 다행히 타고난 기골과 근기가 강건하여 황로를 받쳐 줬기에 즉사만은 면할 수 있었다. 하지만 계곡 속 바위에 부딪혀 혼절한 채 호흡조차 희미했다. 보통 사람 같으면 이미 이 세상 사람이 아니었을 것이나 선천적으로 타고난 근골과 천부의 심법을 닦은 터라 그나마 생명이 붙어 있었던 것이다.

'선학초(仙鶴草)나 설삼과(雪參果)를 구할 수 있다면…….'

황로를 살리기 위해서는 죽은 사람도 이 영약을 먹으면 환생한다는 선학초, 즉 천년 백두루미도 먹기 어렵다는 선학초의 열매와 눈밭에서 자란다는 설삼과가 필요했다.

두만강 계곡을 따라 백두대봉의 동쪽 기슭, 하늘을 찌르는 원시림과 흰 털의 고라니와 꽃사슴들이 떼를 지어 지나갔으나 미희의 눈에는 어느 것도 들어오지 않았다.

'태자님, 기다리세요. 제가 꼭 선학초나 설삼과를 구해 갈께요.'

미희는 눈앞에 신음하고 있는 황로의 모습을 그려 보고 세차게 고개를 흔들었다.

'죽으면 안 돼요. 모두 저 때문에 일어난 일인데…….'

갑자기 눈물이 핑 돌았으나 손등으로 눈을 닦고 재빨리 바위를 뛰어올랐다. 벌써 여러 번 무릎이 깨지고 발등이 부르텄지만 그녀에겐 자신의 몸을 돌볼 겨를이 없었다.

중국인들, 특히 여진이나 숙신인들이 장백산(長白山)이라 부르며 신성시하는 백두산은 옛부터 천하의 명산이었다. 그 옛날 봉래산(蓬萊山)이 신선(神仙)이 사는 곳이라 했는데 그곳이 바로 백두산이었다.

《운급칠참》에 보면 다음과 같이 전해진다.

'봉래산이 동해의 동북쪽 언덕에 있는데 오천 리 북쪽으로 가서 종산(鍾山)이란 곳의 북쪽에 닿으면 그곳이 된다.

이곳은 중국의 밖이다.(門外)

천제(天帝) 임금〔君〕이 사는 곳으로써 곤륜과 유사한 곳이다. 옛날 우(禹) 임금이 홍수를 다스릴 때 교차(蹻車)를 타고 약수를 건너서 이 산에 도착했는데 상제(上帝)에게 제사를 지냈다.

그 후 돌아가 큰 공을 이루고 다섯 산악의 돌에 새겨 놓았는데 그 글자는 과두서(科斗書)*로써 한(漢)나라 사람에게 속한 것이 아니었다.'

> '蓬丘蓬萊山是也 對東海之東北岸周迴五千里北到 鐘山北 阿門外乃天帝君總九天之維貴……有似於崐崙也昔昔禹治洪水　旣畢乃乘蹻車度弱水 而到比山 祠上帝 於北阿歸大功於九天又 禹經 諸五嶽 使工刻石 識其里數高下 其字 科斗書 非漢人所.'

미희가 먼 훗날 중국 우임금이 상제에게 제사한 곳인 백두준령을 들어서고 있을 때 숲에서 우렁찬 포효가 울려 나왔다.

"으르릉……."

---

* 과두서 – 한문이 있기 전 옛 동이 글자로서 대나무를 쪼개어 만든 붓으로 쓰는데 글자 모양이 올챙이처럼 생겼다.

머리카락이 쭈뼛해질 정도로 날카로우면서도 위엄 있는 울음소리와 함께 산군(山君)인 호랑이가 튀어 나왔다. 눈에는 시퍼런 불꽃이 튀었다.

미희는 다급한 중에도 바위틈에 몸을 숨기고 허리춤에 단검을 빼 들었다. 다리가 후들후들 떨려 오며 등줄기에 진땀이 흘렀다.

'안 돼! 네놈 따위에게 죽을 순 없어…….'

미희는 딱 딱 부딪히는 이를 악물었다. 산속에서 살았지만 이렇게 무시무시한 호랑이와 맞부딪히긴 처음이었다.

미희가 바위 틈에 몸을 숨기자 과연 호랑이는 영물이라 훌쩍 공중으로 차고 올라 미희의 뒤쪽으로 사뿐히 내려섰다.

미희가 호랑이를 따라 재빨리 몸을 돌리자 다시 훌쩍 건너편으로 뛰었다. 혼을 빼놓으려는 게 분명했다.

네댓 번을 머리 위로 건너뛰던 호랑이가 미희를 향해 와락 덮쳐 들었다.

"크르릉! ……."

미희는 달려드는 호랑이의 몸을 옆으로 피하면서 호랑이의 목줄기를 죽기살기로 껴안았다. 미희가 피하는 바람에 호랑이는 미희가 숨어 있는 바위에 천령개가 부딪혔다.

미희는 이때를 놓칠세라 혼신의 힘을 다해 호랑이의 목줄기에 단검을 꽂았다. 순간 뜨거운 피가 분수처럼 솟구쳐 미희의 온몸으로 뿜어댔다.

그런데 갑자기 호랑이가 화다닥 몸을 뒤집으며 앞발로 미희의 어깨를 내리찍었다. 그러나 미희가 재빨리 피하는 바람에 정통으로 맞지 않고 발톱에 할퀴었을 뿐이었다.

미희는 어깨가 쓰려 왔으나 옆에 있던 돌을 쥐고 호랑이를 노려보았다. 호랑이는 목이 아픈지 슬그머니 물러갔다.

간신히 호랑이를 물리치고 계곡의 물에 피묻은 몸을 씻은 미희는 비로소 갈증을 풀 수 있었다.

긴장한 탓인지 입안이 바짝 말랐던 것이다. 그때서야 안심이 되어 피로가 나른히 몰려들었다. 사흘 밤낮을 거의 뜬눈으로 달려온데다 호랑이와의 사투로 기력이 빠진 탓에 저절로 눈이 감겼다.

눈을 감자 푸른 강물이 보이고 황로가 징검다리를 건너면서 미희를 부르고 있었다. 그러나 그 강을 넘으면 영원히 그를 만날 수 없을 것 같았다.

'안 돼요, 가지 말아요. 가면 안 돼!…….'

미희는 안간힘을 쓰면서 황로에게 달려갔으나 도무지 발이 떨어지지 않았다. 가슴만 두근대며 발버둥치는데 어디선가 천년 두루미의 울음 소리가 들려 왔다.

"끼득, 끼득……."

꿈이었다. 꿈을 깬 미희가 하늘을 보자 정말 두루미가 날아와 백송나무에 걸터앉는 것이었다. 그 두루미를 바라본 미희는 깜짝 놀랐다.

아스라한 바위 절벽 틈에 핀 노란 꽃이 보였기 때문이었다.

'선학초다. 선학초가 틀림없어.'

지성이면 하늘도 감동한다던가. 생명의 고비를 넘긴 미희 앞에 하늘은 천하의 영약을 내렸다.

손바닥처럼 생긴 세 가닥의 잎, 톱니처럼 돋아난 입사귀와 줄기에 솜털이 하얗게 돋아 있는 모습을 본 미희는 직감으로 선학초임을 알 수 있었다.

이미 빨간 열매가 맺히기 시작했다. 그 열매를 두루미가 먹는 까닭에 학은 천년이 넘도록 사는 것이다.

미희는 아픈 것도 잊은 채 두근거리는 마음으로 바위 절벽을 기어 올랐다. 바위 틈에 두 포기의 선학초가 아슬아슬하게 피어 있었다. 벌써 향기만으로도 그녀의 심신이 맑아 왔다.

'그래서 산군(山君) 호랑이가 이곳을 지키고 있었구나.'

미희는 선학초를 캐서 갈무리하고 호랑이가 달아난 쪽을 바라보았다. 그러자 약간은 미안한 마음이 들었다. 갑자기 어깨가 쓰라리면서 얼핏 머리 속에 어떤 생각이 스쳐갔다.

'한 포기만 먹으면 나을 텐데…….'

그러다가 얼른 고개를 흔들었다.

'내가 무슨 생각을 하고 있담. 태자님이 지금 사경을 헤매고 있는데…….'

미희는 어깨의 통증을 참으며 두만강 강줄기를 따라 달려 내려갔다.

왕복 열닷새 만에 삼림산에 돌아오자 원시랑과 상태성이 반갑게 맞으면서 깜짝 놀랐다.

"아니, 온몸이 상처투성이라니. 어깨도 많이 다친 것 같은데 고생이 심하셨겠군요."

원시랑이 안타까운 눈빛으로 미희를 바라보았다. 하지만 미희는 억지로 미소를 띠며 말했다.

"전 괜찮아요. 그보다도 태자님은……."

미희는 걱정이었다. 꿈도 심상찮았기 때문이다. 그러나 원시랑의 표정이 그렇게 다급해 보이진 않았다.

"조금 전까지 신음하시며 서왕녀를 몹시 찾으시더니 지금은 잠이 드셨는지 조용하시군요."

미희는 황로의 코 앞에 얼굴을 갖다 댔다. 다행히 나지막하지만 숨소리가 들려 왔다.

"아, 다행이네. 이젠 살았어요. 이 선학초를 드시면 틀림없이 깨어나실 거예요."

원시랑과 상태성은 미희가 꺼내 놓는 선학초를 신기한 듯 바라보고 있었다.

미희는 선학초의 줄기와 잎을 자기의 이빨로 잘근잘근 씹어 파란 즙액을 낸 뒤 황로의 바짝 마른 입안으로 흘려 넣었다.

황로가 선학초의 즙을 먹은 지 한시진이 못 되어 온몸이 숯불에 달군 듯 빨갛게 달아올랐다. 머리도 뜨거웠고 괴로운지 연신 신음을 토하면서 온몸에 진땀을 흘렸다.

원시랑과 상태성은 걱정이 되어 미희를 바라보았으나 미희는 말없이 황로의 땀을 닦아내고 있었다.

"인명(人命)은 재천(在天)인데 설마 상제(上帝)께서 태자님을 돌아가시게 하시겠어요. 걱정 말고 물러가 쉬세요."

미희는 두 사람을 물러가게 해 놓고 연신 황로의 땀을 닦아 주며 상제에게 기원했다.

"하늘님, 태자님을 살려 주세요."

미희의 기원이 있어서인지 선학초의 약효 때문인지 다시금 황로의 신음이 멎고 숨이 고르게 되었다. 체온도 많이 내려 거의 정상으로 회복되고 있었다.

미희는 황로 옆에서 꼬박 밤을 새우다 새벽녘에야 깜빡 잠이 들었다.

"서왕녀! 서왕녀!"

부르는 소리에 깜짝 놀라 눈을 떠보니 황로가 자기를 부르는 것이었다.

"태자님, 깨어나셨군요."

"도대체 내가 어떻게 된 게요?"

황로는 어리둥절한 표정으로 묻고 있었다. 몸이 괜찮은지 눈동자가 맑아 보였다.

"기억이 나지 않으세요? 저를 구하려고 괴인들과 싸우다가 절벽에서 떨어지셨잖아요. 벌써 보름 동안이나 정신을 잃고 계셨어요. 전 태자님이 죽는 줄만 알았다니까요."

"그랬군요. 서왕녀가 걱정이 많았겠군요."

황로는 서왕녀 미희의 손을 꼭 잡아 주었다. 순간 미희의 심신이 봄햇살 속에 녹아내리는 눈과 같았다.

어느새 한 줄기 눈물이 볼을 타고 주르르 흘러내렸다.

"이런 바보같으니……, 울긴 왜 우나?"

황로가 큼지막한 손으로 미희의 눈물을 씻어 주자 미희는 착한 계집아이처럼 응석을 부리고 싶어졌다.

⑥
황로의 개벽

황로가 건강을 완전히 회복한 것은 그로부터 사흘 후였다.

"원시랑, 해삼위(海參威, 블라디보스톡)로 돌아가야겠어. 태시랑이 돌아와서 기다릴 텐데……"

"예, 그럴 줄 알고 뗏목을 준비해 뒀습니다. 지금 출발하면 내일 저녁이면 해삼위 앞바다에 닿을 수 있을 겁니다."

원시랑과 상태랑은 벌써부터 가족을 만날 생각에 들떠 있었다. 황로와 미희가 뗏목에 오르자 원시랑과 상태랑이 긴 장대로 뗏목을 강 한복판으로 저어 나갔다. 뗏목은 물결을 따라 유유히 흘러갔다.

원시림이 울창한 강변을 따라 서서히 북쪽으로 흘러가던 대수분하의 물줄기가 소수분하와 합쳐 동쪽으로 흐르기 시작했을 때는 밤이 깊어 별들이 영롱한 빛을 뿌리고 있었다.

황로와 미희는 새 희망에 벅차 함께 별을 바라보며 풀벌레 소리를 들었다. 별들은 태고적 신화를 들려 주는 것만 같았다.

일행이 해삼위에 닿은 것은 다음날 해질녘이었다. 강변에는 태시랑이 무리들을 이끌고 와서 황로를 기다리고 있었다.

"태자님, 그 동안 별일 없으셨습니까?"

태시랑의 물음에 황로는 쓸쓸히 대답했다.

"삼태성 가운데 두 사람을 잃었어. 앞으로도 어떤 위험이 있을지 모르니 조심해야겠어. 그래, 아버님은?"

"천황랑께서는 천산에 계십니다. 여기 서신이 있습니다."

태시랑은 황로에게 양피지를 내밀었다. 황로는 태시랑이 내민 양피지 서신을 읽어내렸다.

> 태자 황로 보아라.
>
> 총총히 벌려 있는 저 하늘의 별을 보면 그 수가 끝이 없고 크고 작고 밝고 어둡고 제각기 다르니라. 그러나 최초에 한 신이 있어 여러 누리(우주)를 만드시고 태양에게 칠백 세계를 거느리게 하셨으니 땅이 큰 것 같지만 한 알의 세계이니라.
>
> 속에 있는 불이 진동하여 터져 바다로 변하고 육지가 되니 형상을 이루게 되었느니라.
>
> 신께서 기운을 뿜어 낮은 곳에 햇빛과 열을 비추니 다니고 날고 화(化)하여 헤엄치고 돌아다니는 뭇 생물이 된 것이다.
> (삼일신고 세계편)
>
> 사람도 하늘 일신(一神)의 기름으로 번성하였으매 그 뿌리는 하나인 것이다. 너는 그 근본을 잊지 말고 하늘의 뜻을 따라 새 나라를 이루라.

황궁은 황로에게 새로운 세계를 열어 갈 것을 깨우쳤다. 원래 환족(桓族)은 상속의 개념이 없었다. 장자가 성장하면 분가하여 새로운 일가를 이루고 부모는 막내와 더불어 사는 것이었다. 황로 또한 이제 분가하여 새로운 세계를 열어야 할 때가 온 것이다.

황로는 무리들 앞에 나서서 가르침을 베풀었다.

"사람과 사물이 모두 하늘의 일신(一神)에게서 삼진(三眞)을 받는데 오직 무리들은 땅에 미혹되어 세 가지 망령된 것이 뿌리를 박아 참과 망령됨이 맞서 삼도(三途)를 만드나니, 이를테면 성(性)과 명(命)과 정(精)이니라.

무리들은 선하고 악함과 맑고 흐림과 후하고 박함이 서로 섞여 여러 경지의 길을 따라 마음대로 달리다가 나고 자라고 늙고 병들어 죽는 괴로움에 이르니라.

그러나 하늘의 이치를 깨닫는 자는 느낌을 그치고〔止感〕, 숨을 고르게 쉬며〔調息〕, 닿음을 금하여〔禁觸〕 한 뜻으로 행하므로 잘못된 것을 고쳐 참되고 신기(神機)를 발하는 것이니, 본래의 성품을 깨닫고 큰 성공을 이루는 것이다."(삼일신고)

황로의 가르침은 사람들이 욕심에 얽매이지 말고 천부(天符)의 도(道)를 깨달아 인간 본래의 착한 성품을 따라 살기를 촉구한 것이었다.

《환단고기》〈삼성기전〉에 '인류의 조상은 나반(那般)이라 하고 처음 여인인 아만(阿曼)과 만난 곳은 아이사타(阿耳斯陀)'라고 했다. 아이사타는 아사달이요, 나반은 남편이 된 황로를 가리킨 말이며 아만은 황로의 아내 서왕녀 미희를 가리킨 말이었다. 이 두 사람은 '어느 날 꿈에 신의 계시를 얻어 스스로 혼례를 이루고 정한 수로 하늘에 고하고 나서 돌아가면서 마셨다' 한다.

백두산 천지(天池)*에서 흘러내리는 물이 북쪽으로 흘러 바이칼

---

* 백두산 천지-고구려의 처음 도읍지 오녀산성에도 천지라는 우물이 있다. 우물은 샘이며 샘은 생명의 근원인 물을 의미한다. 그 중에서도 백두산 천지의 물은 양기의 정기가 어린 물이라 할 수 있다.

호 일대에서 흘러내리는 눈강과 만나는 곳, 이름하여 '하르빈' 합강성(合江城)이다.

그 성스러운 강물 위로 달빛이 금빛 비늘을 털어내는 밤에 황로와 미희는 강물 속에 몸을 씻었다.

이는 태양의 상징인 백두산과 태음의 상징인 바이칼 호수에서 흘러내린 물이 송화강을 이뤄 삼강평원의 넓은 유역을 적시듯 새로운 개벽을 준비하는 의미였다.

하늘의 은하수 별빛이 녹아내려 강물은 더없이 푸르고 청량했다. 황로와 미희는 실오라기 하나 걸치지 않고 강물에 몸을 담그고 마주 서서 서로 손을 맞잡았다.

마주 잡은 두 손에서는 무언의 무한한 신뢰와 사랑이 전이되어 넘나들고 있었다. 그들이 하늘의 북극성을 바라보며 기도를 올리자 천지신명이 두 사람의 머리 위에 축복을 쏟아 붓고 있었다.

순양지체인 황로와 순음지체인 미희가 천지의 정기를 모아 합일을 이루는 순간이었다. 거기엔 세속의 어떤 더러움도 침범할 수가 없었다.

먼저 미희가 황로의 몸을 머리끝에서 발끝으로 천천히, 쉬지 않고 미풍처럼 부드럽고 숨결처럼 섬세하게 씻어 나갔다.

무술과 사냥으로 단련되어 한 점 군살이 없는 황로의 순양지체는 근육과 힘줄이 산맥처럼 불끈불끈 힘이 솟았고, 천부의 도를 닦아 삼십삼천의 등뼈에서 머리까지 반듯하게 균형이 잡힌 신단수를 이루었다.

미희의 손길이 신단수 줄기와 가지를 스쳐가자 19세 청년의 몸은 차가운 강물 속에서도 화끈 달아올랐다.

미희의 손은 어느 곳도 소홀함이 없었다. 그것은 여류 조각가가 자신의 이상의 남성상을 빚어내듯 기쁨과 기대에 찬 행위였으며 새로운 창조를 위한 인내와 진지한 노력이었다.

미희의 손이 황로의 남성에 이르렀을 땐 태양이 빛과 열과 관용으로 만물을 길러내듯 황로 또한 이상과 용기와 사랑으로 새로운 생명의 씨앗을 뿌릴 준비가 되어 있었다.

미희의 손이 할 일을 마치자 황로의 손이 교대했다. 미희의 해초처럼 푸른 머리결이 풀어 내려지자 황로는 먼 인류의 고향 바다 냄새를 맡고 있었다.

황로는 안타까운 그리움으로 해초 속으로 뛰어들었다. 그곳에서 어머니와 할머니 그리고 할머니의 어머니를 만날 수 있었다. 연어가 모천(母川)으로 회귀하듯 생명의 강물이 끝없는 근원을 거슬러 올라가고 있었던 것이다.

연어가 모천의 상류에 다다르자 어머니의 젖가슴이 그리운 언덕으로 다가왔다. 언제나 복사꽃 향기가 넘치는 뒷동산이듯 그 옛날 그대로 기다리고 있었다.

'왜 이제 왔느냐'는 구박도 없이 어린아이를 감싸듯 너그러운 품으로 감싸주고 있었다.

황로는 농부가 푸른 초원을 묵묵히 갈아 나가듯 18년 묵정밭을 끈기 있게 갈고 있었다. 더구나 그곳은 엉겅퀴나 가시덤불이 덮인 황야나 돌짝 밭이 아니라 흙 냄새가 물씬 그리움을 쏟아내는 비옥한 문전옥답이었다.

황로의 손길이 생명의 샘물가에 다다르자 언덕 위의 무성한 버드나무가 목마른 나그네를 멈추게 했다. 그곳엔 이미 생명의 샘물이 넘쳐 흐르고 있었기 때문이었다.

두 사람은 이제 강물을 헤엄쳐 나갔다. 달빛 속 두 마리의 은빛 물고기는 더 넓은 바다를 향해 갔다. 아니 한 줄기 빛을 향해 비늘을 번쩍이며 바닥 모를 심연으로 자맥질해 들어갔다.

그곳에는 남도 없고 여도 없었다. 원형질의 세계가 파노라마처럼 펼쳐져 쌍무지개가 자유로움과 풍요로움을 약속하고 있었다. 순간 현란한 빛의 줄기들이 폭사되어 왔다. 굴절 없는 강렬한 빛의 줄기가 산산이 흩어져 두 사람의 전신에 내리꽂혔다. 표피 아래 실핏줄마다 빛의 잔해들이 전류처럼 훑고 지나가 두 사람은 동시에 비명을 질렀다.

"아악, 악!"

몽롱한 의식 속에서도 두 사람은 살아야겠다는 일념으로 강변을 향해 기어올랐다. 간신히 익사는 면했지만 두 사람 모두 오랫동안 움직일 수 없었다. 나른한 피로가 그들을 먼 미래로 실어 가고 있었다. 그것은 새로운 세계의 창조를 향한 발돋움이었기 때문이다.

두 사람이 남편과 아내로서 맺어진 그날 밤이 지나고 아사달의 강변에 서서히 미명의 아침이 신부의 베일을 벗기듯 안개를 걷어내고 있었다.

아침 해가 떠오르는 초원은 두 사람에게 새로운 신천지를 약속했다. 이슬에 젖어 반짝거리는 풀잎을 밟고 나서는 두 사람의 눈앞에는 푸른 풀들이 물결처럼 출렁이고 있었다.

황로와 서왕녀 미희는 새로운 땅의 천황과 황후이면서 아버지와 어머니가 되어 사람과 사물을 길렀다.

들판에는 점차 아이들과 가축들이 늘어나기 시작했다. 소와 양떼들이 한가롭게 풀을 뜯고 여인들은 젖을 짜기에 바빴다.

그 평화로운 시절에 태시랑은 괜히 심통이 났다. 살찐 암말과 숫말이 어울려 교미를 할 땐 괜히 쫓아다니며 찬물을 끼얹거나 돌을 던져 괴롭혔다.

"이런 망아지 새끼들아!"

태시랑의 심통에는 까닭이 있었다. 마을에 마음에 드는 여인이 많았지만 태시랑의 큰 체구를 감당할 여인이 없었던 것이다.

"조갑지들이라구 원, 그렇게 작아서 엇다 쓰누."

태시랑은 몇 번 여인과 통정을 할 때마나 좌절을 맛봐야 했다. 그의 양물이 너무 커서 고민이었다.

그날도 이런 저런 화풀이를 말들에게 하고 있을 때 원시랑이 다가왔다.

"그만두게! 말들이 무슨 죄가 있나. 우리 사냥이나 하러 가세."

"싫소. 사냥은 해서 뭘해, 다 필요 없소."

"왜 그러나. 어젯밤 꿈이 심상찮았으니 어쩌면 오늘 서왕녀처럼 근사한 미인을 만날지도 모르지."

원시랑의 말에 태시랑은 갑자기 구미가 당겼다.

"좋소, 원시랑! 오늘 여자라도 만나면 먼저 뺏는 사람이 차지하기로 합시다."

"좋지."

원시랑은 태시랑의 울적한 마음을 풀어 줄 심산으로 동의했다. 여자를 못 찾더라도 큰 사냥감이라도 만나면 기분이 풀릴 일이 아니겠는가 싶었다.

두 사람은 말 등에 올라 부락에서 멀리 떨어진 흑룡강 줄기를 따라 내려가고 있었다. 태양은 붉게 타오르고 송골매 한 마리가 하늘을 맴돌고 있었다. 송골매는 무엇을 발견했는지 급전직하로 떨어지고 있었다. 그 모습을 지켜보던 태시랑이 고개를 갸웃거렸다.

"누가 우리보다 먼저 풀밭을 지나갔는데……."

태시랑은 풀잎이 밟힌 흔적과 잔 나뭇가지가 꺾어진 것을 보며 금방 무엇인가 지나간 흔적임을 노련한 사냥꾼의 후각으로 간파했다. 게다가 그 흔적은 누군가 오줌을 누고 간 자리였다. 태시랑은 빙긋 미소를 지었다.

"이건 분명히 여자다. 이것 봐!"

신바람이 난 태시랑은 지린내 나는 오줌 흔적을 세밀하게 살펴보고 있었다. 흙이 촉촉히 젖어 있었고 오줌 줄기가 멀리 뻗지 않은 것을 볼 때 앉아서 눈 흔적이 분명했다. 태시랑은 벌떡 일어섰다.

"오줌살이 땅바닥을 깊게 파 놓았어. 이 여자는 보통 센 여자가 아닌 것 같애. 아들을 낳으면 굉장한 놈을 낳겠는걸."

태시랑은 이마 위에 손을 얹고 지평선을 훑어 나가기 시작했다.

"저쪽이다."

멀리 지평선 위에 소수레를 탄 사람의 모습이 보였다. 태시랑은 들쥐를 쫓아 내려 덮치는 솔개처럼 달려갔다.

"호, 저 여자는 아이노꼬로구나."

아이노꼬*란 아이누족의 여인을 말하며 이들은 원시 백인들로서 원래 백소족의 한 분파였는데 북쪽 툰드라 지역의 순록을 따라 온 것이었다.

아이노꼬 여인은 매우 아름다웠다. 푸른 호수가 잠긴 듯한 맑은 눈, 금빛으로 빛나는 머리카락, 빙어처럼 투명해 보이는 피부…….

태시랑의 가슴은 마구 뛰기 시작했다.

"꿀꺽."

태시랑은 여인을 보자 마른 침을 삼켰다. 그런데 여인의 옆에는

---

* 아이노꼬-일본 북해도에 지금도 고대 백인계의 원주민이 남아 있다. 황인종인 대화족이 일본에 옮겨 가기 전 일본 열도에 넓게 퍼져 살았으나 점차 북쪽으로 쫓겨갔으며 지금은 멸종 상태이다.

건장한 두 사내들이 말을 타고 에워싸듯이 하고 있었다. 두 사람도 아이누족으로서 한 명은 털복숭이였으며 한 사람은 여인의 나이와 비슷한 젊은이였다. 젊은이는 이제 막 신부를 얻어 초행길에 오른 신랑이었고 털복숭이는 그의 아버지였다.

"웬놈들이냐? 물러서라!"

아이누족의 사내들은 원시랑과 태시랑의 갑작스런 접근을 경계하면서 돌도끼를 움켜쥐고 소리쳤다. 그래도 원시랑과 태시랑이 접근하자 느닷없이 털복숭이는 돌도끼를 내리쳐서 원시랑의 말 등을 찍었다.

'퍽' 하는 둔탁한 소리와 함께 피범벅이 된 원시랑의 말이 나뒹굴었고 원시랑도 같이 쓰러졌다.

"아니! 이 친구들이……."

태시랑이 놀라는 순간 두 명의 아이누인이 말발굽으로 원시랑을 짓밟으려 들었다.

"죽여 버려라."

털복숭이는 젊은 아들과 함께 소리치며 원시랑을 덮쳤다. 태시랑은 말을 몰아 원시랑의 앞을 가로막으며 맞부딪쳐 나갔다.

"끼랏!"

태시랑이 말과 함께 부딪쳐 나가는 바람에 원시랑은 무사할 수 있었다.

"이놈들! 그냥 둬선 안 되겠다."

네 사람의 사내들은 여자를 뺏기 위해 한 덩어리가 되다시피 뒤엉키며 격렬하게 부딪쳤다. 그러는 사이에 여인이 소달구지를 몰고 달아나고 있었다. 소수레의 고삐를 움켜쥐고 채찍을 휘둘렀지만 수레의 속도는 너무나 느렸다.

사내들의 싸움에서 제일 먼저 쓰러진 것은 아이누족 젊은이였다. 그는 태시랑의 힘과 무예를 당할 수가 없었던 것이다.

아들이 쓰러지자 털복숭이 사내는 미친 듯이 도끼를 휘두르며 달려들었다. 하지만 원시랑과 태시랑을 당할 수는 없었다. 점차 몸 놀림이 둔해지고 호흡이 가빠지면서 허덕이고 있었다. 원시랑이 소리쳤다.

"이봐! 네 아들은 잠깐 기절했을 뿐이야. 죽기 전에 어서 데리고 꺼지라구. 우리한테 필요한 건 저 여자뿐이야."

원시랑이 능글맞게 웃으며 말하자 털복숭이 사내는 체념한 듯 아들을 부축해 일으켜 비틀대며 달아났다.

"이놈들! 두고 보자. 이 빚은 분명히 갚아 줄테다."

"그래 알겠다. 기다리지."

원시랑과 태시랑은 달아나는 아이누 사내들을 내버려둔 채 여인의 수레를 향해 달려갔다.

"물러서! 이 나쁜 놈들……."

여인이 숨을 새근거리며 태시랑을 향해 채찍을 휘둘렀다. 순간 태시랑이 굵은 팔뚝을 내밀어 채찍을 낚아채 버렸다.

태시랑은 여인의 허리를 끌어안고 귀에다 대고 말했다.

"이봐, 오늘 밤 아들 하나 만들어 보자구. 어때?"

"미친 놈! 저리 가란 말이야. 나쁜놈들!"

여자는 태시랑의 실팍한 어깨를 깨물며 반항했다. 어느새 태시랑의 어깨에선 빨간 피가 흐르고 있었다.

"이거 안되겠는데……. 원시랑, 도저히 밤까지 기다릴 수 없겠수."

"알았어, 태시랑! 내 먼저 갈께. 여자를 심하게 다루지 말라구. 여잔 살살 다뤄야 한다네."

원시랑은 호탕하게 웃더니 두 사람을 남겨 두고 말을 타고 달려가 버렸다.

넓은 벌판에는 이제 두 사람밖에 없었다. 여인은 죽을 힘을 다해 발버둥을 쳤지만 억센 사내의 힘을 당할 수가 없었다. 태시랑은 짐승의 가죽을 벗기듯 여인의 담비 털옷을 뜯어내고 있었다.

순간 눈이 부시도록 흰 여체가 그의 동공 가득히 파고들었다.

"아름답구나!"

태시랑은 그토록 아름다운 여인의 몸을 본 적이 없었다. 입이 다물어지지 않았다.

오똑한 콧날과 촉촉히 젖은 붉은 입술이 물어뜯고 싶을 정도로 아름다웠다. 아쉽다면 혼절한 여인의 푸른 눈을 볼 수 없다는 것이었다.

얼굴뿐 아니라 담비 털옷 사이로 삐져 나온 두 개의 젖가슴은 탐스러우면서도 탄력 있게 솟아 있어 완벽한 미(美)를 보여주고 있었다.

태시랑은 두 개의 유두를 손가락으로 살짝 꼬집었다.

"음."

여인은 아픈지 나지막한 신음과 함께 살풋 얼굴을 찌푸렸으나 정신을 차리지는 못했다. 태시랑은 간신히 가리고 있던 여인의 담비 옷자락을 마저 걷어냈다.

이젠 아무것도 태시랑의 시야를 벗어날 것이 없었다. 잘록한 여인의 허리와 비계살 하나 없이 매끄러운 아랫배, 희고 둥근 둔부와 늘씬하게 뻗어내린 두 다리, 그리고 비밀의 숲을 가리고 있는 금빛 터럭…….

태시랑은 포식동물이 먹이를 물어뜯듯 여인의 몸에 걸터앉아 체중을 실었다.

"악!"

여인은 혼절한 가운데서도 찢어질 듯 고함을 질러댔다. 태시랑은 야생마처럼 처녀의 대지를 힘차게 달려가고 있었다.

야생마가 큰 울음 소리와 함께 대지를 박차고 일어서자 금발 여인의 눈에서는 의미 모를 눈물이 주르르 흘러내렸다.

이미 금발 여인의 모든 것은 태시랑이란 야생마가 마구 휘저어 놓고 만 것이다.

"울지 말어, 울긴 왜 우누."

태시랑은 들썩이는 여인의 작은 어깨를 잡고 큼지막한 손등으로 여인의 눈물을 닦아 주었다. 그때 갑자기 여인이 태시랑의 손가락을 콱 깨물었다. 그리곤 몸을 도사리며 분노에 찬 눈초리로 흘겨보며 마구 욕을 해댔다.

"이 짐승 같은 도둑놈아!"

하지만 태시랑은 그쯤에서 물러서지 않았다. 또다시 여인을 눌러 놓고 제 욕심을 채운 것이다. 금발 여인이 제아무리 발버둥치고 깨물고 욕을 하고 달려들었지만 태시랑의 열정은 식지 않았다. 한낮부터 시작된 실갱이가 꼬박 밤을 새우자 그제야 금발 여인은 기진맥진해지기 시작했다.

누구 하나 구해 줄 사람이 없고 설혹 누가 구해 준다 한들 이젠 얼굴을 들고 돌아갈 곳도 자신도 잃은 터에, 끈질긴 태시랑의 열정에 여인은 자포자기의 심정이 되어 나중에는 될 대로 되라는 듯 몸을 내맡길 수밖에 없었다. 그러다가 또다시 해질녘이 되자 이젠 서서히 태시랑에게 정이 들기 시작했다.

별이 총총히 떠오르던 밤, 여인은 마침내 태시랑의 고목처럼 굵은 허리를 죽어라 껴안았다.

"태시랑, 이 나쁜 사람!"

태시랑의 곰 같은 입술과 혓바닥이 여인의 입술을 더듬자 여인의 장미빛 입술이 석류알처럼 벌어지며 서로의 달콤한 타액을 교환하기 시작했다. 길고 아름다운 사랑에 봄 밤의 하루는 짧기만 했다.

먼동이 터 오는 초원 위에 태시랑은 금발 여인을 자신의 말 안장에 태우고 행복에 겨워 돌아왔다. 그때였다.

"태시랑, 왜 이렇게 늦었나? 천황랑께서 걱정이 이만저만이 아니었다네."

원시랑이 싱글벙글대며 들어서는 태시랑의 옆구리를 쿡 지르며 알려주었다.

태시랑과 금발 미녀가 마을에 들어서자 황로와 서왕녀가 앞으로 나섰다.

"태시랑, 왜 이렇게 늦었는가? 혹시 무슨 일이라도 있는가 싶어 얼마나 걱정했는지 모른다네. 그래 이 여인이었더냐?"

"예, 그렇습니다, 천황랑."

태시랑은 금발 여인을 말 등에서 내리게 한 후 함께 예를 올렸다.

"음, 아름다운 여인이로구나. 자네에게 좋은 짝이 생겼구나."

황로가 태시랑에게 격려해 주자 태시랑은 멋쩍은지 주먹으로 입가를 쓱 문질렀다.

"천황랑, 걱정을 끼쳐드려 죄송합니다. 이 여자가 얼마나 억세게 굴던지……."

태시랑이 턱으로 금발 여인을 가리키자 여인이 샐쭉 눈을 흘기는데 그 눈엔 이미 정이 담뿍 담겨 있었다.

황로는 한숨을 푹 쉬었다.

"태시랑, 그대가 좋은 짝을 얻은 것은 다행이나 이로 하여 아이누족과 원한의 씨를 뿌린 격이라 이를 어쩌겠느냐?

내가 양 오백 두를 줄 터이니 여자와 함께 돌려보냈다가 다시 길일을 잡아 데려옴이 어떻겠나?"

황로의 말에 태시랑은 고개를 저었다.

"천황랑, 싫사옵니다. 죽으면 죽었지 이 여인을 돌려보낼 수는 없습니다."

여자도 태시랑의 허리춤에 매달려 고개를 저었다. 이미 부부의 인연을 맺어 떨어질 수 없다는 몸짓이었다.

"그렇다면 어찌 하겠나?"

황로의 말에 태시랑은 황로 앞에 무릎을 꿇고 대답했다.

"천황랑, 이 일은 제 일이옵니다. 제가 이곳을 떠난다면 아이누족들이 천황님께 누를 끼치진 않을 것입니다. 다행히 이곳에는 풀이 사방에 널려 있으니 양떼를 나눠 주신다면 동쪽으로 가서 아이누족들을 막으며 살겠습니다."

"음, 하지만 혼자 떨어져 살려면 어려움이 많을 텐데……."

황로가 걱정하자 태시랑은 고개를 저었다.

"염려 마옵소서. 떨어져 있다 해도 전서구(비둘기)를 보내 급할 때 도움을 청하면 되지 않겠습니까."

태시랑의 말에 서왕녀 미희가 찬성하고 나섰다.

"태시랑의 말이 옳습니다. 태시랑뿐 아니라 다른 형제들도 사방으로 나눠 살게 하는 게 좋을 것 같습니다. 어느 곳이나 땅은 기름지고 넓으니까요."

서왕녀 미희의 말에 사람들은 모두 고개를 끄덕였다. 마침내 황로가 선언했다.

"좋소! 모두의 의견이 그렇다면 사방에 형제들을 나눠 보내 이 땅에 사람이 가득 차게 번성토록 합시다."

이리하여 황로족을 중심으로 사방에 부족들이 나눠졌다. 환족이

동 · 서 · 남 · 북 · 중의 오방(五方)에 퍼져 살게 된 것이다.

이를 《태백일사》는 이렇게 말했다.

'산(백두산) 남쪽의 주작(朱鵲)이 와서 기뻐하고, 물(바이칼호) 북쪽의 신구(거북)가 상서로움을 아뢰고, 골짜기(흥안령의 호랑이산) 서쪽 백호(白虎)가 산 모퉁이를 지키고, 강(흑룡강) 동쪽의 청룡이 하늘(오호츠크해)로 올라가고, 가운데(송화강 하르빈)에 황웅(黃熊)이 있어 산다.'

황로의 형제와 수하들이 사방에 퍼져 나가 천부의 신전을 세우니 후세《산해경》에 다섯 신선 산을 일컫게 되었다.

특히 한가운데 황로가 사는 곳을 천궁(天宮)이라 했다. 이 천궁을《태백일사》는 '천궁은 진아(眞我)가 있는 곳이니 만 가지 착한 것이 스스로 흡족하며 길이 쾌락이 있다' 했으며 '오직 본성(本性)을 깨닫고 공을 완성한 자라야 그 앞에 나가 쾌락을 얻을 수 있다' 고 했다.

아무튼 사방으로 흩어져 살던 황로의 다섯 부족들은 점차 가축이 번성했고 많은 아이들이 태어나 인구도 번창했다. 마고성의 오족을 대신하여 만주 전체에 새로운 오족이 번성한 것이다.

《중국 고대신화》는 이렇게 적고 있다.

'발해의 동쪽 수억만리 되는 곳에 귀허라는 계곡이 있는데 이 계곡은 엄청나게 크기 때문에 세상의 모든 강물이 이곳으로 흘러 들어가지만 수면은 항상 일정했다.

이 귀허에는 대여와 원교 · 방호 · 영주 · 봉래라는 다섯 신선산이 있는데 각기 그 높이와 둘레가 3만 리가 넘는다. 산과 산 사이의 거리가 보통 7만 리에다 정상에는 9천 리나 되는 넓은 평원이 있다. 산 위에는 황금으로 축성된 궁전과 백옥으로 만든 난간이 있는데 이곳이 바로 신선이 사는 곳이다.'

동북아 만주대륙 최초의 신선 황로의 오부족들이 끊임없이 번성해 가던 어느 날이었다.

황로가 있는 천궁은 뒤쪽에는 울창한 숲과 계곡의 물이 흘러내리는 산을 등지고 눈앞에는 광활한 초원이 지평선 가득 펼쳐진 곳에 있었다.

천궁의 전면에는 둘레 1천5백 보의 나성(羅城－외성)과 홍살문이 서 있고 한가운데엔 대웅전(大雄殿)이 서 있는데 신화와는 달리 띠풀로 지붕을 이었고 흙으로 계단을 만들었다.

황로는 검소하며 질박한 것을 좋아했다. (儉而不陋 華而不侈).

황로가 뜨락의 철쭉향을 맡으며 심신의 피로를 풀고 있을 때 갑자기 멀리 지평선 위에서 급박하게 말발굽 소리가 들려 왔다. 다가온 사내는 원시랑이었다.

"천황랑, 큰일났사옵니다. 고인(古人－야만인)들이 방호를 침범하여 청정한 도장을 어지럽히고 사람들을 해치고 있습니다."

황로는 허겁지겁하는 원시랑을 바라보며 얼굴을 찌푸렸다.

"천천히 좀 말해 보오, 원시랑. 고인(야만인)이라니……. 그들이 어디서 온 누구란 말이오. 게다가 태시랑은 뭘하고 있길래 방호를 지키지 못하고 고인들이 사람들을 해치게 했다는 게요?"

"용백국의 아이누족들이 옛날 태시랑에게 가졌던 원한을 갚겠다고 몰려왔사옵니다.

용백국의 족속들이 떼를 지어 몰려왔는데 거칠고 흉폭해서 태시랑이 맞섰으나 크게 부상을 입었습니다. 혼자 힘으로는 도저히 막을 수 없을 것 같사옵니다."

"음! 결국 화근이 되고 말았구나. 원시랑, 누구를 보내 태시랑을 도와 난을 평정케 하면 좋겠소?"

황로의 물음에 원시랑은《역대신선통감》에 의하면 이렇게 대답했다.

"남쪽 지방에는 땅이 치우쳐 있어 사람들이 가득 차 있습니다. 혹시 그들 가운데 잘 살펴보면 기인을 얻을 수 있을 것입니다."(是南洲地面 此處地僻人稠 貳向此中探索 可得奇人也.)

원시랑의 이와 같은 의견에 황로는 고개를 저었다.

"아니오, 북방 인물들을 잘 살펴보면 그들이 대임(大任)을 맡을 자라는 것을 알 수 있을 것이오." (黃老曰 以此觀之 北方人物 亦可知矣.)

"천황랑, 그렇다면 북해의 우강(禺强)이 어떻습니까? 그는 북해(바이칼호)에 수군을 거느리고 있으니 반고하(盤古河)에 있는 방호에 접근하기 좋을 것입니다."

"우강이라. 그라면……, 좋아. 그에게 전서구를 보내 명을 전하시오. 태시랑을 도와 고인(야만인)들을 물리치고 천부의 성지 방호를 지키도록 하시오."

천황 황로의 명은 즉각 전서구의 발목에 묶여 우강에게 전달되었다.

《중국고대신화》에 의하면 북해 우강은 천제의 손자였다. 우강은 풍신(風神), 즉 풍백을 맡고 있었는데 풍백은 수군을 다스리는 지위였다.

신화에 의하면 '매년 겨울 북쪽 바다가 얼면 남쪽 바다로 날아간다' 했는데 사실은 북해 바이칼 호수가 얼면 흑룡강을 따라 배를 타고 오호츠크해 앞바다를 통해 대해에까지 부하들과 물고기잡이를 다녔다.

우강의 모습은 머리에 새 깃을 꽂고 발과 귀에는 두 마리의 푸른 뱀을 달고 있었다. 푸른 뱀은 바로 용왕의 상징이었다.

우강은 황로의 명을 받자 급히 열다섯 마리의 거북이를 귀허로 보내 다섯 신선산을 보호토록 했다. 여기서 열다섯 마리의 거북은 바로 거북선이었다.

거북 모양의 배를 타고 북해(바이칼)를 떠난 우강의 군대가 태시랑의 군대와 만났을 때 태시랑의 군대는 매우 고전(苦戰)중이었다.

"태시랑 저하, 북해 우강 인사 올립니다."

우강은 햇빛에 탄 검은 얼굴에 씩씩한 어투로 태시랑에게 군례를 올렸다.

"어서 오게나, 우강. 먼 길 오느라고 고생이 많았겠군. 잘 왔네."

태시랑은 우강과 그의 수하 군사들을 보자 마음이 든든했다.

"태시랑 저하, 전황이 어떠하옵니까?"

"음, 전황은 매우 불리하네. 아이누족들에게 불시에 기습을 당해 방호를 빼앗겼을 뿐 아니라 나 또한 어깨에 부상을 입고 말았네. 놈들은 반고산의 방호에 의지해 바윗돌을 굴리고 돌을 던져 접근하기가 어렵다네."

"그렇다면 싸움이 만만치 않겠군요. 하지만 궁즉 통이라고 방법이 있겠지요."

우강은 아이누족이 진을 친 방호산을 쳐다보며 생각에 잠겼다.

"저 높은 곳에서 적들이 지킨다면 한 명이 백 명을 당하겠구나. 이거, 섣불리 덤볐다간 희생이 너무 크겠는걸."

전략을 짜기 위해 고민하던 우강이 배로 돌아가다가 갑자기 무릎을 쳤다.

"그래, 이거다. 거북의 등껍질로 갑주를 만들고 방패를 만들면 능히 아이누놈들의 돌팔매를 막을 수 있을 것이야."

우강은 거북선의 모양을 보고 즉시 전략을 생각하고 급히 북해에서 거북 등껍질을 구해 오게 했다.

북해 바이칼호 일대에는 많은 거북들이 서식하고 있었다. 고구려의 고분벽화에서 북쪽 현무의 모습이 거북 형상을 한 까닭이기도 하다.

병사들은 노래를 부르며 거북을 잡으러 다녔다. 그때 부르던 노래가 구지가였다.

"거북아 거북아 네 목을 내놓아라. 그렇지 아니하면 구워서 먹으리라."

병사들의 노래는 오래도록 우리 민족에 전해져 가야국의 김수로왕이 가야국을 세울 때 이 노래를 부르게 된 것이다.

우강은 병사들이 잡아 온 거북 등껍질로 갑옷과 방패를 만들어 무장하게 했다.

"이젠 염려없다. 모두 출진을 준비토록 하라!"

우강의 군대가 배를 타고 흑룡강을 따라 내려가 방호에 접근하자 또다시 고인이 방호산에 의지해서 돌팔매를 날리고 바윗돌을 굴렀다.

"모두 배에서 내려 일제히 거북 방패 뒤에 몸을 감추고 진격하라!"

우강의 명에 병사들이 진격하자 고인들의 돌팔매는 전처럼 위협이 되지 못했다. 우강의 생각이 적중한 것이다. 이렇게 되자 병사들은 사기가 올랐다.

"와아! 고인들을 모조리 무찔러라."

병사들은 갑옷과 방패를 앞세우고 방호산에 올라 마침내 아이누족들을 모조리 쫓아냈다.

병사들은 승리의 기쁨에 춤을 추며 구지가를 불렀다.

"거북아 거북아 네 목을 내놓아라……."

북해 우강은 방호산에서 천제를 올려 하늘에 감사를 올렸다. 그리고 승리의 소식을 전서구로 황로에게 전했다.

"하늘의 도우심으로 아이누족들을 무찔렀습니다."

"장하구나, 우강! 북해의 귀갑병들을 방호뿐 아니라 다섯 신선산에 나눠 주둔케 하여 고인들이 더 이상 신성한 성지를 더럽히지 못하게 하라."

"알겠사옵니다, 천황 폐하!"

"병사들은 6년마다 교대케 하여 지치지 않도록 독려하여야 할 것이니라. 물자 또한 부족함이 없도록 살펴주도록 하라."

황로의 이와 같은 명으로 신선산들은 더욱 보호되었고 청정을 유지하게 되었다.

세월이 흘러 황로가 자기의 천명(天命)이 얼마 남지 않음을 알고 원시랑을 불렀다.

"원시랑, 나는 이제 무형세계(無形世界)로 돌아가 무형천존(無刑天尊)이 되려 하오. 그러니 원시랑은 나를 대신하여 무리들을 잘 보살펴 주기 바라오."

"무형천존 천보군(天寶君)이시여, 저는 능력이 부족하여 백성들을 어떻게 가르쳐야 할지 모르옵니다."

"그건 너무 염려하지 마시오. 나 또한 인력으로 무리들을 기른 게 아니라 도의 기운으로 기르니 모든 무리들이 쫓아온 것이오. 도에 따라 무리를 기르면 겁(劫)에 이르는 세월에도 흔들림 없이 똑바로 설 수 있을 것이오."(天尊 吾以道氣化育 群方從劫.)

"천보군이시여, 어찌하면 도를 깨우칠 수 있사옵니까?"

"너무 염려하지 마시오. 내가 천산 옥청경(玉淸境)에 있을 때 부왕(父王)이신 청동군(靑童君-황궁)께서 천부삼인을 물려주셨는데 진경(眞經) 12부(十二部)가 있었소. 그 12부에는 청동진경(淸洞眞經) 3백 권과 옥결(玉訣) 9천 편, 부도(符圖) 7천 장이 포함되어 있으니 이로써 무리들을 다스리고 후세에 오래도록 전하기 바라오."

"예, 천보군 폐하."

이리하여 원시랑이 원시고상옥제(元始高上玉帝)가 되었다. 이 해를 용한(龍漢) 원년(元年)이라 한다. 황로는 원시랑을 부상태제(榑桑太帝)로 임명했으니 부상이란 해가 돋는 곳으로써 뽕나무가 무상한 곳이다.(西王母上聖 中央黃老君上聖 榑桑太帝君後聖 金闕帝君也.)－운급칠참.

부상태제가 된 원시랑은 황로에게 감사를 올리고 홀로 새롭게 출발하여 나라를 다스리게 되었다. 비결 30권과 상경(上經) 300권으로 세상을 다스렸는데 오랜 훗날 헌원(軒轅)*이 물려받았다. (榑桑太帝賜谷神 王出 獨立之訣 三十卷 上經 三百卷 行之於也…… 授軒轅.) － 운급칠참.

황로와 서왕녀의 다스림은 원시천존에게 이어지고 그 후 태소(太素)에게 이어졌는데 '태소 때는 하늘에서 감로(甘露)라는 이슬이 내리고 땅에서는 단샘〔醴泉〕이 솟았으며 인민(人民)이 그 물을 마시면 오래 살며 죽음을 모르게 되었다' 한다.(太素巳來 天生甘露 地生醴泉 人民食之 乃得長生 死不知.)

우리 나라를 옛날 중국인들이 군자국(君子國)이요 불사국(不死國)이라 한 것은 이와 같은 이유 때문이었다.

그런데 감로가 실지로 그 당시 내렸는지는 확실히 알 수 없지만 중국 지도*에 의하면 시베리아 바이칼 호수와 몽고 쪽에서 흘러드는 눈강의 상류 가운데 감수(甘水)라는 지명이 오늘날까지 기록되어 있다.

---

*헌원－중국 삼황오제 중 황제(皇帝)의 씨족명. 사마천의 《사기》에서는 황제로부터 시작한다.

*중국 지도-간명 중국지도책.(성도지도 출판사 간) 흑룡강성 · 길림성 · 요녕성 참조.

지명이 오늘날까지 전해 온 것은 그만한 까닭이 있는 법이다. 또한 백두산의 천지(天池)에서 흐르는 물줄기가 북쪽으로 흘러가는 곳에는 로수하(露水河)란 지명이 있다. 감수와 로수하가 만나는 곳이 합강성(合江城)이며 오늘날 하르빈이다. 이곳이 황로가 살던 곳이며 단군의 아사달이 된 곳이다. - 단재 신채호의 아사달.

송화강 유역이 그 옛날부터 만주의 삼강평원을 두루 적시며 흘러 수많은 초목과 짐승들을 길러내며 물고기와 어패류까지 풍성하게 하였다. 그리하여 하늘의 나라가 천부의 도(道)를 닦는 백성들을 중심으로 더없이 밝은 도의 세계를 이루었으니 만물이 더욱 번성한 것이다.

⑦

솟대와 고치공주

황로는 천지가 어두운 때 개천(開天)하여 나라를 열고 생(生)을 부상태상옥제인 원시랑에게 맡겼다. 또한 천궁(天宮)의 법을 전했는데 원시랑을 무상허황원시천존(無上虛皇 元始天尊)이라고도 한다. (老君至開冥 賢劫之時 託生 榑桑太常玉帝, 天宮以法授 榑桑太帝 號曰 無極太上大道君 亦號曰 最上至眞正一眞人 亦號曰 無上虛皇 元始天尊.)

《운급칠참》의 위 내용 중 부상(榑桑)이란 원시천존의 이름은 후대에 부상(扶桑)이란 이름으로 전해 오는데 부상이란 높이가 수천 장(丈)이나 되고 둘레가 1천 장이나 되는 뽕나무였다. 이 나무가 자라는 곳은 동해 바다 밖의 탕곡(湯谷)이라는 곳이다.

《중국고대신화》에 의하면 동방의 상제(上帝)라 일컬어지는 제준의 나라가 이곳에 있었다. 제준은 중국 황하문명을 일으킨 은(殷)민족의 상제이며 조상이었다. 제준에게는 상희(常羲)라는 아내와 희화(羲和)라는 아내가 있었다.

그런데 고구려의 고분벽화에 제준의 아내인 상희와 희화가 그려져 있다. 고구려는 왜 은민족의 조상들을 고분벽화 속에 그려

놓고 있을까?

그것은 은민족*이 지금 황화 일대로 옮겨 가기 전엔 고구려와 같이 만주에 있었기 때문이다. 은민족은 우리 민족에게서 갈라진 황로와 원시의 자손이다. 원시천존은 으뜸가는 양기(陽氣)의 위[上]에 있었는데 무한히 태양의 기운이 빛나는 곳이었다.(在 元陽之上.)

원시천존은 높고 푸른 가을 하늘을 바라보며 심호흡을 했다. 그러자 몸이 청량하게 풀어지고 정신이 맑아졌다.(放身淸凉.)

원시천존은 어두운 토굴 속에 사는 미개한 사람들에게 정신의 밝은 빛이 비취도록 가르침을 베풀었다.(神光明郞.)

황로와 원시천존이 남북 만주 일대에 들어오게 된 것은 마지막 빙하시대가 끝날 무렵이었다.

위름빙하기가 끝나고 지금과 비슷한 현대 기후에 접하자 움츠렸던 사람들의 심신도 활기를 띠게 되었다.

기후가 따뜻해지자 빙하가 녹아 바다의 수면이 높아져 땅이 낮은 곳은 물 속으로 잠기기도 했다.

이로 인해 생태계에 큰 변화가 일어났다. 육지였던 중국과 한반도 사이의 발해 땅이 바다로 변한 것이다. 상전벽해란 이를 두고 한 말이다. 그리하여 발해에 살던 여러 동물들이 재빨리 이동을 하였다. 한반도의 구석기와 신석기 유적에서 지금은 볼 수 없는 열대지방의 동물뼈가 발견되는 것은 이러한 까닭이다.

그때의 짐승뼈들을 보면 사슴·노루 등의 사슴과 동물을 비롯해 멧돼지·사향노루·산양 등의 우제목동물, 표범·곰 같은 맹

---

* 은민족 – 중국의 사학자 부사년의 이하동서설에 의하면 중국의 고대에 동쪽은 동이족의 문명이, 서쪽은 한족인 하나라의 문명이 동시대에 있었다고 한다. 이 경우 은민족은 만주에서 내려온 동이족에 속하는 것이다.

수 · 족제비 · 오소리 · 너구리 · 여우 · 승냥이 등의 식육류, 청설모와 같은 설치류, 물개 · 넝에 · 바닷말 · 바다사자인 고래의 뼈가 보이고 지금은 볼 수 없는 물소도 있었다.《조선원시 및 사회의 기술발전》(북한사회과학기술원 저).

이렇게 풍요로운 생활환경에서 사람들은 매일 하늘에 감사하며 살게 되었다. 그들은 공수(貢壽) 또는 공수(供授)라 하며 두열(頭列)이라는 음악에 맞춰 줄을 지어 돌면서 소리내어 노래 불렀으며 하늘에 감사했다. 힘들여 일하지 않아도 언제나 산천에 먹을 것이 가득했다.

가을에는 무리 전체가 힘을 합쳐 코끼리나 코뿔소 · 들소 · 말 · 뿔사슴떼와 같은 큰 짐승들을 사냥하여 저장해 두었다가 겨울 내내 먹었다.

마을 전체가 사냥에 나설 때는 마치 축제분위기였다. 사람들이 창이나 몽둥이 등을 들고 줄을 지어 노래를 부르며 나아가자 짐승떼들이 벼랑이나 좁은 골짜기로 도망치다가 혹은 죽고 혹은 사로잡히기도 했다.

그때는 사유재산이 없었고 함께 일하고 함께 나눠 먹었다. 아녀자들은 나무열매를 따 오거나 남자들이 잡아 온 짐승 가죽으로 옷을 만들었다.

기후가 건조한 때는 털가죽으로 옷을 만드는 데 별 손질이 필요치 않았으나 습기가 많을 때는 손질이 필요했다.

소나무나 참나무 껍질의 타닌 성분이나 나무재에 포함된 알칼리 성분으로 가죽을 부드럽게 하여 옷을 만들었다. 이때는 뼈로 만든 송곳이나 칼날, 바늘 등의 도구가 사용되었다.

인구가 번성하자 사람들의 공동생활이 점차 어렵게 되었다. 그것은 야생동물과 나무열매들이 줄어들었기 때문이다.

그래서 사람들은 동물을 사냥하다가 잡은 어린 새끼들을 기르게 되었다. 제일 먼저 기르기 시작한 것은 개였다. 개는 청각과 후각이 발달되어 숲속에 있는 짐승들을 잘 찾아내고 곰이나 멧돼지 등의 맹수라도 물고 늘어져 사람들의 사냥을 도왔기 때문이다.

다른 짐승들은 오랜 후에 기르게 되었는데 개 다음엔 돼지가 가축으로 길러졌다. 북한의 궁산에서 발견된 신석기 유적을 보고 혹자는 바이칼 지방에 살던 사람들이 옮겨 와 살았으며 바이칼의 사얀지방과 같이 사슴을 집짐승으로 길렀다고 추정키도 한다.

어쨌든 집짐승 기르기가 부족별로 이뤄지자 부족간에 다툼이 생겼다. 좋은 풀밭과 물을 확보하기 위한 것과 아직도 생활의 상당 부분을 의존하고 있는 사냥터를 차지하기 위해서였다.

부족간의 싸움이 격렬해지자 큰 전쟁이 되기도 했다. 계속 전쟁이 이어지자 희생이 커졌으며 나중에는 이러다 멸종하고 말 것이 아닌가 하는 위기의식도 생겼다.

맨 처음 이리떼를 길들여 사냥개로 기르기 시작한 견부(犬部)의 순비라는 족장은 그것을 크게 염려하여 각지의 족장들을 모아 회의를 열었다.

"여보시오, 부족장들, 지금처럼 우리가 서로 싸우기만 한다면 우리는 모두 멸망하고 말 것이오. 이제 각 부족마다 대표를 뽑아 가장 뛰어난 인물을 우리 모두의 대표로 뽑아 그의 지도에 따라 싸우지 않고 함께 번영하는 것이 어떻겠소?"

순비의 말에 여타 부족장들도 동의했다.

"좋습니다. 그런데 그 대표를 뽑는 방법은 어떻게 했으면 좋겠습니까? 내가 생각하기엔 활솜씨를 겨루어 보는 게 좋을 것 같습니다. 왜냐하면 활은 힘만 세다고 잘 쏠 수 있는 게 아니라 마음을 먼저 편안히 닦아야 하기 때문입니다."

사흘 후 흑룡강 상류 반고하(盤古河)의 넓은 강변에는 많은 무리들이 모여 저마다 자기 부족의 대표로 뽑힌 용사들을 응원했다. 뽑힌 용사들은 저마다 활솜씨를 뽐내고 있었는데 크고 작은 여러 가지 활들이 많았다. 화살은 싸리나무나 산죽(山竹)을 쓰고 화살촉은 편암, 점판암, 흑요석 등 다양했다.

처음엔 멀리쏘기였다. 부족의 대표들이 반고하 건너편 언덕 절벽동굴을 겨냥해 쏘았다. 그런데 대부분의 사람들이 강을 건너 쏘지 못하고 화살이 강에 떨어져 떠내려 가고 말았다. 강을 건너 날아간 화살도 절벽에 이르지 못하고 떨어졌다.

마지막으로 순비의 차례가 되었다. 순비는 큰 활을 반공으로 휘며 살을 놓았다.

"휙!"

순비의 화살은 허공을 가르듯 무서운 파공음을 일으키며 강을 건너 절벽 꼭대기의 바위를 쪼개고 꽂혔다. 그러자 무리들이 순비의 활솜씨에 놀라 탄복하며 복종할 태세를 하는데 그 중 한 사람이 반대하고 나섰다.

마부족(馬部族)의 소년 마연이었다. 사람들은 그를 적마신군이라 불렀는데 소년답지 않게 힘이 셀 뿐 아니라 거친 성품으로 사람들이 두려워했다.

"순비 족장, 이번의 멀리쏘기에는 귀하에게 지고 말았지만 활은 멀리쏘기만 한다고 잘 쏘는 건 아닐 겁니다. 다음은 움직이는 짐승을 쏘아 겨루기를 합시다."

순비는 마연의 도전을 받아들였다.

"좋다, 마연. 어린 친구가 대담하구나. 무엇이든 그대가 목표를 정하라."

마연이 소리쳤다.

"저기 기러기떼가 날아옵니다. 저 기러기떼를 누가 맞힌다면 맞힌 사람이 승자요."

마연은 기러기를 향해 활을 쏘았다. 화살이 줄지어 날으는 기러기 무리 중의 한 마리를 맞추었으나 떨어뜨리지는 못했다. 잠깐 흩어졌던 기러기떼가 다시 대오를 갖춰 날기 시작했다.

연이어 순비의 화살이 날아갔다. 순간 기러기떼가 햇살 속을 등지고 날아 제대로 보이지 않는 듯하다가 잠시 후 "푸르륵" 소리와 함께 맨 선두에 섰던 기러기가 머리에 화살을 꿴 채 떨어졌다.

더욱 놀라운 것은 화살이 기러기의 눈을 꿰뚫고 있는 것이었다.

무리들은 순비의 능란한 활솜씨에 놀라 환호했으며 그를 천황으로 추대했다. 마연은 말없이 화살을 꺾어 항복을 표시했다.

순비의 부족들은 그때부터 화살과 기러기를 본따 마을 어귀에 세우고 자랑했는데 이것이 솟대의 기원이다.

순비가 맞춘 기러기를 태양의 새라 하고 신(神)의 사자라고도 했다.

무리들은 순비 임금을 천황이라 부르고 그 다스림을 받아 평화롭게 살게 되었다. 순비 임금의 후손들도 활을 잘 쏘아 천황의 지위가 계속 순비의 부족에 이어지게 되었다.

≪역대신선통감≫은 그때를 이렇게 말했다.

'순비 임금 때까지는 제왕을 일컫는 호(號-천황명)는 있었으나 세(世-세습왕조)는 없었다. 그러다가 순비 임금 때부터 제왕의 지위가 후계자에게 계승되었다.

이 제도로 '인(因)'하여 순비의 후계자가 유리하게 되었으므로 이때를 '인(因)'으로 하여 다스리는 때라 하였다.(初履蜚紀時 惟德相承 有號無世至此則 父子繼立 有號有世 咸有制作 後人因而利之.)

'인(因)'이란 글자는 '처음을 이어간다'는 뜻이 있으니 ≪역대신선통감≫의 내용은 근거가 있는 내용이다.

그렇다면 ≪부도지≫에서 황궁의 자손이 유인씨(有因氏)와 환인(桓因)으로 이어지는데 인(因)이란 이름이 여기서 유래된 것 같다. 순비천황은《부도지》의 유인씨인 것이다.

풍수산(風水山)은 천황 순비 임금이 다스리는 읍성(邑城) 반고*(盤古)에서 십여 리 되는 곳이다. 반고 읍성을 가로질러 흐르는 반고하의 발원지이기도 하며 잣나무, 전나무가 하늘을 가릴 만큼 솟구쳐 자라 육십 리 이내에서 하늘을 볼 수 없는 곳이었다.

그만큼 여러 동물들이 많이 있어 순비천황의 개부락[犬部落]뿐 아니라 소, 양, 돼지를 기르는 부족들까지 사냥에 참여하여 우의를 다졌다.

그런데 주위의 오부족 가운데 말부락 사람들은 참여하지 않았다. 그들의 족장이 된 마연이 천황이 못 된 것을 원통하게 생각하여 가까이 지내려 하지 않았기 때문이다.

순비천황과 그 부족들이 사냥을 끝내고 반고 읍성을 향해 돌아오는데 읍성에서 검은 연기가 치솟고 있었다.

"아니, 읍성이 불타고 있지 않은가?"

순비천황은 소부락의 족장 금니아(金尼雅)에게 다급하게 소리쳤다.

"그렇습니다. 이는 필시 아이누 고인(古人)놈들 소행일 것 같습니다."

"그렇다면 큰일이다. 빨리 읍성으로 돌아가야겠다. 뿔나팔을 부

* 반고(盤古) - 《후한서》〈남만전〉에 의하면 중국 남방족의 조상은 반고에서 시작한다. 《중국고대신화- 원가 저》에 의하면 반고는 천지가 창조될 때 거인이라 하는데 지금의 중국 간명지도에 의하면 흑룡강성 북쪽에 반고라는 지명이 있다.

시오."

순비천황은 금니아 족장에게 뿔나팔을 불게 하고 말고삐를 잡아챘다.

이때 읍성의 불길은 더욱 치솟아 올랐고 화광(火光)이 충천하고 있었다.

아이누 고인들은 황로 때에 북해 우강에 의해 이곳을 쫓겨 흑룡강을 건너 달아났는데 그곳은 시베리아의 얼음판이라 짐승이 별로 없고 얼음을 깨고 물고기만을 먹고 살았다.

그러다가 식량이 부족하면 이따금 반고 읍성에 몰래 숨어들어 노략질을 하곤 했으나 순비천황이 이를 잘 격퇴했었다. 그런데 오늘 천황이 부락의 장정들을 이끌고 사냥하는 중에 숨어든 모양이었다.

"이미 늦었다."

반고 읍성에 도착해 보니 노약자들과 여인들의 시신이 즐비했으며 이곳저곳의 가옥들이 이미 불타 버리고 불길이 점차 사그라들고 있었다.

순비천황은 장정들에게 소리쳤다.

"먼저 놈들을 추적해서 잡아야 한다. 지름길로 달려 말고리(馬古里) 호을가강(胡乙可江)으로 가야겠다."

말고리는 반고 읍성과 말부락으로 갈라지는 초입이며 솟터가 세워진 곳이었다.

순비천황은 아이누들이 백여 명쯤 될 것이며, 읍성에서 약탈한 곡식들과 아녀자들을 잡아가고 있을 것이므로 반고하의 호을가강을 건너 흑룡강 쪽으로 달아날 것이라고 추측했다.

순비천황은 호을가강의 맞은편 숲속에 2백여 명의 장정들을 숨게 했다. 강은 상류지역이라 물이 무릎까지도 차지 않았다.

"모두 몸을 단단히 감추고 놈들이 모조리 개울로 들어서기 전에는 절대 공격해서는 안된다. 단 한 놈도 살려 둬선 안 되니까."

순비천황이 장정들의 배치를 끝냈을 때 소부족장 우록둔(牛錄屯)이 나지막하면서도 힘차게 외쳤다.

"놈들이 온다."

아이누들은 선두에 말을 탄 10여 명과 뒤따르는 90여 명이 반고읍성에서 탈취한 식량을 소달구지에 싣거나 짊어지고 있었다. 그리고 얼굴이나 몸매가 예쁜 젊은 여인들을 처첩으로 삼기 위해 끌고 가고 있었다.

순비천황은 부족의 여인들이 끌려 오는 것을 보고 나직이 읊조렸다.

"저런 죽일 놈들이 우리 부족 여인들을 모두 끌고 나왔구나. 모두 우리 사람들이 다치지 않게 조심해야 한다."

순비는 장정들에게 주의를 주고 자신도 활 시위를 팽팽하게 당겨 아이누족들이 모두 개울 안까지 들어오기를 기다리고 있었다.

아이누족들은 앞머리를 칼로 밀어 이마가 넓게 보였고 뒤쪽은 그냥 늘어뜨려 두었다.

순비천황의 주위 오부족이 모두 둘로 땋아 귀 뒤로 드리우거나 하나로 땋아 댕기를 맨 것과는 달랐다.

아이누족들은 돼지를 잡아먹고 그 가죽으로 옷을 만들어 입고 기름을 온몸에 바르고 있어 몹시 냄새가 났다. 그들이 사는 곳이 시베리아의 얼음판이라 어쩌면 그것이 당연할지도 모른다.

아이누족들이 서서히 강으로 들어서 이제 순비천황이 숨은 곳과 십여 보밖에 떨어지지 않았다.

"이때다, 모두 쏘아라!"

순비천황이 외침과 함께 화살을 날리자 제일 앞에 말을 탄 아이누족 두령급의 사내가 오른쪽 눈을 감싸면서 비명을 질렀다.

"으악!"

비명을 필두로 수백의 화살이 날아 아이누족들을 거꾸러뜨렸다. 화살에는 모두 극독이 발라져 있어 맞으면 즉사하여 생명을 건질 수 없었다.

순식간에 거의 칠십여 명의 아이누인들이 쓰러졌다. 남은 아이누인들은 우왕좌왕하며 아녀자들과 섞여 강 건너편 숲을 향해 달려 도망치고 있었다.

이를 본 순비천황은 재빨리 말을 타고 달려 나갔다. 그 손에는 붉은 수실이 달린 창이 들려 있었다. 그 뒤를 따라 순비의 부족들도 줄을 이었다.

순비는 가로막는 아이누인들의 가슴팍을 창으로 찔렀다. 그리고 갈고리 창끝으로 달아나는 아이누인의 목을 낚아챘다.

백여 명의 아이누족들이 모두 몰살됐다. 끌려가던 반고 읍성의 아녀자들이 강변의 나무 숲속에 숨었다가 아이누족들이 모두 죽은 것을 알고 달려 나와 장정들을 붙잡고 울음을 터뜨렸다.

순비천황은 황비와 고치공주가 걱정되어 여인들에게 달려가 흰 자작나무 밑둥에 쪼그리고 있는 고치공주를 발견했다.

"공주야, 무사했구나."

순비천황은 공주를 보고 기뻐 달려가 와락 안아 일으켰다. 하지만 공주는 얼굴을 외면하며 울음을 그치지 않았다.

"아바마마, 어마마마가 돌아가셨어요."

공주의 말에 깜짝 놀란 순비가 소리쳤다.

"무엇이라구? 황비가 죽어……?"

순비는 말끝을 맺지 못하고 눈에 핏발을 세운 채 말고삐를 잡아챘다.

"아! 황비, 모두 내 잘못이오. 여자들만 남겨 놓고 사냥을 가다니……."

순비가 반고 읍성에 들어서자 성의 목책이 불타고 나이 많은 남자들이 아이누와 싸우다가 모두 죽어 있었다. 이따금 아이누족의 시신들도 섞여 있었으나 여인들의 시신이 더 많았다. 궁이 가까워지자 순비의 마음은 더욱 불안하고 초조해졌다. 아름답던 궁궐도 이미 불에 타 부서져 있었으며 시신들이 참혹하게 널려 있었다.

순비 임금은 궁전 후원 샘터에서 황비를 발견했다. 그녀는 돌옆에 앉아서 숨져 있었다. 목이 졸려 있었고 옷섶이 마구 흐트러져 있었다.

"황비."

순비천왕은 두 눈을 부릅뜨고 죽은 황비의 시신을 껴안았다. 끓어오르는 분노와 슬픔을 억제할 수가 없었다. 하늘이 무너진 듯하고 모든 것이 허탈했다.

순비천황은 뒤이어 찾아온 고치공주를 끌어안고 밤새워 통곡했다. 순비뿐 아니라 읍성 전체가 통곡의 도가니였다.

다음날 아침, 읍성의 솟터에서 신지(神智)가 북을 치며 죽은 영령들을 위령하고 있었다. 납의(衲衣)를 입은 신지는 한 사람씩 죽은 시신들의 얼굴 위에 읍성에서 신성하게 생각하는 솟터의 샘물을 끼얹었다.

순비족의 장례는 3년간 솟터에 보관했다가 육탈골립(肉脫骨立)이 된 후 뼈만을 땅에 묻었다. 관(棺)은 비단 포장으로 사방을 가리되 비가 오면 포장을 벗기고 유지(油紙)로 덮었다.

순비는 부족장들과 각 부족의 장로들인 검칙(儉側), 번지(樊祗), 살해(殺奚), 읍해(邑偕) 들을 불러모아 회의를 열었다. 그는 끓어오르는 슬픔을 억누르고 입을 열었다.

"지금 나라 전체가 야만족의 침입을 받아 우리가 사랑하는 가족들을 잃어 통분을 금할 길이 없소. 물론 가족들의 장례도 중요하지만 이 원수를 갚지 못한다면 난 한시도 마음 편히 쉴 수가 없으며 죽더라도 눈을 감지 못할 것이오."

순비의 말이 끝나자 성질 급한 돼지부락의 검칙이 주먹을 휘두르며 소리질렀다.

"옳습니다. 우리가 이대로 참을 바엔 난 치마 입는 여자가 되겠소. 우리는 놈들의 본거지를 찾아 다시는 이곳을 넘보지 못하도록 철저하게 갚아 줘야 합니다."

돼지부락의 검칙의 말에 모두들 동의를 표시했다.

"갑시다. 놈들을 모조리 죽여 버립시다."

모두 들떠 설치자 나이 많은 소부락의 우록둔 족장이 진정하라고 외쳤다.

"진정들 하시오. 여러분의 뜻을 모르는 바는 아니나 싸우더라도 대책이 있어야 하오. 아이누족들은 5백 리나 떨어진 곳에 있소. 만일에 또 그들이 우리 몰래 어제처럼 마을을 습격한다면 어찌 하겠소. 그러면 남은 가족마저 잃을지도 모르는 일이오. 모두 감정만 내세울 게 아니라 먼저 방책을 세워야 할 게요."

우록둔의 말에 돼지부락의 검칙이 주먹을 휘둘렀다.

"방책은 무슨 방책이오? 우리가 적을 찾아 나서는데 그놈들이 무슨 여력이 있어 이곳으로 쳐들어 온단 말이오. 노족장께서 겁이 나시면 이곳에 계시오. 나는 무슨 일이 있더라도 이번에 원수를 갚고 말겠소. 난 이번에 어머니와 아내 그리고 아이들까지 모두 잃었단 말이오."

"여보게, 검칙, 자네 마음 못지 않게 나도 가슴에 한이 맺히긴 마찬가질세. 나도 아내를 잃었네. 평생 고생만 하다 참변을 당했는데 내가 아무리 못난 늙은이로서니 어찌 복수를 하려 하지 않겠는가. 다만 만사를 철저히 대비코자 할 따름일세…….”

우록둔은 목이 메이는지 말끝을 맺지 못했다. 우록둔의 말을 들은 천황은 그제야 그가 걱정하는 바를 깨달았다. 우록둔은 말부락 마연을 염려한 것이었다. 평소에도 소원한 마연을 두고 전쟁에 나서려니 근심이 안 될 수 없었다.

“우족장의 말도 일리가 있소. 그러나 나에게 복안이 있으니, 반고 읍성의 수비를 마연에게 맡겼으면 어떨까 하오.”

“그건 안 됩니다. 마연 같은 녀석에게 반고 읍성의 수비를 맡기다니……. 그놈이 무슨 짓을 할지 모르는데 읍성을 잘 지켜 주겠습니까?”

검칙의 말에 여러 사람들이 공감했다. 평소 마연의 행동으로 보아 믿을 수가 없다고 술렁거렸다. 순비가 다시 말했다.

“물론 나도 마연을 알고 있소. 그러나 나는 마연에게 제의를 하려는 것이오. 우리가 돌아올 때까지 읍성을 잘 지켜 준다면 가축으로 보상을 하겠다고 말이오. 소 30두와 양 200마리쯤은 보상할 수 있는데……. 이 제의를 받아들일지 소부락의 우록둔 족장이 협상해 보도록 하시오.”

“천황께서 그리 말씀을 하시니 안심이 됩니다. 그 정도 조건이라면 마연도 수락할 겁니다.”

“그럼 그 문제는 우족장에게 일임하겠소. 다음은 병사들을 뽑는 문제인데 이번 싸움은 기병의 정예가 승패를 좌우할 것이니 각 부락마다 백여 기씩 뽑도록 하시오. 기병이 될 자들을 뽑을 땐 이렇게 뽑으시오.

나이는 40세 이하, 키는 7척 5촌 이상, 건장하고 동작이 민첩해야 하오. 여러 사람 가운데 무예가 뛰어나야 하며 말을 잘 타고 활을 잘 쏘며 자유로이 말을 타고 선회하고 나아가며 물러설 수 있음은 물론 참호도 뛰어넘어야 하오. 높은 구릉이나 진흙밭에도 말이 빠지거나 굴러서도 안 되며 큰 강이나 못이 있으면 건너뛸 수 있어야 하오.

제일 중요한 것은 적의 대군 속으로 뛰어들어가 적진을 휘둘러 놓을 수 있는 용기를 가진 자들이오. 이런 병사들을 우선 기병으로 뽑아 후히 대접을 해야 하는 게요."

순비천황은 기병을 뽑는 법을 설명한 뒤 이번엔 군량 준비를 명했다.

"군량은 넉넉히 6개월분을 준비하시오. 건육을 잘 손질해서 병사들마다 말에 매달도록 하시오."

사실 건량은 모두 준비되어 있었다. 작년 가을에 일년 먹을 건량으로 소를 잡아 수분이 충분히 제거된 상태니 소 한 마리가 방광(소 오줌보) 하나에 다 들어갈 수 있었다. 게다가 사냥하며 잡은 짐승들도 있어서 건량은 부족하지 않았다.

회의가 끝난 후 우록둔 족장은 마연과 협상을 끝냈다. 그리하여 다음날 순비천황은 4백 명의 기병을 이끌고 출발할 수 있었다.

순비천황이 싸움을 떠난 이후 반고 읍성의 천궁에서 고치공주는 매일 새벽 정한수를 떠놓고 천황의 귀환을 빌었다.

벌써 백일이 넘었다. 고치공주는 싸움터로 떠난 순비천황에게서 지난달 보름까지는 소식이 있었으나 그 후 한 달이 넘도록 소식이 없자 초조해지기 시작했다.

'왜 안 돌아오시는 걸까? 소식조차 끊어진 지 벌써 한 달이 넘었는데……. 어마마마께서 돌아가신 지도 벌써 한 달 열흘이 넘었는데……. 나 혼자 어찌하면 좋단 말인가.'

고치공주는 순비천황의 무사 귀환을 빌며 아침 때까지 치성소를 떠나지 못하고 있었다. 아침 해가 떠오를 즈음 시녀가 공주에게 아뢰었다.

"마연이 와서 공주를 뵙고 싶답니다."

"마연이 왜 나를 찾는 게냐? 국사는 아버님께서 위임해 세우신 신지와 의논하면 될 것이 아니더냐."

"소녀는 잘 모르옵니다."

시녀는 공주의 물음에 확실한 대답을 못하고 고개만 푹 숙일 뿐이었다.

공주는 마연을 만나고 싶지 않았다. 마연은 힘이 센 젊은이였으나 외모가 볼품이 없었다. 광대뼈가 흉하게 불거졌으며 입술이 크고 두터워 우악스러워 보였다. 게다가 성질 또한 급하고 흉폭해 아랫사람들을 두들겨 패거나 욕지거리를 일삼았는데 순비천황이 반고 읍성의 수비를 맡긴 후 이따금 궁전에 들어와 공주에게 추근대곤 했다. 이날도 그녀에게 추근대러 온 것을 번연히 알고 있었으나 순비천황이 돌아올 때까지는 그를 홀대할 수 없어 마연을 면대했다.

"마연, 매일 수고가 많소."

공주가 나타나자 마연은 두꺼운 입술을 일그러뜨리며 히죽 웃었다.

"공주님, 별일 없으십니까? 이 마연은 언제나 공주님을 위해서라면 무슨 일이라도 할 것입니다. 믿어 주십시오."

마연은 솔직히 자신의 속을 털어놓았다. 사실 공주와 결혼만 할 수 있다면 무슨 일인들 못하랴 싶었다. 마연에게 있어 공주는 꿈속에서라도 차지하고 싶은 여인이었다.

"마연, 뜻은 고맙소. 그런데 나를 보자고 한 것은 무엇 때문이오?"

"예, 헤헤. 오늘 공주님께 좋은 선물을 하려고 그럽니다. 여봐라, 이리 가져오너라."

마연이 자기의 부하들에게 고함을 지르자 두 명의 사나이가 무언가를 무겁게 들고 왔다. 커다란 자수정 덩어리였다. 크고 작은 자수정이 찬란히 빛을 뿜으며 신비롭게 빛났다. 자수정을 본 공주와 시녀들은 눈이 휘둥그레졌다. 여인의 마음을 흔들어 놓기에 족한 것이었다.

"아름답군요!"

공주는 자수정의 아름다움에 반해 눈을 돌릴 수 없었다. 그러나 그 보석을 가져온 사람이 마연이니 쉽게 받아들일 수도 없었다. 공주는 자세를 바로 했다.

"그런데 이걸 왜 나에게 가져왔나요?"

"공주, 이것은 내 마음의 표시일 뿐이오. 부디 내 사랑을 거절치 마시고 받아 주시길 바라오."

마연의 말에 공주는 뾰로통해졌다.

"미안하군요, 마연. 나에겐 아버님께서 정하신 정혼자가 있어요."

"잠총 말이오?"

마연은 공주의 입에서 정혼자의 말이 나오자 계집애처럼 곱상하게 생긴 잠총(蠶叢)의 얼굴이 떠올라 기분이 나빠졌다. 잠총은 소부락 우록둔 족장의 아들인데 순비천황을 따라 출정을 했다. 공주는 잠총에게 마음을 주고 있었다.

"그래요. 이번에 아버님이 돌아오시면 우린 혼인을 할 거예요."

공주의 야멸찬 대꾸에 마연은 화가 치밀었다. 갑자기 칼을 빼서 가져온 자수정 덩어리를 향해 사납게 내리쳤다.

"차랑!"

칼과 자수정이 부딪히면서 아름답던 자수정에서 불꽃이 튀었다. 몇 개의 자수정이 깨어져 흩어지면서 자수정 전체에 흠집이 났다.

"돌아가겠소. 하지만 공주, 공주는 결국 내 사람이 될 것이오."

마연은 성난 멧돼지처럼 화가 나서 공주를 흘겨본 후 궁을 나가버렸다. 마연이 돌아가자 간신히 안정을 찾은 공주는 빨리 순비천황이 돌아왔으면 하는 마음이 더욱 간절해졌다.

그러나 순비천황은 좀처럼 돌아오지 않았다. 마연이 화가 나서 돌아간 지도 벌써 한 달이 지났다. 점점 마연의 부하들이 횡포를 부리기 시작했다.

원래 천궁에는 이십여 명의 궁녀들이 있었는데 마연의 병사들이 이 궁녀들을 괴롭힐 뿐 아니라 강제로 추행하여 몇 명의 궁녀는 아비 모르는 자식을 임신하기도 했다. 그리고 치욕을 당한 궁녀 둘은 자결하고 말았다.

견디다 못한 궁녀들이 공주에게 어려움을 호소했지만 여자의 몸인 공주 혼자서 마연의 부하들을 제지할 힘이 없었다. 게다가 천궁의 식량창고마저 병사들이 통제하여 궁녀들은 공주가 먹을 식사로 인해 곤란을 당했다.

그럴수록 공주는 하루빨리 아버지가 돌아왔으면 했다. 그렇다고 여인의 몸으로 찾아 나설 수도 없는 노릇이었다. 할 수 없이 공주는 시녀들에게 마연을 부르도록 명했다.

"우선 마연을 달랠 수밖에 방법이 없어. 이대로 있다간 저 흉악한 마연놈이 무슨 짓을 할지 모르니까."

시녀의 연락을 받은 마연은 신이 나서 헐레벌떡 달려왔다.

"공주, 부하놈들이 뭐 난폭하게 굴었다구요. 하지만 걱정 말아요. 내가 왔으니까……. 공주가 나하고 혼인만 하면 어떤 놈이 건방지게 굴겠소. 그런 놈이 있다면 내가 다리뼈를 확 분질러 버리겠소."

마연은 공주 앞에서 자못 호기를 부리고 있었다. 공주는 마연의 모습이 가소로웠으나 우선은 비위를 맞춰야 했다.

"그렇지요. 마연이 오니 내 마음이 든든해요. 나도 마연의 뜻을 따르고 싶지만 아버님인 천황께서 돌아오시지 않으시니 어찌 마음을 결정하겠어요. 마연, 그대가 나를 위해 아버님을 모시고 오지 않겠어요?"

마연이 듣고 보니 그 말도 타당하다고 생각했다. 이왕이면 천황의 사위로서 거창하게 혼례를 올리고 싶었다.

"좋소. 내가 천황을 모셔 오겠소. 그 대신 공주는 나와 혼인을 하는 거요. 알겠소?"

"그래요. 그래야지요."

공주는 어쩔 수 없는 상태에서 마지 못해 혼인을 승낙했다.

마부족의 족장인 마연은 공주가 약속하는 말을 듣자 부락의 젊은이들과 마필들을 모두 모아 순비천황을 찾아 나섰다. 흑룡강을 따라 열흘 밤낮을 쉬지 않고 말을 바꿔 타면서 달려 마침내 순비천황의 진영에 도착했다.

순비천황은 돌연히 나타난 마연을 보고 깜짝 놀랐다.

"아니, 마연이 아닌가? 그대가 여기 웬일인가? 혹시 반고 읍성에 무슨 일이라도 생긴 건가?"

"아닙니다, 폐하. 아무 일도 없사옵니다."

"아무 일도 없다니 다행이로군. 어쨌든 잘 왔네. 안 그래도 내일은 큰 싸움이 있을 텐데 그대가 데려온 병사들과 마필들이 큰 도움이 되겠네."

마연은 전황이 궁금했다. 전쟁이 빨리 종결되어야 천황을 모시고 돌아가 공주와 결혼할 것이기 때문이었다.

"전황 말인가? 지금 좀 어렵게 됐네. 우리 반고 읍성을 쳐들어 왔던 놈들은 말끔히 소탕해 버렸지만 아, 글쎄 이 아이누놈들이 멀리 흑룡강 남쪽에 사는 염국인들까지 원군으로 끌고 왔지 뭔가. 그래서 싸움이 크게 확대되어 쉽게 돌아갈 수 없었네. 하지만 내일은 결판이 날걸세."

순비천황과의 대화가 무르익을 때 소부락의 잠총이 들어왔다. 잠총은 마연을 보자 의아해 했으나 별 표정을 드러내지 않고 순비천황께 군례를 올렸다.

"천황 폐하, 명하신 대로 준비를 다 했사옵니다."

"오, 수고했소. 잠총 백부장, 이리 가까이 오시오."

잠총은 백여 기의 기병을 맡은 장군으로서 내일 싸움의 선봉에 나설 것으로 명을 받고 있었다. 순비천황의 삼군(三軍) 중에서도 막중한 책임을 맡고 있었다. 잠총이 백부장*이라는 말을 듣자 마연은 은근히 호승심이 생겼다.

"천황 폐하, 내일 싸움에 저에게 선봉을 명해 주십시오."

마연의 말에 순비천황과 잠총은 깜짝 놀랐다.

"그대가 선봉이 되고 싶다고 말한 건가?"

"예, 제가……, 이 마연이 선봉을 서서 아이누족들을 무찌르고 싶습니다."

마연의 요청에 잠총은 가만히 있을 수가 없었다.

"천황 폐하, 안 됩니다. 이미 선봉은 저에게 명하시지 않았습니까. 이는 사나이의 명예를 걸고 물러설 수 없사옵니다."

"음, 그렇지."

순비천황은 잠총의 말에 고개를 끄덕였다. 그러자 마연이 다시

* 백부장 – 백 명의 기마병을 거느리는 장군.

간청했다.

“잠총이 선봉으로 명을 받은 것은 잘 알고 있사옵니다. 그러나 저는 지금 새로운 정예군을 끌고 왔사옵니다. 내일 싸움은 중요하다고 들었는데 지치지 않은 군대가 낫지 않겠습니까?”

순비천황은 마연의 말에 쓴웃음을 지었다.

“마연의 말도 일리가 있으나 이미 선봉에 대해서는 명을 내렸으니 거둘 수 없네. 마연에게는 내일 따로이 특명을 내릴 것이니 중군(中軍)에 머무르도록 하게.”

천황이 결정을 내리자 마연도 더 이상 우길 수가 없었다. 이때 열두셋쯤 된 한 소년이 들어왔다.

“폐하, 북해왕 해어군(海魚君) 곤이 연로하여 아들 어부(魚鳧)가 대신 천황을 뵙습니다.”

소년은 씩씩하게 군례를 올리며 또렷한 어조로 말했다. 눈빛이 매우 날카로웠다.

“염국의 배들보다 숫자는 적으나 매우 탄탄한 천반역장선 세 척을 끌고 왔사오니 강에서의 싸움은 저에게 맡겨 주시옵소서.”

“그대가 북해 우강의 손자 어부란 말인가? 과연 범할아비의 범 손자로군. 내일 큰 활약을 해 주기 바라네.”

“명심하겠사옵니다, 폐하.”

흑룡강의 가운데 허리 시베리아의 얼음물 결아하(結雅河)가 만나는 삼각주와 대두산(大斗山) 신경령(新枉岭)의 낮은 언덕에서 천황은 7월 23일 인시 여명이 밝기 전부터 적진을 바라보며 군진을 짜고 있었다. 적은 결아하 강물을 따라 뗏목을 띄우고 내려와 흑룡강 남쪽에서 올라온 염국의 군대와 합쳐 대두산 남쪽 서강자(西崗子) 일대에 진영을 짜기 시작했다.

“흠, 많이들 몰려오는군.”

기치창검을 번쩍이며 모여든 염국의 군대는 천황군의 군대에 비해 두 배에 가까운 일천여 명이 넘었다. 이에 맞서 싸울 천황군은 사백 명의 기병에 불과했다. 그러나 모두 가려 뽑은 자들이라 그리 뒤질 것이 없었다.

일찌감치 병사들에게 마유주에 건육을 끓여 배불리 먹게 한 후 진형을 지세와 전략에 따라 배치를 하고 나니 태양이 어느덧 중천에 솟아 있었다.

순비천황은 장군들과 부족장들을 불러 특별히 훈시를 내렸다.

"장군들은 들으시오! 아랫사람들을 다스림에는 무엇보다 솔선수범이 중요하오. 장수는 겨울에 솜옷을 입지 않고 여름에 부채를 잡지 않는 법이오. 비가 와도 비옷을 입어선 안되오. 좁고 험한 길이나 위험한 곳엔 장수가 앞장서야 아랫사람들이 진심으로 존경하여 따르는 법이오. 공을 서둘지 말고 부디 부하들을 아끼도록 하시오. 그들은 모두 우리의 자녀이며 형제인 것을 잊지 마시오."

이러한 당부와 함께 장군 한 사람 한 사람마다 손을 잡고 격려를 아끼지 않았다.

날씨는 매우 화창했다. 하늘엔 흰구름이 평화롭게 떠 있었고 숲은 정적에 싸여 있었다. 그러나 흑룡강으로 흘러드는 작은 여울 대두산 개울을 따라 진을 펼친 양쪽의 군대 사이에는 터질 듯한 긴장감이 감돌았다. 그들은 언제든 맞부딪칠 준비가 되어 있었다.

먼저 염국 쪽에서 한 노장이 말을 달려 나오며 소리쳤다.

"염국의 노장 염수노군(老君)이오. 감히 천황이라는 순비공을 만나 뵙고 싶소."

노장은 다섯 자 다섯 치나 되는 큰 칼을 휘두르며 아군을 쫓아 뭉그러뜨리고 달려 나왔다. 순비천황 또한 기혈이 끓어올라 열 자짜리 옻칠한 장창을 움켜쥐고 달려 나갔다. 그런데 이미 선봉으로 임명받은 잠총의 군대가 서서히 싸움의 태세로 돌입하고 있었다. 양부락의 읍해(邑偕)가 염수노군의 앞을 가로막고 나섰다.

"늙은이, 내 창을 받아라!"

"오, 네가 먼저 죽고 싶으냐!"

읍해가 염수노군의 움직임에 따라 말머리를 돌리며 창끝을 겨누었다. 그러나 읍해는 염수노군의 적수가 못 되었다.

읍해의 창끝을 큰 칼로 돌려 쳐내더니 돌연 휙 허공에 바람을 뿌렸다. 언제 칼날이 닿았는지 모르게 읍해의 목이 땅바닥에 떨어졌다. 돌연 피무지개가 공중에 뿌려졌다.

"저 염수노군은 굉장한 용장(勇將)이로구나!"

순비천황이 깜짝 놀라 탄식할 때였다.

"제가 나가서 읍해의 원수를 갚겠습니다."

돼지부락의 살해(殺奚)가 말을 달려 나섰다. 천황이 허락하자 살해가 창을 잡고 염수노군을 꾸짖었다.

"늙은이가 내 친구를 죽였으니 너는 내 창에 죽어야 할 것이다."

"흥."

염수노군은 살해의 말에 코웃음을 치더니 번개처럼 말을 달려 큰 칼을 또 한 번 휘둘렀다. 그러자 살해의 목이 단칼에 굴러 떨어졌다.

순비천황은 순식간에 두 사람의 장수가 죽는 것을 보고 다급히 소리쳤다.

"누가 저 노장을 막을 만한 자가 없느냐?"

순비천황이 소리치자 선봉장 잠총이 나섰다.

"제가 한번 상대해 보오리다."

선봉장 잠총이 칼을 휘두르며 염수노군을 상대했다. 두 사람의 칼날이 마른 하늘에 번갯불이 일 듯 부딪쳤다. 잠총 또한 솜씨가 놀라워 이젠 막상막하 기호지세를 이루며 보는 이들의 땀을 쥐게 하며 격렬하게 부딪쳤다. 그러나 오십여합이 지나자 잠총의 몸놀림이 둔해지고 있었다.

"아니, 저 노장의 솜씨가 과히 신기(神技)로구나."

순비천황은 잠총이 걱정이 되어 징을 울렸다. 그 순간 잠총이 밀리기 시작했다. 이때를 틈타 염수노군과 염국군이 와락 밀려들었다. 전세가 위급하기 짝이 없었다. 천황은 마연을 불렀다.

"마연, 이리 나오너라."

"예, 폐하, 마연 대령했사옵니다."

"그대는 염수노군과 염국 군대 사이를 꿰뚫어 염수노군을 고립시키고 적의 본진을 향해 달려들어라."

"본진입니까? 알겠사옵니다."

마연은 자기의 직속 부하들을 데리고 적진 속으로 뛰어들었다. 마연이 달리는 모습은 마치 무인지경을 달리는 것 같았다. 풀을 베어 넘기듯 좌충우돌이었다. 마연의 뒤에는 소부락의 족장 우록둔이 후군을 이끌고 염국군에게 달려들었다. 그 기세에 염국의 장병들이 크게 놀라 좌우로 흩어졌다. 염국의 주장 하백은 칼을 휘두르며 금위군과 함께 마연의 군대와 혼전을 이루었다.

"적장은 어디 있느냐? 말부락의 적마신군 마연의 칼을 받아라!"

"산골짝 개구리가 세상 넓은 줄 모르는구나. 간다, 애송이!"

마연과 하백은 두 사람의 신장(神將)이 어울린 듯 격돌하고 있었다.

한편 잠총을 뒤쫓아 순비천황의 본진을 뛰어든 염수노군은 내심 당황하고 있었다. 어느새 후미가 마연으로 하여 끊어져 뒤따르고 있는 군사가 얼마 되지 않았다. 게다가 본진까지 혼전의 와중에 휘몰린 것이다.

마음이 다급하여 잠총을 뒤쫓지만 잠총은 슬금슬금 물러날 뿐 상대하려 들지 않았다. 그러나 염수노군이 퇴각하려 들면 재빨리 달려드는 것이다.

"달아나지 말고 덤벼라, 비겁한 놈아."

염수노군이 격노하여 바짝 잠총의 뒤를 좇아 등짝에다 칼날을 내리치려 할 때였다. 이때 "핑" 하고 바람을 가르는 소리가 들리며 염수노군이 쓴 투구끈을 끊어 놓았다.

"흡."

염수노군이 깜짝 놀라 화살이 날아온 쪽을 바라보자 순비천황이 또 한 대의 화살을 겨냥하고 있었다.

"염수노군, 그대의 용맹은 장하나 이젠 물러가시오. 다가서면 이번엔 목줄기를 꿰뚫을 것이오."

염수노군은 순비천황의 활솜씨에 등골이 써늘했다. 만일 사양하는 마음이 없었다면 투구끈이 아니라 그의 목에 화살이 꽂혔을지도 몰랐다.

염수노군이 순비천황에게 소리쳤다.

"순비천황! 보자하니 그대에게 활솜씨가 제법 있는 모양인데 정정당당하게 겨뤄 봄이 어떻겠소. 서로 삼사(三射)를 겨뤄 목을 내놓기로 합시다."

"좋소, 염수노군. 그대에게 이 늙은 목을 얻을 기회를 먼저 주겠소. 먼저 삼사를 하시오."

순비천황은 절대적으로 유리한 선수를 세 번이나 양보했다. 삼사라 하지만 단 한 번으로 승패가 끝나 버릴 수도 있었다. 명궁으로 알려진 염수노군의 전면에 과녁으로 우뚝 서서 화살을 맞아야 하는 것이다.

"후회는 없겠지. 그대가 스스로 교만하여 택한 죽음이니까."

염수노군은 순비천황을 향해 다짐받듯 말하며 활 시위에 벌꿀을 발랐다. 활 시위를 부드럽고 유연하게 하여 반탄력이 커지도록 하기 위해서였다.

염수노군으로부터 백 보 떨어진 곳에 선 순비천황은 염수노군의 손짓 하나하나를 묵묵히 지켜보고 있었다. 양쪽 진영의 군사들 역시 두 사람의 대결을 숨을 죽이고 지켜보고 있었다.

마침내 염수노군이 활을 들어 시위를 당겼다.

"이것으로 그대는 끝이다."

염수노군은 안됐다는 마음으로 순비천황의 심장을 직시하며 활을 당겼다.

"핑" 하고 한 줄기의 파공음이 울리며 소리보다 빠른 화살이 흐르는 별처럼 선을 내리그으며 순비천황을 향해 날았다.

"악."

순비천황의 부하들이 비명을 질러댔다.

눈을 감고 우뚝 선 순비천황의 가슴팍을 화살이 꿰뚫고 있었기 때문이었다.

"파박."

순간 한 줄기의 바람이 일며 어느새 화살이 튕겨 나갔다.

"아니, 이럴 수가?"

사람들의 눈이 번쩍 뜨이도록 놀랄 일이 벌어졌다.

눈을 감고 있던 순비천황이 날아오는 화살의 파공음을 듣고 손으로 쳐내 버린 것이다.

잠총과 순비천황의 부족 사람들은 환호성을 질렀다.

염수노군은 믿을 수 없다는 표정이었다. 그는 자신이 무엇인가

실수를 했는가 싶어 활을 살폈으나 활은 아무런 흠도 없었다. 염수노군은 나직이 신음했다.

"음, 제법 솜씨가 있었군. 하지만 이번에도 쳐낼 수 있는지 두고 보자."

염수노군은 다시 한 대의 화살을 전통에서 꺼냈다. 그 화살은 작고 가늘면서도 단단했다. 겉보기에는 작았으나 살상력은 큰 화살에 뒤질 것이 없었다.

"쉬르륵."

이 화살은 소리조차 없이 순비천황을 향해 날았다.

염수노군은 순비천황이 화살의 파공음을 듣고 쳐낸 것을 간파한 것이다. 이번에는 더욱 절대절명의 위기였다. 흠칫 놀란 순비천황은 아찔한 듯 몸을 땅바닥에 굴렀다.

화살이 급히 몸을 숙인 순비천황의 귓전을 휭하고 스치며 날았다. 그런데 화살은 또다시 허공을 가를 뿐이었다.

염수노군은 이제 두 번의 기회를 허사로 돌린 것이 허망했다. 평생을 잡아 왔던 활시위가 자신의 손아귀를 허무하게 배반한 것만 같았다.

"흥, 소위 천황이란 자가 두더지처럼 땅바닥에 뒹굴어 목숨을 구걸한단 말인가?"

염수노군은 가소롭다는 듯 비아냥거렸다. 순비천황은 울컥 화가 치밀었다.

"좋다. 이제 마지막 화살을 쏘아 보라. 이번에는 한 발자욱도 옮기지 않고 그대의 화살을 받아주마. 만일 한 발자욱이라도 옮긴다면 내 스스로 목을 베어 그대에게 바치겠다."

염수노군은 순비천황의 장담에 내심 혀를 내둘렀으나 이번에야말로 건방진 콧대를 꺾어 버릴 참이었다.

"곧 죽을 놈이 천황이라 허세로군. 좋다. 두 번은 용케 피했지만 이번에야말로 황천으로 보내 주마."

염수노군의 활은 석궁(石穹)으로 금석이라도 꿰뚫을 정도의 흑요석제 화살촉과 삼척오촌의 싸리화살이었다. 이것은 후대 숙신씨의 맥궁이라 불리는 활이었다. 염수노군은 석궁의 활이 부러지리만치 힘차게 잡아당겨 순비천황의 양미간을 향해 뿌렸다. 염수노군은 순비천황이 제아무리 눈이 좋아도 섬광처럼 빠른 화살은 피할 수 없으리라 믿었다.

"맞았다."

염수노군은 쾌재를 불렀다.

천하 제일의 명궁이라 자부한 자신의 감각이 정확히 목표물을 꿰뚫었는지 아닌지·그건 누구보다 자신이 잘 아는 일이었다.

이제 천황이라 거들먹거리던 놈은 피거품을 내뿜고 나뒹굴고 있으리라. 눈은 감겨 주리라. 적이지만 그는 비굴한데가 조금도 없었기 때문이다. 염수노군은 확신에 찬 얼굴로 승리자의 쾌감을 확인하려는 듯 순비천황이 서 있던 곳을 살폈다.

"아! 믿을 수 없다."

꿈인가? 아니다. 분명 꿈은 아니었다. 피거품을 물고 뒹굴어야 할 순비천황이 마치 석상이라도 된 듯 우뚝 서 있는 것이었다.

화살을 피한 것도 아니었다. 화살을 쳐낸 것도 아니었다. 전쟁터 양쪽 군대가 지켜보는 한가운데서 순비천황은 서서히 팔을 들어 그의 입에서 화살을 뽑았다.

그렇다. 순비천황은 염수노군의 화살을 이빨로 잡아낸 것이다. 사람들은 너무나 놀라 아무 소리도 못하다가 한참 후에야 환호성을 울렸다.

순비천황은 염수노군의 화살을 자신의 활에 끼우며 소리쳤다.

"그대는 이미 삼사(三射)를 다 했으니 이젠 내 차례요. 나의 화살은 그대의 활과 다를 것이오. 하지만 그대의 목을 나는 원치 않으니 승부는 없었던 일로 하겠소. 이만 돌아가시오."

삼백 보 밖에서 투구끈을 잘랐던 순비천황의 활이 승리를 눈앞에 둔 순간 순비천황 스스로 활을 버렸다.

"음."

염수노군은 순비천황이 도저히 그의 적수가 아님을 깨달았다. 완벽한 패배를 자인할 수밖에 없었다.

"음, 과연 천황이시오. 천황의 덕이 이에 이르니 천명이 어느 곳에 있는지 알겠소이다. 나 염수노군은 이제 돌아가 물고기나 잡아야겠소. 그럼……."

염수노군은 천황에게 깊숙이 예를 표하며 말머리를 돌렸다. 천명을 깨달은 것이다.

잠총이 염수노군을 쫓으려 하자 천황은 손을 흔들었다.

"내버려 둬. 그를 보내 주도록 하라. 그는 적이지만 훌륭한 인걸이다."

이즈음 전투는 막바지에 접어들었다. 마연과 맞선 하백은 힘을 내고 있었으나 점점 자신의 부하들이 줄어들자 자신도 기운이 빠졌다.

"마연, 오늘은 물러가겠다. 다음에 보자."

하백은 말머리를 돌려 강변으로 달려갔다.

"군왕이라는 자가 그렇게 내빼기냐?"

마연은 소리치며 웃었으나 쫓지 않았다. 하백이 향하는 곳에는 강력부추가 배에 군병을 가득 싣고 그를 맞이하고 있었다. 그때 북해 우강의 손자 어부가 천반역장선을 이끌고 공격을 가했다. 하백과 강력부추는 대응해 싸울 엄두도 내지 못하고 선단을 이끌고 달아나 버렸다.

"만세!"

순비천황의 장정들은 모두 환호를 올리며 기뻐했다.

적의 전사자가 380명, 아군은 전사자가 58명에 불과했다. 적의 배도 10여 척이나 침몰되었으며 배와 함께 전사한 적들이 백여 명을 웃돌았다.

순비천황은 대승을 거두고 천반역장선을 타고 반고 읍성을 향해 회군했다. 그 가운데 가장 기고만장한 것은 마연이었다. 순비천황께 말은 꺼내지 않았지만 공주와 분명히 혼인을 약속한 터에 전쟁터에서 큰 공을 세웠으니 기분이 하늘을 날을 듯했다.

8월 초순, 순비천황은 반고하(盤古河) 하류에서 천반역장선의 어부를 치하한 후 돌려보내고 말을 타고 반고 읍성을 향했다.

날이 무더우면 강물에서 더위를 식히면서 행군했기에 정작 반고 읍성에 닿은 것은 8월도 중순이었다. 4월 초순에 원정을 떠났으니 거의 5개월 만에 읍성에 승전고를 울리며 돌아온 장정들을 아녀자들과 노부모들이 모두 눈물을 흘리며 환영했다.

승전보와 함께 천황이 돌아오고 있다는 전령이 오자 누구보다도 기뻤던 것은 고치공주였다.

"얼마나 고생이 심하셨을까. 어디 다치신 데는 없는가?"

공주는 전령에게 거듭 묻고는 무사함을 듣자 안도했다.

"잠총 장군은……."

공주는 잠총의 소식을 물으려다 말고 귀밑이 붉어져 말꼬리를 흐렸다.

"그래, 죽거나 다친 사람은 없느냐?"

"이번 전쟁은 워낙 큰 전쟁이라 58명이나 전사했습니다. 물론 적들은 열 배나 더 죽었지만요."

"큰 고생들을 했구나. 물러가 쉬도록 해라."

공주는 전령으로 온 병사를 쉬게 하고 시녀들과 음식을 준비했다. 궁전 마당에 큰 장막을 치고 군데군데 모닥불을 피우게 했다. 그리고 소를 잡아 굽게 했으며 아이락[馬乳酒]도 잔뜩 준비해 두었다.

시녀들과 궁의 하인들이 장작을 패고 음식을 장만하는 가운데 공주도 열심히 땀을 흘리며 그들 사이에서 일을 거들었다.

"아니, 공주마마께서 일을 하시다니요. 이러시면 안 됩니다."

시녀들과 시종들이 만류했으나 공주는 웃으며 듣지 않았다.

"이렇게 좋은 일을 나한테만 못하게 하다니 안 될 말이에요. 내 걱정 말고 자기 얼굴에 땀이나 닦도록 해요."

공주는 일을 거들면서도 귀는 바깥 쪽으로 향하고 있었다.

"와!"

때마침 궁문 앞에 사람들의 함성이 들려 왔다. 공주는 하던 일을 멈추고 재빨리 달려 나갔다. 전쟁터에서 돌아오는 아버지 순비천황을 위로하기 위해서였다.

어머니가 없는 지금, 따뜻하고 반가운 마음으로 맞아 주는 것이 아버지의 기쁨이란 것을 알고 있기 때문이었다.

도착을 알리는 뿔나팔 소리가 들려 오면서 이윽고 햇빛에 그을고 지쳐 보이긴 했으나 기치와 창검을 빛내며 읍성을 돌아 궁 앞으로 모여드는 병사들이 보였다. 사람들은 큰소리로 환호했다.

제일 앞에 소부락 우록둔 족장과 함께 말을 타고 들어오던 순비천황은 사람들에게 웃으며 손을 흔들었다. 그러다가 웃으며 다가서는 고치공주를 보자 마치 죽은 황비를 본 듯 기뻐했다.

"공주야."

"아바마마."

천황과 고치공주는 그리움에 목이 메여 오랫동안 말을 잇지 못했다. 한참 후에야 공주를 품안에서 놓으며 얼굴을 살폈다.

"그 동안 많이 수척해졌구나."

배꽃처럼 희고 아름다운 공주의 얼굴이 왠지 야위어 보였다. 공주는 천황의 용안을 살피며 울먹였다.

"아바마마께서도 고생이 심하셨군요. 흰 머리가 부쩍 느셨습니다."

"그래, 자, 이만 들어가자."

천황은 신하들과 군사들 앞이라 언제까지 공주만 붙들고 있을 수 없어 발길을 재촉했다. 공주가 천황 곁을 벗어나자 마연이 재빨리 달려와 입을 해죽대며 떠들었다.

"공주, 나요, 마연. 이번에 내가 큰 공을 세웠소. 천황께 물어보시오. 하긴 부마가 천황을 도운 일이니 크게 자랑할 건 못 되지만 말이오."

공주는 마연의 들뜬 모습을 보자 가슴이 덜컹했다. 하지만 섣불리 내색할 수 없는 일이라 쓴웃음이라도 짓지 않을 수 없었다.

"수고했어요, 마연."

공주는 마지못해 마연의 공치사에 대답하곤 잠총을 쳐다봤다. 잠총과 눈길이 마주치자 돌연 낯이 뜨거워졌다. 몇 달 못 본 사이 잠총에게선 더욱 남자다운 기상이 풍겼다.

"잠총 장군, 무사히 돌아오셔서 기쁩니다."

"고맙소, 공주. 그 동안 얼마나 공주가 그리웠는지 모르겠소."

잠총의 따뜻한 말을 듣자 공주는 가슴이 떨려 왔다. 그리운 사람의 말 한마디에 온몸이 녹아내리는 듯했다.

이러한 공주의 모습을 마연이 파리한 질투의 시선으로 쏘아보고 있는 줄을 공주는 미처 깨닫지 못했다.

궁전 앞마당에 준비된 축하 잔칫상에는 고기와 술로 가득했다. 장정들은 여인들을 뒤로 한 채 천황을 모시고 무공담을 안주삼아 시끌벅적 떠들어댔다.

그러나 순비천황은 내심 씁쓸하기 그지없었다. 전사자들 때문이었다. 살아서 돌아온 자들은 이렇게 따뜻한 음식과 술을 마시고 기뻐하는데……. 그리고 저녁이면 가족들을 만날 수 있으련만……. 찬이슬 내리는 들판에 버려진 병사들, 그리고 돌아오지 못한 아들과 지아비를 그리워할 가족들, 게다가 그들 죽은 병사들을 의지해 살아오다 그마저 잃게 된 불쌍한 사람들, 그들 모두에게 무엇으로 보상을 하며 어떻게 위로해 줘야 할지 마음이 착잡했다.

천황은 사람들의 행동 속에 애써 슬픔을 감추려는 과장된 행동을 느끼곤 더욱 가슴이 쓰라려 연거푸 술잔만 비워댔다. 이때 마연이 잔뜩 취해서 천황 앞으로 허우적거리며 다가왔다.

"천황 폐하, 소신 마연입니다. 제가 이번에 큰 공을 세웠지 않사옵니까?"

마연은 혀가 굳었는지 분명치 않은 어투로 말했다.

"마연, 그대의 공은 높이 인정하네. 내일 날이 밝는 대로 전일 그대에게 약속한 소 30두와 양 200마리를 주겠네. 거기에다 이번에 노획한 많은 물품도 상으로 내리도록 하겠으니 이만 물러가도록 하게. 그대는 이미 만취했음이야."

순비천황은 내심 이번 마연의 행동이 흐뭇하여 무엇이든 흡족하게 대해 주고 싶었다.

그런데 갑자기 마연이 버럭 소리를 질렀다.

"폐하, 마연은 이제 폐하의 부마가 될 몸인데 그까짓 상이 무엇입니까? 다 필요없습니다. 공주하고 혼인만 시켜 주시옵소서."

순비천황과 주위의 신하들은 어리둥절했다.

"부마라니? 공주가 그대에게 혼인을 하겠다 했단 말인가? 공주는 이미 잠총 장군과 혼인을 약속한 사이인데, 이놈, 술이 취했으면 고이 물러갈 것이지 어디서 고얀 행패를 부리는 게야!"

천황은 화가 나서 마연을 꾸짖었다. 그렇다고 마연이 기가 죽을 인물이 아니었다.

"폐하, 공주가 분명히 자기 입으로 저에게 약조를 했사옵니다. 의심이 나시면 공주를 불러 물어보시면 될 것 아닙니까."

마연은 취중에도 자신의 의사를 분명히 했다. 그러나 순비천황은 마연의 말을 믿을 수가 없었다.

"저런 괘씸한 놈이 있나. 여봐라, 저놈 마연을 당장 옥에 가두도록 하라. 내일 날이 밝는 대로 과인이 친히 시비를 가리겠노라."

신하들은 천황의 엄중한 명에 마연을 옥에 가두고 일찍 자리를 파했다. 이미 모두 흥이 깨진 탓이었다.

순비천황은 모두 물러가라 이르고 궁에 들어 공주를 찾았다.

"공주야, 자고 있느냐?"

"아바마마, 오셨군요. 아직 초저녁인걸요. 게다가 이렇게 아바마마께서 오셨는데 잠이 다 뭐예요. 아바마마, 이번 전쟁터 얘기 좀 해 주세요. 그 나라는 매우 추운 나라라면서요?"

공주는 아버지 순비천황을 보자 마냥 들떠 있었다.

"공주야, 그 얘기는 천천히 하기로 하고 너에게 물어볼 말이 있다."

"무슨 말씀이신지요? 왜 그렇게 굳은 얼굴로……. 아바마마, 무서워요."

"미안하구나. 하지만 솔직히 말해 주기 바란다. 마연의 말이 사실이냐? 내가 없는 동안 마연에게 혼인하겠다고 약속한 일이 있느냐 말이다."

순비천황의 물음에 공주는 대답을 못했다. 순비천황은 공주의 대답이 없자 표정이 더욱 굳어졌다.

"대답이 없는 걸 보니 사실이로구나. 할 수 없지. 네가 마연을 사랑한다면 소부락 우록둔 족장에게는 내가 말하마. 잠총에게는 우족장이 얘기를 하겠지……."

순비천황이 이와 같이 말하자 공주는 왈칵 울음을 터뜨렸다.

"흑흑, 그게 아녜요. 전 마연을 사랑하지 않아요."

"그러면 마연의 말이 거짓이란 말이냐? 그 녀석이 술이 취해 기고만장해서 떠들길래 감옥에 가둬 놓았다. 사실대로 말해다오."

"아바마마, 마연의 말대로 혼인을 약속한 일은 있사옵니다. 그러나 그것은 어쩔 수 없어 한 것이며 전 그를 사랑하지 않습니다."

"사랑하지 않는다면서 어찌 그런 약속을 했느냐, 너답지 않게. 그 까닭을 말해다오."

"아바마마께서 오랫동안 돌아오시지 않아 걱정이 되어 견딜 수가 없었사옵니다. 그래서 할 수 없이 마연에게 아버님을 모셔 오면 혼인을 승낙하겠다고 했습니다."

공주는 흐느끼며 마연의 행동을 하나씩 털어놓았다.

"그런 일이 있었구나. 나쁜놈같으니라구. 이게 모두 내 잘못이로구나. 어쨌든 내가 사실을 안 이상 내가 해결하마. 너는 당분간 꼼짝 말고 네 처소에만 있거라. 알겠느냐?"

"아바마마, 어떻게 하시려고 그러세요?"

"어쩌긴. 내일 아침에 그놈을 죽여 버려야겠지. 다른 문제는 천천히 생각해 보자."

공주는 순비천황의 노여움에 당혹했다.

"그러지 마세요. 이번에 마연의 공이 컸다고 하던데 죽이다니요."

"아무리 그래도 그렇지. 그놈을 죽이지 않고는 해결될 수가 없다. 너는 이제부터 상관 말고 있거라. 네 마음이 흔들리면 사태가 점점 어려워져."

천황이 돌아가자 공주는 마음이 복잡해졌다. 그대로 두면 마연은 내일 아침에 죽을 게 분명했기 때문이었다.

자기 때문에 마연이 영문도 모른 채 죽어야 한다고 생각하니 마음이 더욱 괴로워졌다.

'마연을 한번 만나 봐야겠어. 잘 설득하면 죽이지 않고 마음을 돌이킬 수도 있지 않을까?'

밤이 늦었음에도 불구하고 공주는 당장이라도 마연을 만나 타이르고 싶어 외출복으로 갈아입었다.

마연은 궁전 뒤쪽 후미진 토굴 속에 있었다. 그 앞을 목책으로 막아 두 명의 파수꾼이 지키고 있었다.

공주는 두 명의 병졸들에게 잠시 물러가 있으라고 한 후 마연을 깨웠다.

"마연, 정신차려요."

마연은 아직 술에 취해 있었다. 공주의 음성이 들리자 번쩍 눈을 떴다.

"공주, 공주가 왔구려. 잘 왔소. 그런데 내가 왜 이런 토굴 속에 있지?"

"아직 정신이 덜 깨셨어요? 정신차리고 내 말 잘 들어요. 그대가 술에 취해 아버님께 나와 혼인하겠다고 큰 소동을 부려 여기 갇히게 된 거예요."

"음, 그렇게 됐군. 하지만 그게 뭐 잘못인가? 내가 공주와 결혼하기로 약속한 것은 사실이 아니오?"

공주는 마연의 말에 가슴이 답답했다. 그러기에 진심을 털어놓고 납득을 시킬 수밖에 없었다.

"마연, 그대 말이 옳아요. 내가 그대의 청혼에 아버님을 모셔 오면 혼인을 하겠다고 말한 것은 사실이에요. 하지만 나는 그대의 아내가 되고 싶지 않아요. 전에도 말했지만 난 잠총 장군을 사모하고 있어요. 아바마마께서도 그리 약조를 하셨구요."

"그렇지만 공주는 내게 분명히 약속하지 않았소? 천황을 모셔 오면 혼인을 하겠다고 말이오. 나는 그대의 약속을 믿고 천리를 마다 않고 달려가 생명을 걸고 싸웠소. 그 덕에 난 누구보다 큰 공을 세웠소. 그런데 이제 와서 혼인을 않겠다면 그 공이 무슨 소용이오? 나는 공주를 진심으로 사랑하오. 그러니 제발 마음을 돌이켜 나와 혼인해 주시오. 만일 그대와 혼인만 한다면 무엇이든 그대의 뜻에 따르겠소. 공주, 제발 부탁이오."

마연은 두꺼비처럼 눈을 껌벅거리면서 진정으로 공주를 사랑한다고 고백했다. 이 말을 들은 공주의 마음은 무척 괴로웠다. 이 투박하게 생긴 사내에게 이런 순정이 있었나 싶었다.

하지만 혼인을 동정으로 할 수는 없었다.

"마연, 그대의 마음을 모르는 바 아니지만 혼인은 한 사람만 좋다고 되는 게 아니에요. 그대가 진정으로 나를 사랑한다면 나를 자유롭게 해 줘요. 제발 부탁이에요."

"안 돼. 난 죽어도 공주를 포기할 수 없소. 공주는 내 생의 꿈이자 보람이요. 그럴 바엔 차라리 날 죽이시오."

마연은 두꺼비 같은 눈을 글썽이며 공주에게 매달렸다. 얄궂은 사랑의 사슬이었다. 공주는 긴 한숨을 내쉬며 다시금 조용히 타일렀다.

"답답한 사람. 끝내 고집을 피운다면 내일 아침 당신은 죽게 될 거예요. 그걸 그대에게 알려주러 왔으니 죽는 게 소원이라면 이제 마음대로 하세요. 하지만 지금이라도 마음을 돌린다면 그대를 풀어 주겠어요."

"허, 그것 보시오. 공주도 나를 사랑하고 있는 게 아니오. 그렇기 때문에 내가 죽을까 염려해 주는 게 아니오. 고맙소, 공주."

"아니, 도대체 당신은 바보예요, 벽창호예요? 도무지 말이 통하지 않으니 할 수 없군요. 이만 돌아가겠으니 그곳에서 죽음을 당하든지 맘대로 하세요."

공주는 가슴이 답답해 돌아섰다.

공주가 돌아서자 마연의 가슴속엔 불길이 치솟았다. 사랑의 상실, 그것은 무한지옥이요 지옥불의 형극이었다.

"공주, 공주, 가지 마시오. 돌아와요."

마연은 공주를 애타게 부르다가 안 되자 온몸으로 토굴의 목책을 부딪쳤다. 목책은 튼튼했다. 하지만 사력을 다한 마연의 몸부림에는 견디질 못하고 와지끈 부서져 내렸다. 깜짝 놀란 공주는 달아났고 감옥을 지키던 파수꾼 두 사람이 마연을 가로막았다.

"어딜 달아나느냐, 이놈!"

옥졸 두 명이 창을 들고 빈손의 마연에게 다가들었다. 그러나 쉽사리 마연에게 덤벼들지를 못했다. 워낙 마연의 솜씨가 뛰어난 것을 아는 까닭이었다. 마연은 다급해서 한쪽 옥졸의 창을 빼앗아 다른쪽 옥졸을 찔러 버리고 다시 와락 달려들어 남은 옥졸의 목을 꺾어 버렸다.

이 광경을 지켜보던 공주는 무서워서 달아나지를 못하고 와들와들 떨고 있었다. 마연이 달려가 공주의 손목을 잡아 끌었다.

"이리 와요, 공주."

"이거 놔요."

마연은 공주가 소리칠까 두려워 공주의 목 뒤 급소를 쳐 까무러

치게 한 후 옆구리에 껴앉은 채 마구 달렸다.

궁을 벗어나 읍성의 입구 솟터에 이르자 당집과 산신각이 눈에 띄었다. 산신각에 공주를 뉘어 놓고 나니 온몸이 땀과 피로 끈적거렸다. 달빛에 비친 자기의 모습을 훑어보니 마치 지옥에서 빠져나온 악귀 같았다.

간신히 솟터 샘물에 얼굴과 손을 씻고 옷에 묻은 핏자국을 대충 지우고 나니 정신이 들었다.

"참, 지금 내가 무슨 짓을 한 것이지. 악몽 같은 밤이구나. 이제 어떻게 하지?"

홧김에 옥졸을 죽이고 공주를 납치해 왔지만 어떻게 해야 할지 막막하기만 했다. 아직까지 발각이 나지 않았다 해도 내일 아침이면 발칵 뒤집혀 천황이 눈에 불을 켤 것이 분명했기 때문이었다. 말부락으로 달아나고 싶었지만 말부락의 힘만으론 천황의 군대를 막을 수가 없을 것 같았다. 자칫 잘못하다간 애매한 부족들만 결단이 나고 말 것 같았다. 혼자라면 어딘들 못 가랴만 궁중에서만 살아 허약한 공주를 데리고 어디로 가야 할지 막막했다. 마연은 흘낏 공주를 쳐다보았다. 달빛에 비친 공주의 얼굴은 희다 못해 파리해 보였다.

"왜 아직도 정신을 차리지 못하고 있을까? 안색이 창백한데 혹시 잘못되진 않았을까?"

마연은 걱정스러워 자기의 얼굴을 공주의 코끝에 대어 보았다. 다행히 가느다랗지만 고른 숨이 이어졌다.

"휴, 다행이다."

안도의 한숨을 내쉬고 있을 때 느닷없이 공주가 마연을 끌어안았다. 마연은 당황했으나 가만히 있었다. 공주는 나지막히 무슨 말인가를 중얼거렸다.

"가지 마세요, 잠총. 그대를 사모해요."

공주는 혼절한 채로 꿈을 꾸는 모양이었다. 그런데 그 상대가 잠총이라니……. 마연의 마음은 순간 참혹하기 그지없었다.

'공주는 그렇게도 잠총이 좋다는 말인가. 도대체 내가 잠총보다 못한 게 무엇인가. '인물', 그게 뭐 그리 중요한가. 나는 공주를 위해서라면 무엇이라도 해줄 수 있는데, '잠총' 그 허약해 빠진 계집애처럼 생긴 녀석이 그렇게도 공주의 마음을 사로잡다니…….'

마연은 난생 처음 자기를 낳은 부모가 원망스러웠다.

'왜 이렇게 못생기게 나를 낳으셨을까. 내가 잠총처럼 잘생겼더라면 공주도 나를 이다지는 박대하지 않을 텐데……. 도대체 그까짓 얼굴이 무어 그리 중요하다고…….'

마연은 가만히 공주의 얼굴을 바라보았다. 아름다웠다.

눈은 비록 감고 있었지만 상큼한 콧날과 작고 도톰한 입술, 가늘면서도 부드럽게 돌아간 얼굴 윤곽, 무엇 하나 흠잡을 데 없는 완벽한 미(美) 그 자체였다.

마연은 공주의 얼굴을 바라보다 말고 자기도 모르게 꿀꺽 침을 삼켰다.

"휴, 정말 미치겠구나. 에라 모르겠다. 내일 당장 죽더라도 공주를 내 사람으로 만들어야겠어."

주위를 휘둘러 보니 한심했다. 일년에 한 번이나 제대로 쓸까말까한 낡은 사당, 지난 4월에 아이누족이 쳐들어온 후 새 사당을 짓고 이 낡은 사당은 그 후 쓰이지 않고 방치되고 있어 먼지와 거미줄이 가득했으며 곰팡이 냄새까지 났다. 바로 뒤편에는 그때 죽은 시신들을 모셔놓고 있었다.

"미안하오, 공주. 첫날밤 신방이 이렇게 초라해서 말이오. 하지만 이건 모두 공주 탓이오. 공주가 내 말을 따랐다면 누구 못지 않게 행복하게 해줄 텐데 말이오. 걱정 마오. 나중에 내가 훌륭한 신방, 아니 좋은 집을 지어 공주를 모시겠소."

마연은 혼잣말을 중얼대며 자기의 피묻은 옷을 벗었다. 그리고 천천히 공주의 옷을 벗겨 갔다. 공주의 옷에도 이곳저곳 피가 묻어 있었다. 옥졸들을 죽이고 묻은 피가 공주의 옷에도 묻은 모양이었다.

"이제 공주와 나는 어쩔 수 없는 인연으로 맺어졌소. 그렇지 않소?"

마연이 중얼거리며 공주의 속옷까지 풀어내렸다. 속적삼 속에는 하얀 젖가리개가 있었고 그것마저 벗겨내자 박꽃보다 고운 탐스러운 두 개의 봉오리가 눈앞에 솟아 있었다. 처녀의 몸이라 유두는 그다지 크지 않았지만 탄력 있게 솟아오른 가슴 위에 얌전하게 올라앉은 두 개의 탐스러운 열매, 그것이 어느 산버찌보다 마연을 유혹하고 있었다. 마연은 급기야 공주의 진솔속곳까지 벗겨냈다.

한 겹씩 벗겨낼 때마다 더욱더 짙어지는 여인의 체취, 어느 향수가 여인의 체취에 비할 수 있을까?

공주의 살내음에 광란하여 마지막 속곳을 벗겼을 때 싱싱하고 풋풋한 처녀의 비림(秘林)이 나타났다.

청산리(靑山裏) 벽계수(碧溪水)가 흐른들 이보다 신비로울까 싶었고 청구(靑丘) 방절(芳節)의 척촉화(철쭉)인들 이보다 고울까 싶었다.

짤록하고 흐드러진 능라도 버들허리 아래 수밀도(水密桃)가 온유지향(溫柔之鄕 - 여인의 속살)의 향취를 내뿜고 있었다.

목마름이었다. 타오르는 연옥의 불길에 싸인 목마름 바로 그것이었다.

마연은 고치공주의 규문(閨門)에서 허겁지겁 목젖의 갈증을 풀고 있었다.

一派長川噴壑礱 龍湫百仞水潨潨
飛泉倒寫疑銀漢 怒瀑橫垂宛白虹
雹霆亂馳彌洞川 珠春玉碎徹晴空
遊人莫道廬山勝 須識天磨冠海東.

한 줄기 긴 강을 구렁에 날리고
용추에 쏟아지는 물줄기 웅장하구나.
물이 거꾸로 쏟아지니 은하수런가
성난 물보라 비치니 무지개런가
우박 흩어지고 우뢰 달려 산골에 차고
구슬 찧는 방아 소리 하늘에 울리네
여산의 경치 좋다 말하지 말게나
천마산이 해동의 으뜸이라네.

마연은 금강역사의 불방망이로 구슬을 빻았다. 아니 박연폭포(朴淵瀑布)의 비류직하(飛流直下)로 우박과 우뢰를 여산(女山)의 산골짜기로 쏟아내렸다. 그러나 아직 명월(明月)은 먼 창공에 걸려 있을 뿐이었다.

공주는 징그럽도록 큰 황금 두꺼비가 그녀의 가슴으로 뛰어오르는 꿈을 꾸었다. 소리쳐도 비명은 나오지 않고 천근 가마솥에 눌린 듯 답답했다.

하문(下門)이 불에 달군 쇠절구공이에 찔린 듯 저려 왔다. 간신히 눈을 떠 사위를 살피자 어슴푸레 달빛을 등진 검은 그림자가 비쳤다. 가슴에 얼음 물동이가 놓인 듯했다.

"누, 누구예요."

공주의 물음에 사내는 대답도 없이 투호(投壺)를 계속하고 있었다. 공주는 그제야 그 사내가 누구인 줄을 알았다. 꿈속에서 본 금두꺼비가 바로 그 징그러운 마연이었다.

"흐흑 마연 이 더러운 짐승같으니라구."

여인의 단순호치(丹脣皓齒)에서 그것도 사랑하는 여인의 붉은 입술을 통해 짐승이란 소리를 듣자 마연은 피가 싸늘히 식는 듯했다.

"공주, 미안하오. 이럴 수밖에 없었소. 그대의 사랑을 얻고자 하는 마음에 이같은 일을 저질렀으니 용서하시오."

마연의 말에 고치공주는 볼 위로 주르르 눈물을 흘리며 허탈한 듯 중얼거렸다.

"사람의 교합(交合)이 짐승과 다른 것은 생령(生靈)이 있기 때문인데 그대는 내가 혼절한 때에 간음을 행했으니 시간(屍姦)을 한 것과 무엇이 다르오. 내가 이대로 혀를 물고 죽으리니 짐승처럼 시체를 뜯어 먹든 시간(屍姦)을 하건 마음대로 하시오."

공주의 눈엔 원한이 가득했다. 마연은 머리카락이 곤두섰다. 이 얼마나 처절한 함분축원(含憤蓄怨)인가.

"공주, 그러지 마시오. 내가 잘못했소. 내가 죽일 놈이오."

공주는 무표정하게 말을 계속했다.

"살아 있어 그대의 노리개가 되느니 혼이라도 내 임의 곁에 머물기를 바라니 나를 방해하지 마시오."

마연은 공주의 함원(含怨)이 너무나 섬뜩하여 후다닥 일어나서 아직 어둠이 밝지 않은 들녘을 쫓아 달려갔다.

공주는 가만히 일어나 마구 풀어 헤쳐진 옷섶을 수습했다. 하문(下門)이 찢어질 듯이 아파 왔고 머리는 수세미처럼 엉켜 있었다.

그리고 온몸엔 뱀처럼 칙칙하게 사내의 흔적이 묻어 있었다. 공주는 자기의 옷가지를 찢어 사내의 흔적을 지웠으나 노예의 흔적처럼 영원히 지울 수는 없을 것 같았다.

"다 끝났어."

공주는 바짝 마른 입술을 깨물었다. 벽오동 심은 뜻은 봉황을 보려는 뜻이건만 오작(까마귀, 까치)이 먼저 날아와 배설을 뿌린 격이랄까.

공주는 잠총의 옥골(玉骨) 도풍스런 얼굴을 떠올렸다.

"잠총 낭군."

공주는 잠총을 불렀으나 대답이 없었다.

"더러운 여인이 되어 임이 싫어하시는가?"

더욱 애가 타고 한이 서렸다.

> 죽어 잊기도 어렵고 살아 잊기도 어려워라.
> 저 님아 한마디만 하소서 사생결단 하리라. 〈무명씨〉

공주는 다시 한마디를 가만히 떠올렸다.

'명부(冥府-저승)의 촉루(해골)가 되어서라도 임의 곁에 갈 수 있다면……."

구중궁궐의 방란(芳蘭)처럼 자란 공주의 한맺힌 절규였다.

> 사람이 죽어지면 어디메로 보내는고
> 저승도 이승같이 님에게로 보내는가
> 진실로 그러할 것이면 이제 죽어 가리라. 〈무명씨〉

공주는 비틀거리며 사당을 나서 늙으신 아버지 순비천황을 떠

올렸다.

'아바마마, 불효 소녀를 용서하소서. 넋이나마 깨끗이 간직하여 임에게로 가렵니다.'

그날 햇살이 사당을 덮고 있을 때 공주는 순비천황과 잠총, 그리고 마을 사람들에게 발견되었다. 뽕나무에 목을 맨 채로 발견된 것이다.

"공주야, 이게 웬일이냐? 네가 죽다니……."

순비천황은 꽃다운 나이에 꽃을 피워 보지도 못하고 숨진 공주를 부둥켜안고 산천이 무너져라 통곡했다.

"이 불효한 녀석, 불쌍한 녀석아! 네 에미를 앞세운 터에 너마저 날 버리면 나는 어쩌란 말이냐."

천황은 눈을 적시며 흰 머리카락을 쥐어뜯었다.

"공주야, 늙은 내가 먼저 가야지 네가 먼저 가면 어쩌느냐. 그래 나도 가마. 우리 모두 곧 만나게 될 게다."

천황은 갑자기 온 산천이 텅 빈 듯 공허로웠다.

十五越季女 差人無語別
歸來掩重門 泣向梨花月.

열다섯을 갓 넘긴 막내딸이
이별 후 부끄러워 말이 없구나
돌아와 겹겹으로 문을 닫고서
배꽃에 핀 달을 향해 소리 죽여 우네.

천황은 고치공주의 죽음 이후 정사(政事)를 잠총에게 맡기고 두문불출했다. 잠총 또한 슬프기 짝이 없었다. 그러나 한번 간 공주는 돌아올 줄 몰랐고 궁을 들어서면 어디선가 공주의 예리성(曳履聲-신발 끄는 소리)과 웃음 소리가 들리는 것만 같았다.

마음이 울적하여 공주가 죽은 뽕나무에 갔더니 이번에는 또 한 사람의 시신이 매달려 있었다. 그것은 마연이었다. 잠총이 이 일을 천황께 아뢰자 천황은 길게 한숨을 내쉬었다.

"참으로 모를 일이로구나. 꽃이 지니 새들도 따라 우는구나. 마연을 공주의 발치에 묻어 주라."

그 후 잠총은 그 뽕나무를 잘 보호하라고 명을 내렸는데 시녀들은 그 뽕나무에서 많은 누에 고치(高蚩)*를 거둬 비단을 짜게 되었다. 그 옷을 잠총이 천황이 될 때 입으니 잠총을 고치천황이라 했으며 고치공주를 고치녀라 했다. 잠총(蠶叢)천황의 이름은 '누에[蠶]를 모으다(叢)'는 뜻이며 이 이야기가 《수신기(搜神記》 제14편에 전해 오며 중국 《황제내전》이란 책에 '황제 헌원이 치우(蚩尤-고치천황)를 죽였을 때 잠신(蠶神)이 비단실을 바쳤다' 한다. 또한 《수신기》의 내용이 《산해경》〈구사지야(區絲之野)편〉에 '주'로 기록되어 있는데 그 내용은 '말[馬]'이 공주와 결혼하려 했다고 와전되어 있다. 참고로 그 내용을 적어 둔다.

太古之時 有大人遠征 家無餘人 唯有一女 牡馬一匹 女… 養之 窮居幽處 思念其父 乃戲馬曰 爾能爲我迎得父還 我將嫁女 馬旣承此言 乃絶繮而去 徑至父所 父見馬驚喜 因取而乘之 馬望所自來 悲鳴不己 父曰此馬無事如此 我家得無有故乎 亟乘以歸 爲畜生有非常之情故 厚加芻養 馬不肯食 每見女出入 輒喜怒奮擊 如此非一父怪之 密以門女 女告以告父 必以是故 父曰勿言

* 고치(高蚩)－고(高)는 임금을 뜻하는 성이다. 고치천황에서 고황산령존으로 이어지며 먼 훗날 북부여 단군과 고구려의 왕들이 모두 고(高)씨였다.

恐辱家門 且莫出入 於是伏弩射殺之 暴皮於庭 父行 女與鄰女 於皮所戲 以足蹙之曰 汝是畜生 而欲取人爲婦耶 招此屠剝 如何自苦 言未及竟 馬皮蹶然而起 卷女以行 鄰女忙怕 不取救之 走告其父 父還求索 已出先之 後經數日得於大樹之門 女及馬皮 盡化爲蠶 而績於樹上 其爾綸理厚大.

⑧ 어부와 월궁녀

시베리아 바이칼호와 몽고 초원의 동쪽 끝 그곳에 외흥안령 산맥이 높다랗게 병풍을 둘러쳤고 산맥의 갈비뼈를 타고 목마른 들판을 적시는 강물이 있는데 그 강물을 감하(甘河)라 했다.

하늘이 한민족을 축복하여 내린 물줄기 감하가 양쪽 치마폭에 갈대꽃을 가득 피울 때면 그 강은《삼국유사》의 박혁거세 어머니 파소(婆蘇)가 남편 없이 아이를 배어 배를 타고 도망했다는 눈수(嫩水)가 된다.

눈수가 신령스러운 신랑 백두 대봉에서 흘러내리는 양기(陽氣)를 그 치마폭에 싸안을 때 이 강물은 동이족의 젖줄기 이수(夷水-송화강)가 되는 것이다.

'두 강이 합쳐 흐르는 곳', 즉 오늘날까지 이름이 전해 오는 합강성(合江城) 또는 합이빈(하르빈)이다.

《역대신선통감》은 '魚凫導合江流及 治蒲澤'(어부 임금은 강이 합쳐 흐르는 곳으로 백성들을 인도했으며 강과 큰 못에서도 물고기를 잡게 했다) 한다.

다섯 척의 천반역장선(天磐橡樟船)엔 배마다 이십여 명의 사나이들이 웃통을 벗어 던지고 아직은 차가운 사월의 만주바람을 맞으며 노를 젓고 있었다.

사나이들은 가죽으로 만든 바지만 입고 있을 뿐 하나같이 강바람과 햇살에 그을은 상체를 드러내고 있었다.

"어랏샤, 어랏차라!"

사나이들은 배의 선두에서 울리는 북소리에 맞춰 구령을 외치며 일사분란하게 노를 저어 나갔다.

배들은 흰 거품을 뿜으며 마치 구름 속을 헤치고 나는 용처럼 힘있게 뻗어 나갔다.

선두의 뱃머리에는 용이 조각되어 있었는데 한 소년이 연신 악어 가죽(타)으로 만든 북을 두드렸다. 이제 16세쯤 되었을까? 조금은 앳되 보이고 뱃사람답지 않게 흰 얼굴이었지만 그 눈빛은 총

•천반역장선

기가 가득하고 콧날이 상큼하고 시원하게 솟아 있어 매우 영준하게 보였다.

"어부 태자님, 이제 곧 해가 질 텐데 그만 쉴 곳을 찾는 게 어떻겠습니까?"

"저기 갈대밭 뒤에 버들나무가 보이오. 그곳에 배를 대도록 하시오."

소년은 한 손으로 북을 치면서 다른 한 손으로는 강변을 가리켰다.

"아니, 저렇게 황량한 곳이오?"

소년보다 네댓 살은 많아 보이는 청년이 소년에게 쩔쩔매면서 묻고 있었다.

"치뢰공, 이곳은 산이 다하고 물이 다하여 길이 없는가 하면 버들 푸르고 꽃이 붉어 가히 한 마을을 이루는데 부족함이 없을 것 같소."(山窮水盡疑無路 柳暗花明又一村.)

소년은 청년에게 말하더니 빨간 깃발을 흔들었다. 소년의 깃발에 따라 다섯 척의 배가 일제히 노를 수직으로 세우고 강변으로 배를 댔다. 노들은 질서 정연하게 세워져 마치 창검이 서 있는 듯했다.

어부 태자와 일행이 막 배에서 내릴 때였다. 갑자기 동쪽 들판에서 먼지가 일며 크고 작은 많은 동물들이 달려오고 있었다.

사슴과 고라니, 산양떼 등 표범과 늑대, 호랑이까지 무엇인가에 쫓기는 듯 달려오고 있었다.

"태자님, 도대체 무엇이 저 많은 동물들을 쫓고 있을까요?"

"무언가 저 뒤에 큰 동물떼가 오고 있는 듯한데 그 동물떼에 쫓기는 것 같소."

어부는 배에 실어 왔던 말을 끌어내리고 말 잔등에 올라서서 먼

곳을 바라보며 말했다. 사슴과 산양, 호랑이 등 동물떼가 지나간 후 이윽고 큰 동물떼가 나타나자 치뢰가 소리쳤다.

"소떼다! 들소떼다. 야, 굉장한데……."

들판을 가득 메우고 나타난 것은 헤아릴 수 없이 많은 소떼였다. 들소들은 뿔이 날카롭고 힘이 센데다 떼로 몰려다녀 호랑이나 늑대떼들도 그들 들소떼에 휩쓸렸다간 단번에 발굽에 밟히고 말 일이었다.

"이 땅은 정말 대단한 땅이로구나. 저렇게 많은 들소떼가 자랄 수 있다니……. 치뢰와 대뢰는 나를 따르시오."

어부 태자는 말고삐를 잡아채며 창을 높이 쳐들었다.

"아하."

기합을 울리며 소떼 뒤쪽으로 달려들며 한 마리의 암소 옆으로 달라붙었다. 들소와 말이 나란히 달리게 되자 어부 태자는 재빨리 창을 내질렀다.

급소를 맞은 들소는 몇 걸음 못 가서 '쿵'하고 바닥에 쓰러졌다.

어부 태자가 사냥하는 모습을 본 치뢰와 대뢰가 똑같은 방법으로 두 마리의 들소를 더 잡았다.

세 마리의 들소 앞에 모여든 무리들은 매우 흐뭇해 했다.

"태자님, 전 오늘 같은 장관은 난생 처음 봅니다. 이 땅은 가히 만년의 후생(後生)을 기를 만한 길지(吉地)가 아닐까 합니다."

"음, 이 땅이 마고신성(麻姑神聖)께서 우리에게 내린 길지인지는 길(吉)한 날을 잡아 목욕재계한 후 점복해 보아야 하오."

"그렇습니다. 식(食)만 넉넉하다고 길지라 할 수는 없사옵니다. 산천에 영기(靈氣)가 있어야 아래 백성들이 널리 깨우침을 얻어 밝은 성품으로 대업을 이룰 수 있을 것입니다."

대리와 태자가 말을 나누자 치뢰가 어부 태자의 말을 거들었다.

"지금은 사월이니 길일은 4월 4일 일질시(日昳時, 해가 기울어질 때)가 될 것이나 이미 지났으니 다음 길일은 5월 1일 일중시(日中時, 해가 하늘 한가운데 뜰 때)가 될 것이오. 그때 천제를 올릴 것이니 오늘부터 이곳에서 병사들을 쉬게 하시오."

"예, 태자 저하."

대리를 비롯하여 어부 태자에게는 팔대뇌공의 부하들이 있었는데 이들이 각기 부하들을 이끌고 흩어져 군진을 이루었다.

목욕재계란 무엇이며 길일이란 무엇인가? 목욕(沐浴)에 대하여 《운급칠참》〈태상소령경(太上素靈經)〉에 '도(道)를 이루고 신령(神靈)을 접하기 위해서는 먼저 목욕간탕(沐浴間湯)에서 스스로 깨끗하게 몸과 혼을 씻어야 한다. 목욕에는 오향(五香)을 쓰는데 난꽃[蘭花]과 청목향(靑木香)을 으뜸으로 친다' 하며 목욕 길일은 이러하다.

정월 10일 인정시(人定時, 한밤중)

2월 8일 황혼시(黃昏時)

3월 6일 일입시(日入時)

4월 4일 일질시(日昳時, 해질 때)

5월 1일 일중시(日中時, 해가 중천일 때)

6월 27일 식시(食時, 중식과 석식 사이)

7월 25일 조식시(早食時)

8월 22일 일출시(日出時)

9월 20일 계삼명시(雞三鳴時, 닭이 세 번 울 때)

10월 18일 계초명시(雞初鳴時, 첫닭 울 때)

11월 15일 과야반시(過夜半時)

12월 13일 야반시(夜半時).

5월 1일 일중시에 목욕재계를 한 어부 태자는 돌로 천단을 쌓고 '인(禋)'의 제사를 올렸다. 인(禋)이란 제물을 불 위에 올려놓아 연기와 향기가 하늘나라 상제에게 오르도록 하는 제사이다.

들소 한 마리가 모두 연기로 사라질 때까지 제사가 계속되자 해는 이미 떨어지고 창룡칠수(蒼龍七宿)의 심수(心宿)가 동편에 떠올랐다. 그러자 태자가 말했다.

"대뢰공, 이생(二牲)을 더하여 보시오. 아직 천신(天神)의 감응이 부족하오."

어부 태자는 대뢰공을 시켜 새끼 양과 기러기를 가져오게 하여 이 또한 '인(禋)'의 제물로 했다.

새끼양과 기러기가 모두 연기가 되자 동방칠수의 빛이 더욱 선명했다. 그제야 어부 태자는 제례를 끝내고 무리들에게 가르침을 내렸다.

"무리들은 들어라. 이 땅이 만년(萬年)의 대계(大計)를 도모할 만한 땅임에는 틀림없으나 우리에게는 적합치 않다. 우리는 조상 북해의 천제 우강으로부터 물고기를 잡고 살아왔으니 이 땅은 촉산씨(蜀山氏) 잠총천황께 주어 뽕나무나 심게 하는 게 좋을 것이다. 우리는 푸른 바닷가에 새 나라를 세우리라."

어부는 다시 무리들을 이끌고 하늘나라의 노〔天之瓊矛〕를 저어 이수(夷水-송화강)를 따라 마침내 푸른 바닷가 청해원(靑海原)에 도착했다.

염양 앞바다는 대륙의 끝이다. 태양이 바다를 차고 오르는 곳이었는데 옛날 황로와 원시천존이 영감을 얻은 곳이기도 했다.

어부 태자와 무리들은 그곳이야말로 자기들이 살아야 할 곳임을 깨달았다. 바다에서 떠오르는 태양을 향해 무리들은 오체투지(몸과 팔다리 모두를 땅에 닿도록 하는 절)로 경배했다.

“천제신령이시여, 마고신성이시여, 후손을 굽어 살피소서.”

염양에 도착한 무리들은 먼저 솟대를 높이 세웠다. 이는 천황의 자손이란 표시이며 하늘나라의 태양과 땅 사이를 연결하는 통로이기도 했다.

무리들이 솟대를 세우고 있을 때 아름다운 여인들이 배를 타고 나타났다. 배는 화려하고 아름다웠으며 삼십 명은 넉넉히 탈 만했다. 그 배에서 내린 여인들 중 어부 태자의 눈길을 사로잡은 소녀가 있었다. 눈이 크고 맑으며 피부가 눈빛보다 흰 어부 태자 또래의 소녀였다.

소녀는 어부 태자가 있는 솟대 안으로 곧장 걸어와 대담하게 말을 걸었다.

“아! 참으로 미남이네.”

소녀는 어부 태자의 온몸을 훑어보며 환하게 웃었다. 소녀의 웃는 모습은 박꽃처럼 아름다웠다. 쪽 고른 하얀 치아가 보석처럼 빛나는데다 살풋 패이는 볼우물이 매혹적이었다.

그러나 어부 태자는 얼굴을 찌푸렸다.

“소녀여, 나는 남자요 그대는 여자인데 남자와 여자의 첫 만남에 양(陽)인 남자가 먼저 말을 건네야지 어찌 음(陰)인 그대가 먼저 말을 건네는 거요? 이는 상서롭지 못하니 다시 솟대 밖으로 나갔다가 들어오시오. 새로이 인사를 합시다.”

소녀는 어부 태자의 말에 조금 기분이 좋지 않았으나 어부 태자가 첫눈에 호감이 가서 순순히 시키는 대로 했다. 소녀가 다시 솟대를 돌아 들어오자 이번엔 어부 태자가 먼저 말을 했다.

“아! 기쁘다. 이렇게 아름다운 소녀(오도메-烏等咩)를 만나다니…….”

어부 태자가 소녀의 손을 잡고 기뻐하자 소녀 또한 스스럼없이 웃었다. 두 사람은 첫 대면에 서로 마음이 통하여 마치 백년지기처럼 사귀게 되었다.

소녀는 어부 태자를 보며 말했다.

"그대는 처음 보는 순간부터 제 맘을 사로잡는 남자로군요."

어부 태자와 단둘이 바닷가의 모래사장에 앉은 소녀는 태자의 넓은 가슴을 작고 예쁜 손으로 쓰다듬었다. 배에서 가슴까지 길게 자라 올라간 검은 털을 소녀는 장난스럽게 만지고 있었다.

"이곳은 참 좋은 곳이로군."

태자가 수평선 위를 날으는 갈매기를 바라보며 말하자 소녀는 태자 앞에 얼굴을 마주하며 정색을 하고 있었다.

"그대가 어디서 왔는지는 모르지만 이곳은 땅이 넓을 뿐 아니라 물고기와 조개 그리고 소금도 매우 넉넉한 곳이에요. 다른 곳으로 갈 생각 말고 이곳에서 오래 살고 싶지 않으세요?"

"글쎄, 그것도 좋기는 한데……."

어부 태자가 심드렁하게 대답하자 소녀는 다시 혼잣말처럼 중얼거렸다.

"이곳에 살면 내가 기쁘게 해줄 수 있을 텐데……."

소녀의 말에 태자는 무슨 소리냐는 듯 소녀를 쳐다보았다. 소녀는 한쪽 눈을 감았다 뜨면서 태자의 귓가에 속삭였다.

"제가 탐나지 않으세요?"

어부 태자는 깜짝 놀라며 얼굴이 화끈 달아올랐다.

'여자가 이렇게 대담한 소리를 하다니…….'

태자는 속으로 생각하며 의뭉을 떨었다.

"그대를 가져 뭘하지?"

태자가 시미치를 떼고 묻자 소녀는 더욱 방글방글 웃으며 말하였다.

"나의 몸에는 자(雌, 여자)의 원천이란 기쁨의 샘이 있답니다."

소녀의 말에 어부 태자는 '픽' 웃더니 말했다.

"그렇다면 내 몸에도 웅(雄, 남자)의 근원이 있는데 우리 한번 맞춰 보지 않겠소?"

태자의 짓궂은 말에 소녀는 곱게 눈을 흘겼다.

"이런 능구렁이. 여보세요 태자님, 우린 이제 처음 만났을 뿐이고 아직 서로 이름도 모르잖아요?"

"그렇군. 먼저 내 소개부터 하겠소. 나는 천왕이신 해님의 아들 대일영존(大日靈尊)이며 어부(魚鳧)라 하오."

"그렇다면 저는 달의 딸 월궁(月弓尊)이에요."

소녀는 까르르 웃으며 모래벌판을 달렸다. 어부 태자는 우두커니 앉아 달려가는 소녀의 모습을 바라보고만 있었다. 소녀의 하얀 종아리가 눈이 시리도록 아름다웠다.

爲國中之柱, 而陽神左旋, 陰神右旋
分巡國柱, 同會一面, 時陰神先唱曰
憙哉, 遇可美少男焉, 陽神不悅曰
吾是男子, 理當先唱, 如何婦人反先言乎
車既不祥, 宜以改旋, 於是, 二神却更相遇
是行也, 陽神先唱曰, 憙哉, 遇可美少女焉
因間陰神曰 汝身有何成耶
對曰 吾身有一雌元之處
陽神曰 吾身赤有雄元之處
思欲以吾身元處 合汝身之元處 於是
陰陽始遘合爲夫婦.《일본서기》

• 어부 름군과 월궁녀 (하백의 궁을 향해 떠나는 모습)

어부 태자는 청해원(靑海原)에 나라를 세우고 왕이 되었다. 그를 《세본(世本)》〈씨성편(氏姓篇)〉에 보면 름군(廩君)이라 했고, 훗날 후손들이 파족(芭族)이 되는데 파족이란 촉산씨(蜀山氏) 잠총 부족의 동쪽에 살게 된 부족이란 뜻이다.

어부 즉 름군은 어떻게 하면 나라를 잘 다스릴 수 있을까 염려하며 바닷가를 거닐고 있었다.

이때 한 노인이 갈옷(갈대로 만든 옷)을 입고 름군 앞으로 다가왔다. 노인은 물고기가 가득 담긴 어망을 메고 있었다. 그가 름군을 보더니 손짓을 했다.

"여보게 젊은이, 이리 와 보게나."

름군은 노인의 형색이 초라해 보이긴 했으나 심상찮게 보여 그의 곁으로 갔다. 그러자 갑자기 노인이 름군에게 호통을 쳤다.

"늙은이가 짐을 지고 가는데 젊은이가 못 본 체하면 쓰나. 고얀 지고……."

름군은 임금의 신분이었으나 노인의 말에 얼른 사과했다.

"노인장, 죄송하옵니다. 이리 주십시오. 어디로 가시는지 모르지만 제가 들어다 드리겠습니다."

름군은 노인의 어망을 받아 자기 어깨에 을러맸다. 어망은 생각보다 묵직했다.

'저런 노인이 이렇게 무거운 어망을 메고 가다니……, 안된 일이군.'

름군이 이런 생각을 하며 노인을 따라 걷는데 노인의 걸음이 얼마나 빠른지 좇아가기 힘들었다. 마치 발이 땅에 닿기도 전에 옮기는 듯 유연하면서도 걸음새가 조금도 흐트러짐이 없었다. 한참을 걷던 노인이 솔밭에 이르자 발걸음을 멈추었다.

"젊은이가 그렇게 걸음이 느려서야 되겠는가? 어쨌든 내일 이 시간에 또 보세."

노인은 름군이 대답할 틈도 주지 않고 어망을 받아 솔밭으로 걸어갔다. 몇 걸음 걷는 듯하더니 순식간에 사라져 버렸다.

"참으로 기이한 노인이로구나."

름군은 다음날 또 바다로 나갔다. 그런데 노인이 버럭 화를 내었다.

"노인을 기다리게 하다니. 고얀지고……."

노인은 화를 내며 돌아갔다. 그리고 내일 다시 오라 했다.

다음날은 아침 일찍 나갔는데 노인이 또 나무랐다.

"이렇게 늦게 왔나? 안 되겠네. 내일 다시 오게."

다음날 름군은 아예 한밤중에 바닷가로 나가 기다리고 있었다. 노인이 동틀 무렵 바닷가로 나왔다. 그제야 노인은 름군을 보고 웃었다.

"젊은이, 자넨 상(相)이 좋구만……. 천정(天庭)이 넓고 반듯하니 큰 임금이 되겠네. 그대는 땅의 기운을 받아 지황(地皇)이 될 것일세."

릅군은 노인 앞에 무릎을 꿇었다.

"어르신네, 제가 불민하여 깨닫지를 못하오니 큰 가르침을 내리소서."

릅군을 바라보던 노인은 입을 열었다.

"웅심연(熊心淵)에 가면 세 교인(鮫人)이 있을 것이야. 그 중 장녀와 혼인하게. 그래야 고야국(姑耶國-마고할미의 나라)이 다시 일어날 것이네. 다만 그 여인과 인연이 짧은 것이 한이나 그 또한 천명인 걸 어쩌겠나."

교인(鮫人)이란 바닷가에 사는 인어를 말하는데 사람의 형상과 같으며 오히려 피부가 맑고 희고 아름답다. 교인들은 별이 비치는 바닷가에서 베틀에 앉아 베를 짠다고 한다.

노인은 일어서서 돌아가려 했다.

"어르신네, 큰 가르침을 주시니 감사하옵니다. 감히 존호를 알고 싶은데 알려주실 수 없사옵니까?"

릅군의 말에 노인은 쓴웃음을 지었다.

"늙은이의 이름은 알아서 무엇하려나. 한때는 염수노군이라 불렸는데 지금은 동해어부라고 불러주게."

"염수노군……."

그는 한때 염국의 장군으로서 대두산(大斗山)에서 순비천황과 싸웠던 사람이었다. 그러나 그 후 은퇴하여 이곳에서 물고기를 잡으며 신선(神仙)의 도를 닦고 있었던 것이다. 이름만을 밝힌 노인은 어디론가 표표히 사라져 버렸다.

릅군은 노인의 말에 따라 부하들을 데리고 청해원 웅심연을 찾아 나섰다. 릅군은 머리에 오우관(烏羽冠)을 쓰고 허리에는 용광검(龍光劍)을 찼다. 사냥 복장이면서 왕자의 위엄이 풍길 만큼 품위가 있었다.

웅심연이 혹자는 압록강에 있었다고 하나 정확한 위치는 알 수가 없다. 그곳엔 맑은 계곡수가 흘러내렸고 교인(鮫人) 인어인 세 여인이 물에서 놀고 있었다. 그들은 몸에 패옥(佩玉)을 지녔고 얼굴들은 하나같이 아리따웠다.

그녀들은 염수(오소리강)를 다스리는 하백(河伯)의 딸이었다. 름군 일행이 말을 타고 웅심연에 이르자 놀란 여인들이 재빨리 물속으로 몸을 숨겼다.

름군은 대뢰에게 웃으며 말했다.

"하하! 매우 재빠른 여인들이군. 왕비로 삼으면 아들 하난 잘 낳겠군."

대뢰도 름군을 보며 웃었다.

"폐하께서는 미색(美色)도 살피지 않고 아들 두실 생각부터 하시옵니까?"

"내가 너무 성급했나? 그런데 저렇게 물 속에 숨어 버리는데 어떻게 미색을 알아보겠나?"

름군의 말에 대뢰가 대답했다.

"설마 언제까지나 물 속에 있겠습니까. 여인들이 나오지 않으면 임금께서도 아예 여기에 궁실을 지으십시오. 그리고서 지켜보는데야 나오지 않고 배기겠습니까."

"과연 대뢰공답네. 여기에다 궁을 세우게."

름군은 말채찍으로 땅에다 금을 그어 궁을 세울 자리를 정했다. 궁이라 했지만 사냥을 위해 준비한 천막으로 동실(銅室)을 세우고 바닥에다 비단 자리를 깐 것에 불과했다. 름군은 술상을 차려 놓고 여인들을 불렀다.

"자, 이리들 나오시오. 나와서 좋은 술이나 한잔씩 합시다."

이쯤 되자 여인들은 더 버티기가 어려웠다. 여인들이 천막궁으로 들어오다가 름군을 보고 한 여인이 깜짝 놀랐다.

"아니? 그대는 해님의 아들 대일영존이 아니세요?"

름군 또한 깜짝 놀랐다. 그녀는 월궁이었다.

"아니? 그대는 월궁이 아닌가?"

그제야 월궁이 하백의 장녀라는 것을 알게 되었다. 두 사람이 재회하여 함께 자리를 나누니 취흥이 도도했다. 월궁의 동생 훤궁(萱弓)과 위궁(葦弓)도 함께 술과 음식을 나누며 즐거워했다.

그런데 름군이 언니 월궁만 좋아하는 걸 보자 은근히 질투심이 일었다.

"름군께선 언니만 제일이고 우린 도토리 취급이시니 우린 먼저 갈께요. 언니 혼자 실컷 놀다 와요."

월궁은 두 동생이 토라져 가려 하자 붙잡았다.

"왜 벌써 가려고 하니? 좀더 있다 같이 가자꾸나."

월궁은 름군과의 재회가 기뻐 금방 돌아가기가 싫었다. 이때 름군이,

"그럼 두 동생 먼저 보내고 월궁은 좀더 얘기를 나누고 가시오. 내가 긴히 할말이 있으니……."

하며 월궁만을 붙잡는 것이었다. 이에 동생들은 더욱 샐쭉거리며 토라졌다.

"언니, 그렇게 해요. 우리 먼저 갈께요."

동생들이 먼저 떠나고 혼자 남게 된 월궁은 꺼림칙했으나 긴히 할말이 있다는 름군의 말이 궁금해 그냥 있었다.

"하실 말씀이 있다더니 무엇인가요?"

"월궁, 나는 그대와 평생 가약을 맺고 싶소. 그리고 이것을 그 증표로 그대에게 주고 싶소. 우리도 이 실처럼 인연을 맺어 오래도록 동락합시다."

름군은 잠총에게서 받은 청사(靑絲)와 홍사(紅絲) 두 타래의 실을 선물했다.

"어머나! 아름다운 실이네요. 이렇게 아름다운 실도 있었구나……."

월궁은 지금까지 많은 베를 짜 봤지만 이렇게 가볍고 부드러우며 색깔이 고운 실은 처음 보았다. 몸에 옷 대신 실을 걸쳐 보며 기뻐 어쩔 줄 몰라했다.

"빨리 옷으로 짜고 싶어요……."

"월궁, 아직 내 말에 대답을 안했소. 그대는 내 청혼을 받아들이는 거요?"

"예, 저도 마음속으로 사모해 왔습니다. 이렇게 름군께서 청혼해 주시니 감사히 생각합니다."

월궁은 밝게 웃는 얼굴로 대답하곤 름군의 품에 안겼다. 그날 밤 그들은 사실상 부부의 인연을 맺었다.

후세 사람들도 어부씨 름군과 월궁을 본받아 청사와 홍사를 혼인의 절차로 중히 여겼으며 반드시 남자가 여인에게 선물했던 것이다.

한편 먼저 돌아간 월궁의 두 동생 훤궁과 위궁은 하백에게 불려갔다.

"언니 월궁은 어떻게 하고 너희들만 돌아왔느냐?"

하백이 추상같이 화가 나 묻자 대답을 피할 수 없어 둘째 훤궁이 대답했다.

"언니는 천제(天帝)의 아들이라는 름군에게 붙잡혀 있습니다."

"아네요. 붙잡힌 게 아니고 월궁 언니 스스로 머물렀는걸요. 아마 언니는 그 남자를 좋아하나봐요."

셋째딸 위궁이 언니 월궁을 질투해서 하백의 부아를 돋웠다.

"저런 괘씸한 것 같으니라고. 당장 사자를 보내 내 말을 전해라."

사자는 름군에게 달려가 하백의 말을 전했다.

"그대는 어떤 자이길래 내 딸을 붙들어 두었는고?"

이에 름군이 사자에게 말했다.

"돌아가 전하거라. 나는 북해의 천제 우강의 손자이다. 염수 하백과 통혼하여 사해에 화평을 구하고자 하는 바이다."

사자가 하백에게 이 말을 전하자 하백은 버럭 화를 냈다. 옛날 대두산에서의 참패가 기억났기 때문이었다. 그러나 그런 내색은 않고 다시 사자를 보냈다.

"그대가 천제의 손자로서 나와 통혼하여 사해의 화평을 구할 뜻이 있다면 마땅히 매자(媒者)를 보내 청혼부터 해야 옳은 일이지. 지금 갑자기 내 딸을 붙들어 두는 것은 어찌 실례가 지나치지 않은가?"

하백의 말을 전해 들은 름군은 할말이 없었다. 우선 월궁부터 돌려보내고 매자를 보내려 했으나 월궁은 그새 정이 듬뿍 들어 름군의 곁을 떠나려 하지 않았다. 할 수 없이 름군은 직접 월궁을 데리고 함께 하백을 만나기로 작정했다.

"오반역장선을 준비해라!"

름군은 팔대뇌공들에게 명을 내렸다. 팔대뇌공들은 급히 배를 준비하여 름군과 월궁을 태우고 염국 하백의 궁을 향해 나아갔다.

⑨

염수 하백의 나라

름군은 월궁과 나란히 천반역장선에 올라 염수 하백의 나라로 향했다. 다섯 척의 천반역장선이 줄지어 오소리강(烏蘇里江)*을 떠도는 흰 고니떼처럼 거슬러 올랐다.

름군은 오우관(烏羽冠)을 쓰고 허리에는 용광검(龍光劍)을 찼다. 그리고 옥으로 장식하여 신랑으로서 여인의 마음을 사로잡기에 부족함이 없었다.

"낭군님, 오늘 따라 낭군의 모습이 마냥 자랑스럽군요."

월궁의 말에 름군은 가만히 월궁의 손을 꼭 쥐었다.

"그대야말로 아름답기 그지없소. 오늘 우리의 혼인이 이뤄진다면 천하는 더욱 화평해질 것이오. 당신은 평화의 여신이기도 한 것이오."

두 사람은 서로 사랑의 눈빛을 나누었다. 노를 젓는 부족의 젊은이들도 흥겨운 잔치를 연상하며 힘차게 구령을 외쳤다.

---

* 오소리강 - 중국에서는 우쑤리강이라 함. 중국과 러시아의 경계를 이루는 흑룡강(헤이룽강)의 지류. 우수리강은 거대한 강이라는 뜻이 있다.

"으랏샤, 으랏샤."

뱃머리에 타(鼉)라는 저파룡(猪婆龍)의 가죽으로 만든 타고(鼉鼓)를 올려놓고 울렸다. 저파룡은 주둥이가 짧은 악어처럼 생겼으며 몸의 길이가 1.2장(丈)쯤 되고 다리가 넷이며, 등과 꼬리는 두터운 비늘로 덮여 있다.

중국의 3황 5제 중 전욱이 이 저파룡을 하늘나라의 악사(樂士)로 명했다지만 어부씨 름군은 이때 이미 저파룡의 가죽으로 만든 북을 울리며 군사들의 흥을 돋우게 했다.

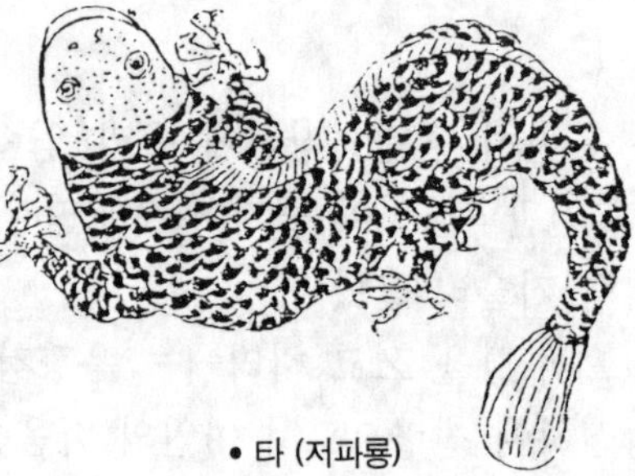

• 타 (저파룡)

타고(북)는 매우 커서 두 사람의 젊은 고수가 웃통을 벗어 젖히고 교대로 북을 울리자 강물 가득 북소리가 울려 퍼졌다.

하늘도 경사스러운 혼인을 위해 맑게 개었다. 후세에 팔방에 부는 바람을 노래하여 승운지가(承雲之歌)라 했다.

하늘에서 처음 (염수에) 내릴 적에
오룡거(五龍車)에 몸을 싣고
따른 이 백여인은
고니 타고 깃털옷[羽衣] 날려
맑은 풍악 퍼져 가고

채운(彩雲)은 뭉게뭉게

初從空中下 身秉五龍車
從者百餘人 騎鵠紗襂襹
淸樂動鏘洋 彩雲浮旖旎

흥겨운 뱃노래와 함께 배는 오소리강의 중류 칠성하(七星河)를 지나 상류로 접어들었다. 높은 언덕과 계곡이 강변을 따라 우뚝 솟아 있었고 숲이 빽빽이 들어차 있었다. 강폭이 좁아지자 몇 사람은 실망한 투로 중얼거렸다.

"하백의 나라라는 게 이렇게 좁은 골짜기 안에 있단 말인가. 이거 뭐 보잘것없는 거 아냐."

파족의 병사들은 름군이 큰 나라와 통혼하여 천하에 그 위세를 떨치는 것을 보고 싶었던 것이다. 그래서 약간 실망해 있었는데

• 하백의 나라 용궁

조금 더 거슬러 오르자 모두 깜짝 놀랐다. 오소리강이 이제 끝나 가는구나 했는데 바다처럼 넓은 큰 호수가 나왔으며 끝이 안 보이도록 넓은 원시 그대로의 들판이 펼쳐져 있었던 것이다.

그 호수는 북해 바이칼호에 비견할 만큼 큰 흥개호라는 호수였다. 소 흥개호 쪽엔 수백 채의 가옥들과 수백 척의 배들이 정박해 있었다. 천반역장선이 막 호수로 들어설 즈음 배가 한 척 다가왔다. 뱃전에 선 사람이 소리쳤다.

"멈추시오! 나는 염국의 장수 부추(扶鄒)라 하오. 하백의 허락 없이는 누구도 이곳을 지날 수 없소."

염국의 장수 부추가 물길을 가로막자 흥겹게 노를 젓던 천반역장선의 젊은이들이 술렁거렸다. 이때 분위기가 심상찮은 것을 알고 월궁이 부추에게 말했다.

"부추 장군, 나 월궁이에요."

"공주님, 무사하셨군요."

부추는 월궁에게 가볍게 읍하며 인사했다.

"장군, 난 지금 파족의 릅군과 함께 아버님께 혼인을 승낙받기 위해 온 거예요. 그런데 왜 물길을 가로막는 거죠?"

월궁은 눈꼬리를 치키며 화가 나서 부추에게 따지고 들었다. 부추는 월궁의 기세에 눌린 듯 미안해 하면서 엄숙히 말했다.

"공주님, 말씀은 잘 알고 있사옵니다만 하백께서 공주님과 낭군되실 릅군 두 분만 통과시키라 하셨습니다."

"뭐라구요? 내 낭군 되실 분이 종자 한 명도 거느리지 못하란 말인가요? 장군, 너무 지나치다 생각지 않으세요?"

"죄송합니다, 공주님. 하백께서 직접 내리신 명이니 저 또한 거역할 수 없사옵니다."

월궁과 부추 장군의 대화를 듣고 있던 릅군이 월궁을 만류했다.

"됐소, 월궁. 좋은 날 좋은 인연 맺으러 가는데 부추 장군을 곤란하게 할 게 무엇이오. 하백의 뜻대로 우리 두 사람만 가면 되지 않겠소. 설마 하백이 사위 될 사람을 해롭게야 하겠소."

월궁은 릅군의 말에 아버지 하백의 처사가 심히 못마땅한 반면 릅군의 넓은 도량이 한없이 고마웠다.

이때 릅군의 신하 팔대뇌공이 모두 반대를 하고 나섰다.

"폐하, 안 됩니다. 만일 폐하 혼자 가셨다가 잘못되면 어쩌시렵니까."

그러나 릅군은 태연했다.

"나는 북해의 천제 우강의 손자다. 이 일은 나 자신을 위한 것이 아니라 천하를 위하는 일이란 것을 모두 잘 알지 않느냐. 하늘에 죄를 얻으면 빌 곳이 없는 법인데 천의(天意)에 따라 행하는 나의 길을 하백이 어찌 가로막겠는가."

릅군이 이와 같이 강변하자 팔대뇌공들도 더 이상 막을 수가 없었다.

"폐하, 조심하옵소서."

신하들이 염려하는 가운데 릅군은 월궁과 함께 부추 장군의 배로 옮겨 탔다.

천반역장선들은 홍개호 입구를 물러나 릅군이 돌아올 때까지 머무를 강변 쪽으로 접근했다.

부추 장군의 안내를 받아 하백의 궁으로 들어서자 궁 안팎에는 염족 수백여 명이 모여 월궁과 릅군을 지켜보고 있었다. 창검을 든 병사들의 한가운데를 지나 궁 안으로 들어서자 하백이 정청 한가운데 좌정하고 있었다.

하백의 생김새는 매우 기이했다. 뒤꼭지까지 벗어진 대머리에다 귀 뒤쪽에만 검은 모발이 엉크러져 있었다. 배는 두꺼비처럼 불룩했고 눈빛이 섬뜩했다.

《산해경》에 보면 경부신(耕父神)이란 인물이 나오는데 하백을 보면 경부신이 생각날 정도였다.

• 경부신

경부신은 뇌산(耒山)의 맑고 차가운 물 속에 살았는데 못을 드나들 때마다 그의 몸에서는 보기에 섬뜩할 정도로 빛이 비쳤다. 옛날 사람들은 이 경부신을 매우 두려워했는데 그가 모습을 나타내는 나라마다 멸망했다고 한다.

하백은 름군과 월궁이 나란히 들어와 인사를 올리자 벌컥 화를 내며 월궁을 나무랐다.

"너는 과년한 여인의 몸으로 그렇게 조심성 없이 행동할 수 있느냐!"

월궁이 곤란을 당하는 것을 보자 름군이 대신 변명했다.

"죄송하오나 공주께서는 잘못이 없사옵니다. 제가 돌아가지 못하게 제지를 했으니까요."

하백은 월궁을 변명해 주는 름군을 보자 더욱 노여움의 기색이 얼굴을 스쳤다.

"그대 름군께는 나중에 시비를 가릴 것이니 가만히 계셔 주시오. 이것은 우리 염국의 내부문제니까요."

그제야 름군은 그가 월궁을 두둔하는 것이 하백의 기분을 상하게 할 뿐이란 걸 알고 입을 다물었다.

"월궁, 너는 나중에 따로이 잘못을 뉘우치도록 혼을 낼 것이니 네 처소로 돌아가 근신토록 해라."

월궁은 아버지 하백이 못마땅했으나 말을 듣지 않을 수 없어 조용히 물러났다. 월궁이 물러가자 하백은 름군을 노려보며 물어뜯을 듯이 말했다.

"혼인의 도는 천하에 통하는 법이거늘 어째서 매파를 보내 청혼을 않고 예의를 어겨 우리 가문을 욕되게 하는가?

젊은 친구가 군사를 끌고 왔으니 우리 염국을 어찌 보고 하는 일인가? 협박을 하려는 겐가? 혼인을 빙자하여 노략질을 하려는 겐가?"

름군은 하백의 무례한 말에 치욕을 느꼈으나 화를 눌러 참았다. 여기서 화를 내면 혼인이 이뤄질 수 없을 것이라는 것을 알았기 때문이었다.

"하백이시여, 노여움을 거두소서. 나는 북해 우강의 손자 어부(魚鳧)이며 전부터 하백의 고명한 이름을 듣고 있었사옵니다. 진작 한번 뵈옵고저 한 터에 우연히 월궁 공주를 만나 청혼을 하려 했으나 적당한 매자를 얻지 못해 직접 찾아뵙고 청혼을 하러 왔사오니 널리 용서하여 주소서."

하백은 름군이 공손하게 응대하자 마음을 조금 누그러뜨렸다. 그러나 북해 우강의 손자라는 말에 내심으로 쓰라린 옛상처가 떠올랐다. 5년 전 아이누족을 도와주러 대두산에 출전했다가 무참히 패배를 당하여 지금까지 신하들의 신망을 회복하지 못했는데, 그때 달아나던 염국에 치명타를 입힌 북해 우강의 손자라 하니 하백은 껄끄럽기 그지없었다.

"그대가 북해 우강의 손자란 말인가? 그렇다면 왜 이곳에 나타났는가?"

"순비천황의 나라는 인민의 수가 매우 번성하여 많은 백성들을 살리기가 어렵습니다. 그래서 잠총천황은 이수(夷水)에까지 내려와 목축을 하게 되었고 저는 무리를 이끌고 이수를 따라 내려와

• 하백

청해원에 나라를 세웠습니다. 이제 하백이 다스리는 염국과 이웃하게 되었으니 양국이 혼인하여 일가를 이루어 오래도록 화평코자 하옵니다."

하백은 름군이 청해원에 나라를 세우고 잠총이 이수(송화강)에까지 진출했다는 말을 듣자 경계심이 일었다.

'젊은 친구가 경험이 적어 언중(言中)에 욕심을 솔직히 나타내는군. 하지만 내가 그리 호락호락 넘어갈 줄 아는가?'

하백은 속으로 름군을 더욱 의심하고 경계했으나 겉으로는 표현하지 않았다. 다만 이 기회에 름군의 기량을 시험하고 기를 꺾어 놓고 싶었다.

"그대가 북해 우강의 손자이며 잠총천황과 의가 돈독한 일족이라 하나 나 하백 또한 삼태성의 후손으로서 누대에 걸쳐 이곳 염국의 국주(國主)로 나라를 다스려 왔으니 나라의 역년(歷年)으로 보나 그대와 나의 연치로 보나 름군이 나에게 신속(臣屬)함이 어떻겠나?"

하백은 름군을 이웃 나라의 동등한 제왕으로서가 아니라 신하가 되라고 말했다.

름군은 젊은 기혈이 끓어올라 참을 수가 없었다.

"하백이시여, 나라의 근본은 나무와 같아서 뿌리에서 가지가 뻗어남과 같습니다. 가지가 아무리 굵고 튼튼하다 한들 뿌리를 대신할 수는 없사옵니다. 더욱이나 국가의 선후는 개인의 연치로 논할 수 있는 것이 아니옵니다. 대저 이 땅에 나라들이 많으나 모두 황로 천황으로부터 비롯되었고 하백의 조상 삼태성 또한 천황의 나라에서 갈라져 나왔으니 북해의 우강이 천황의 일가로서 뿌리라 할 수 있을 것입니다. 천황의 자손인 제가 이웃 나라와 평화를 도모코자 하며 하백의 공주 월궁을 사모하나 신속(臣屬)할 수는 없습니다."

하백은 름군이 뿌리를 들먹이자 이번엔 국력으로 위압을 주려 했다.

"그대는 천황의 자손이고 나는 땅강아지의 자손이란 말인가? 그대가 만일 천황의 자손이라면 무슨 신이한 재주라도 가졌는지 내게 한번 보여 보라. 만일 그러한 재주도 없이 천황의 자손이란 방자한 언사로 자신을 과신한다면 이웃 나라의 정벌을 면치 못하리라. 재주 있거든 나와 솜씨를 겨뤄 봄이 어떻겠는가?"

하백은 나름대로 무예에 자신이 있던 터라 무예로써 름군을 꺾을 셈이었다. 하지만 름군은 원치 않았다.

"하백이시여, 제가 이곳에 온 것은 혼인을 통하여 이웃 나라와 평화를 도모코자 함인데 어찌 하백과 솜씨를 겨루겠습니까. 손님이 주인과 어찌 무예로써 다투겠습니까. 사양하겠습니다."

름군이 사양하자 하백은 더욱 우쭐해서 큰소리쳤다.

"흥! 젊은 친구가 천황의 자손이라 허세만 부리더니 정작 솜씨를 보자니 자신이 없는 모양이군. 그렇다면 이것으로 혼담은 없었던 일로 하세."

하백은 름군의 자존심을 뭉개려 했다. 이는 옛날 대두산의 원한뿐 아니라 이웃에 살게 된 름군의 코를 납작하게 해 주려는데 그 의도가 있었다. 름군은 더 이상 참을 수가 없었다.

"하백이시여, 정히 무예를 겨뤄 보기를 원한다면 군왕의 명예를 걸고 겨뤄 볼밖에 없는 것 같습니다."

"름군, 만일 내가 지면 혼인을 승낙하며 이후 그대 말대로 이웃 나라로서 화평을 맹세하겠네. 하지만 그대가 지면 그대는 나에게 신하가 되어야 하며 파족은 나의 신민(臣民)이 되어야 하네. 동의하겠나?"

름군은 하백과 싸우고 싶지 않았으나 하백을 이기면 모든 일이 뜻대로 될 듯싶어 순순히 승낙했다.

"좋습니다. 동의하겠습니다."

"그럼 준비하게. 무기는 어느 것이나 좋은 대로 취하게……."

잠시 후 염족의 수많은 백성들이 지켜보는 가운데 두 사람은 맞서 싸울 태세를 갖췄다. 월궁은 이 광경을 가슴 졸이며 바라보고 있었다. 그녀는 하백으로부터 근신하라는 명을 받았지만 잠자코 자기 처소에서 근신할 수가 없었다.

아버지와 장차 지아비가 될 사람의 결투였다. 어느 한쪽도 잃고 싶지 않았으며 잘못되기를 바라지 않은 싸움이었다. 그 싸움을 남자들끼리 결정해 버리고 만 것이다.

그녀가 할 수 있는 일이란 두 사람 모두 무사하면서 끝낼 수 있도록 비는 일이었다.

하백은 그의 장기인 두 개의 황금 도끼를 들고 나섰다. 겉으로 보기엔 황금색이 찬란했지만 사실 그 도끼들은 만년한철(萬年寒鐵)로 만들어져 그 어떤 도검이라도 그 도끼와 맞부딪치는 순간 칼날이 댕강 부러져 버리곤 했다.

하백을 상대해 맞은편에 우뚝 선 어부 름군의 검은 검이라고 하기보단 시커먼 몽둥이와 같았다.

하백은 름군이 날이 없이 시커멓게 생긴 몽둥이처럼 보이는 검을 들고 나오자 마음 속으로 괴이하게 생각했다.

'왜 저렇게 칼날도 없는 몽치를 들고 나왔을까? 아마 토끼사냥이라도 하는 줄 아는 모양이지. 하지만 너는 내 황금쌍부에 고혼이 될 뿐이다.'

하백의 황금쌍부는 두 개의 도끼 뒤에 쇠줄로 서로 연결하여 한 개씩 던졌다가 재빨리 회수할 수 있는 것이었다.

어부 름군은 하백의 움직임을 보고 비로소 상대가 만만치 않음을 깨달았다. 단 한 점의 표정도 흐트러짐이 없이 빈틈을 노리는 하백의 무서운 눈은 정녕 사람의 눈이 아니었다. 피살을 뜯어먹고 사는 야수의 눈빛 같았다.

사람을 잡아먹는다는 가릉빈가새의 눈초리가 저러할까?

활화산이라도 단숨에 식혀 버릴 듯한 차가운 냉기가 름군의 전신으로 쏘아지고 있었다. 이에 대한 름군의 자세는 공허하기만 했다. 허점투성이였고 눈동자마저 풀려 무엇을 보고 있는지조차 모를 지경이었다.

"름군, 조심하세요."

월궁의 나지막하면서도 다급하고 애절한 외침이 터지는 순간 하백의 도끼가 허공을 갈랐다.

운무금광(雲霧金光)이었다.

두 개의 도끼가 름군의 상단전과 하단전을 노리고 동시에 파고들었다. 숨이 막일 정도로 다급한 순간 름군은 무의식 중에 행화춘우(杏花春雨)의 수법으로 두 개의 도끼를 동시에 쳐냈다.

"땅!"

두 개의 도끼와 한 자루의 둔도가 마주치자 서로의 반탄력으로 튕겨져 나갔다. 만년한철로 만든 하백의 두 도끼가 름군의 둔도를 결코 자를 순 없었다. 름군의 둔도 역시 만년한철에 못지 않은 오금석(烏金石)과 흑철동(黑鐵銅)으로 만들어졌기 때문이다.

하백의 운무금광의 공격은 무서웠다. 순간 반탄력에 튕긴 릅군의 어깨가 부서질 듯 아파 왔다. 그러나 릅군은 정면으로 맞부딪히는 것을 피하며 내색을 하지 않았다.

하백은 첫번째 수법이 실패하자 이번에는 두 도끼를 연거푸 사용하며 릅군의 전신을 찍어 갔다.

팔방풍우(八方風雨)였다.

실로 팔방에서 비바람과 벽력이 내리치듯 하백의 도끼날이 연달아 찍어대고 있었다. 하백의 도끼날이 무섭게 찍어 오자 릅군은 구름 속에서 달이 흐르듯, 달이 꽃 속에 그림자를 숨기듯 월이화영보(月移花影步)의 보법으로 재빨리 피해 나갔다.

계속되는 공격 속에 반격 한번 못하고 위기를 맞는 릅군을 지켜보는 월궁의 마음은 안타깝기만 했다.

하백은 연달아 이어진 공격이 모두 허공을 가르게 되자 화가 나면서도 초조해지기 시작했다. 하지만 공격의 고삐를 늦출 수는 없었다.

이번엔 천망박용(天網縛龍)이었다.

하늘의 그물로 용을 사로잡듯 릅군의 관절요혈(關節要穴)을 한꺼번에 노리고 뛰어들었다.

순간 릅군은 제비가 창공을 박차고 날듯 두 자나 허공중에 뛰어오르며 하백의 현기(玄氣), 장대(將台), 기문(氣門)의 삼대요혈을 노리고 행화춘우(杏花春雨)의 검법을 시전하기 시작했다.

'아차' 하며 하백이 재빨리 삼대요혈을 보호했지만 어느새 릅군의 둔도가 하백의 새끼손가락 하나를 베어 내고 있었다.

사실 릅군은 흐르는 개울 속에 차고 오르는 송사리를 날이 없는 둔도로 단칼에 벨 수 있었으니 새끼손가락뿐 아니라 하백의 목이라도 벨 수 있었다. 하지만 그렇게 될 경우 월궁과의 사이에 어떤 먹구름이 밀려들지 알 수 없어 피한 것이다.

왼쪽 새끼손가락 하나를 잃었을 뿐인데 하백의 공세는 현저하게 약해지고 있었다. 하백은 름군의 행화춘우를 쳐내느라 등에 진땀이 흐르고 오싹 한기가 돌 지경이었다.

마침내 만년한철로 만든 황금쌍부와 흑철동으로 만든 둔도가 부딪히자 하백의 손에서 황금쌍부가 튕겨져 나갔다. 황금쌍부가 연결된 쇠줄을 끊어 버린 것이다.

주위에 몰려 그 광경을 지켜보던 하백의 부하들은 신음을 토해 냈다. 하백이 패하는 모습을 그들은 난생 처음 보았다.

'도대체 저 젊은이는 어떻게 저런 무예를 익혔을까? 정말 그의 말대로 천황의 천부도(天符道)를 익히지 않았을까? 만일 그렇다면 이것은 하백의 패배가 당연한 일이다.'

하백의 부하들 가운데 내심 이렇게 생각하는 자들도 있었다.

이때 하백이 다친 손을 움켜쥐고 땅바닥에 주저앉았다. 름군은 하백을 일으키며 사과했다.

"하백이시여, 이럴 마음이 아니었는데 죄송하옵니다. 결례를 용서하소서."

두 사람이 크게 다치지 않고 무사히 대결을 끝내자 월궁은 기쁘기 그지없었다. 천지신명뿐 아니라 그 무엇에라도 감사하고 싶었다. 월궁은 눈물을 흘리며 하백에게 달려왔다.

하백은 이미 약속을 한 터라 혼인을 허락할 수밖에 없었다. 그는 백성들에게 소리쳤다.

"오늘 염국은 귀한 북해 천황의 아들 름군을 사위로 맞아 일가가 되었으니 이 어찌 천하를 위해 다행한 일이 아니겠는가. 과인의 딸 월궁과의 혼례를 올리도록 하고 연회를 베풀도록 하라."

하백의 명령에 염국의 백성들은 일제히 환호했다. 하백의 궁 안팎은 흥겨운 풍악이 넘치고 연회는 흥을 더해 갔다. 하백은 자못 호기롭게 술을 마시면서 름군에게 연신 술을 권했다.

"름군, 어서 드시게. 그대와 같이 뛰어난 인걸을 사위로 맞다니 어찌 기쁘지 않겠나. 사실 생각해 보면 월궁도 불쌍하게 자랐다네. 월궁의 어미는 월궁의 나이 네 살 때 몹쓸 병이 들어 세상을 뜨고 유모의 손에서 길러졌다네. 아무리 유모가 정을 다했으나 친모(親母)만 하겠나. 제대로 어미의 정을 모르고 자랐으니 그대가 더욱 아껴 주게."

하백은 자못 자애로운 어버이처럼 말하면서 연신 술을 권했다. 월궁은 은근히 름군이 걱정되었으나 름군은 태연했다.

"걱정 마오. 내 주량은 해량(海量)이니 바다에 표주박 하나 더한들 바닷물이 싱거워지리까."

월궁은 름군의 호기로운 말에 더 만류를 못했다. 이때 월궁의 시녀가 다가와서 월궁에게 음식을 쏟았다.

"아, 이걸 어쩌지요. 제가 공주님의 옷을 더럽혔군요. 공주님, 어서 옷을 갈아입으시지요."

월궁은 하백과 름군에게 목례로 양해를 구하고 시녀를 따라 일어섰다. 시녀는 인적이 없는 곳으로 옷깃을 끌었다.

"마마, 유모께서 급히 공주님께 전하셨어요. 큰일입니다. 하백께선 기어이 름군을 해치려고 갑사들을 궁 안팎에 숨겼답니다. 다만 북쪽은 산이라 경계가 허술하오니 그쪽으로 피신케 하옵소서. 그쪽 우물 곁에 말 한 필을 매어 두었사옵니다."

시녀의 말에 월궁은 가슴이 뛰기 시작했다. 마음이 다급했다.

"고맙구나. 그렇지 않아도 마음이 불안했는데 그런 무서운 계략이 숨어 있다니. 아버님도 너무하시는구나."

"너무 슬퍼 마시고 서두르소서. 시간이 없사옵니다."

"알았다."

월궁이 름군에게 돌아와 보니 름군은 부추 장군으로부터 새 술을 받아들고 있었는데 술 향기가 그윽했다. 월궁은 그 술이 백화주라는 것을 알아채고 깜짝 놀랐다.

백화주는 백 가지 꽃을 꺾어 술을 담는데 그 술에 취하면 백일 동안 취할 만큼 독주였다. 그 술을 마신다면 아무리 해량(海量)의 름군이라도 당할 수가 없는 것이다.

월궁은 어지러운 듯 름군의 품으로 쓰러졌다. 백화주가 바닥에 쏟아진 것은 물론이다.

"아, 어지러워. 름군, 저 좀 데려다 주세요."

름군은 갑작스럽게 쓰러지는 월궁이 걱정이 되어 그녀를 부축하고 밖으로 나왔다. 월궁은 름군의 부축을 받고 가면서 귓속말로 속삭였다.

"름군, 주위를 돌아보지 마시고 제 말만 들으세요. 지금 름군께서는 끓는 가마솥의 자라처럼 위험에 빠졌답니다. 북쪽 산골짜기를 제외하고는 갑사와 도수부(刀手夫)들이 에워싸고 있으니 빨리 북쪽으로 달리셔서 우물가의 말을 타고 달아나소서. 전 낭군께서 무사하기만을 빌겠나이다."

"아니, 하백께선 왜 나를 그렇게도 이해하지 못할까. 그대와 더불어 봉황쌍명(鳳凰雙鳴)은 아니더라도 여천동락(與天同樂)을 누리고자 했건만……."

"낭군의 뜻을 어찌 월궁이 모르겠습니까. 하늘이 원망스러울 뿐입니다. 이것도 모두 월궁이 복이 없어 그런 것이니 낭군께서는 월궁을 잊고 새 출발을 하소서."

월궁은 나지막하게 속삭이면서도 하염없이 옷깃을 적셨다. 름군

역시 이별이 한스러워 차라리 하백의 손에 죽더라도 떠나기 싫었으나 자기가 돌아오기를 기다리고 있을 부족 사람들을 생각하니 그럴 수도 없었다.

"월궁, 내 어찌 그대를 잊을 수 있으리오. 내 반드시 그대를 맞으러 다시 오리다. 그때까지 부디 몸조심하오."

이때 주위가 웅성거렸다. 월궁과 름군의 행동을 수상히 여긴 하백이 명을 내린 것이다. 월궁은 름군을 재촉했다.

"낭군, 어서 떠나요. 더 늦으면 잡히고 말 거예요. 어서요……."

월궁은 름군의 등을 떠밀었다. 궁 남쪽에서 부추 장군이 군사를 이끌고 달려왔다. 할 수 없이 름군은 발길을 돌렸다.

"월궁, 기다리시오. 꼭 돌아오겠소."

"낭군, 조심하세요."

름군은 재빨리 북쪽을 향해 치달렸다. 우물가에 이르러 훌쩍 말에 오르자 부추가 부하들과 함께 달려와 앞을 가로막았다.

"름군, 어디를 가려는가. 네가 갈 곳은 황천이니 염라대왕이 널 기다리고 있을 게다."

"부추 장군, 내 칼이 인정을 모른다 원망치 말라. 이는 모두 그대가 자초한 일이니까."

름군은 용광검을 빼어 행화춘우의 꽃비를 뿌렸다. 살구꽃이 만발하여 비바람에 흩어지듯 붉은 검광이 부추와 군사들에게 폭사되었다. 부추가 화끈한 기운이 왼쪽 어깨를 스치는 것을 느끼는 순간 병사들이 피를 뿜으며 고꾸라졌다.

름군은 부추와 병사들을 공격하다 재빨리 말머리를 돌렸다. 병사들이 사방에서 몰려들고 있었기 때문이다. 북쪽으로 한참 달려가자 골짜기에 큰 징소리가 울리며 하백이 말을 타고 달려 나왔다. 진퇴양난이었다. 달아날 길이 보이지 않았다. 하백은 고함치며 달려왔다.

"네 어디로 달아날 테냐! 날개가 있어 하늘로 솟을 테냐!"

름군은 소리쳤다.

"하백이여, 장인이 사위를 죽이려 하니 이토록 불의한 일을 저지르고도 하늘이 두렵지 않소."

"개소리 마라. 내 이번엔 네 목을 베어 전일의 치욕을 씻으련다."

하백은 황금쌍부를 휘두르며 군사들을 휘몰아 달려들었다. 름군은 하백과 부추를 피해 동쪽 산기슭으로 말머리를 돌렸다. 하백과 부추가 합세하여 바짝 뒤를 따랐다. 름군이 앞을 보니 길이 끊어져 달아날 곳이 없었다.

'아! 이곳에 내가 뼈를 묻어야 하는가…….'

름군이 탄식하고 있을 때 하백과 부추의 후진에서 고함 소리와 함께 싸우는 소리가 들렸다. 름군을 추격하던 하백과 부추가 말머리를 돌려 달아나고 있었다.

"파족 군사들이다. 후퇴하라!"

하백과 부추가 달아난 뒤에 보니 팔대뇌공 중 치뢰가 백여 기의 병사들을 이끌고 달려왔다.

"름군 폐하, 무사하셨군요."

름군은 치뢰가 반가워 마주 달렸다.

"치뢰공이 어찌 알고 이곳에서 나를 구하는가?"

"제가 어찌 이럴 줄 알겠습니까. 폐하가 떠난 후에 염수노군이란 분이 오셔서 저더러 폐하를 구하라 하셨습니다. 염수노군께서 천문을 보니 태백금성(太白金星)이 역행하여 두우성 곧 북두성(北斗星)과 견우성(牽牛星) 사이를 범했으니 폐하가 위험하다 하셔서 그때 제가 이곳으로 와 기다리고 있었습니다. 빨리 후퇴하십시다."

"음, 염수노군께서 또 나를 도우셨구나. 어쨌든 빨리 이곳을 피하자."

이때 치뢰의 공격에 당황하여 물러갔던 하백과 부추는 치뢰의 군사가 소수인 것을 알고 다시 전열을 정비하여 달려들었다. 름군과 치뢰의 군사들은 재빨리 달아나기 시작했다. 치뢰는 달아나면서 강궁에 화살을 매어 힘껏 쏘았다.

"으악!"

치뢰의 화살이 맨 앞에서 달려오던 부추의 가슴을 꿰뚫었다. 부추가 화살을 맞고 거꾸러지자 염국 군사들은 주춤하며 감히 추격해 오질 못했다. 름군과 치뢰의 군사들은 홍개호 북쪽을 달리다가 다시 동쪽으로 돌아 천반역장선이 주둔하고 있는 오소리강으로 달려갔다.

어부 임금 름군이 천반역장선에 돌아온 이튿날은 날씨가 좋지 않았다. 새벽부터 이슬비가 내리고 바람이 선들선들 불더니 끝내 소나기로 변했다.

소나기는 강과 산천을 뒤덮으며 10장거리 앞이 보이지 않을 정도로 쏟아졌다. 이때 천반역장선의 제일 바깥쪽에 있던 대뢰의 배를 향해 열 척의 적선이 습격을 해 왔다.

"적이다!"

병사들의 외침을 듣고 대뢰가 바라보자 습격해 온 적병의 꼴이 가소로웠다.

"흥! 저 꼴로 감히 누구를 습격하겠다는 것인가."

양편 군대가 우중에 서로 화살을 날리며 교전하다가 급기야 하백 쪽의 배들이 서서히 달아나기 시작했다. 후미의 배들은 벗나무 원목을 칡넝쿨로 엮어 만든 뗏배였다. 때문에 속도가 느렸다.

"저놈들을 쫓아 짓밟아 버려라."

대뢰는 름군에게 보고도 없이 적을 쫓아 추격했다. 스무 명의 노군이 일사분란하게 노를 젓는 천반역장선이 금세 뗏배의 뒤를 추격하여 갑사들로 하여 화살을 쏘게 했다. 그러자 뗏배에 탄 적병들이 순식간에 시살되어 물고기밥이 되었다.

그런데 열 척의 적선 가운데 남은 다섯 척의 배는 비록 배는 작았으나 빠르기가 천반역장선에 뒤지지 않아 좀처럼 거리가 좁혀지지 않았다.

"뭣들 하느냐! 빨리 노를 저어 놈들을 쫓아라."

한참 승세를 타고 적선을 쫓아 홍개호의 입구 좁은 골짜기로 들어섰을 때였다.

큰 뿔나팔 소리가 들리며 호수 안쪽에 숨었던 적선들이 쏟아져 나왔다. 적선은 천반역장선처럼 큰 배 열 척과 중간 배 삼십여 척으로 포위망을 좁혀 왔다.

게다가 양쪽 골짜기에 매복하였던 적병들이 화살을 쏘고 돌을 던졌다.

삽시간에 공격을 당한 대뢰와 병사들은 당황하여 제대로 대응을 못하고 쓰러져 갔다. 이 와중에 화살이 날아와 대뢰의 왼쪽 눈에 꽂혔다.

"대뢰공이 화살에 맞았다."

소리치는 병사를 대뢰는 꾸짖었다.

"조용히 해, 이 멍청아!"

대뢰는 왼쪽 눈에 박힌 화살을 확 잡아 뽑아냈다. 그 바람에 눈알이 튀어나와 한쪽 눈을 잃고 말았다. 그러나 기운을 잃지 않고 명을 내렸다.

"빨리 퇴각하라. 당황하지 말고 쫓아오는 적을 방어하며 퇴각토록 하라."

대뢰의 퇴각을 눈치챈 하백의 병선들이 일제히 추격하며 화살을 쏘아댔다. 대뢰의 군병들은 자꾸만 쓰러져 벌써 절반의 사상자를 내고 있었다.

이때 대뢰의 귓가에 북소리가 일었다.

대뢰가 바라보니 름군이 천반역장선을 몰고 빗줄기를 뚫고 나타났다.

름군의 대군이 나타나자 하백의 군선들도 더 이상 추격치 않아 대뢰는 간신히 추격을 벗어날 수 있었다.

"죄송하옵니다, 폐하! 제가 적을 가벼이 보고 덤벼 군사를 많이 잃었습니다. 벌을 내려 주소서."

대뢰는 참괴한 모습으로 름군에게 스스로 처벌을 청했다. 그러나 름군은 대뢰의 어깨를 감싸안으며 일으켰다.

"대뢰공! 싸움에는 승패가 항상 있게 마련이네. 괘념치 말고 눈을 치료하여 다음 대전에는 더욱 큰 공으로 갚으시오."

• 뇌 공

대뢰는 름군의 포용에 감사하며 물러났다.

름군은 전 파족의 군병을 모아 맹세의 말을 했다.

"병사들이여! 팔대뇌공들이여! 오늘 우리는 하백과 싸우러 온 것이 아니었다. 그와 혼약하여 일가가 됨으로써 영구히 화평을 도모하려 했으나 하백은 과인을 기만하여 죽이려 하였으며 몰래 소나기가 내리는 악천후를 기회로 우리의 천반역장선을 습격했다.

하백은 교활하고 패덕하여 이미 염국 백성들의 원성 또한 높으니 이는 이미 하늘에 죄를 지은 것이다.

과인이 염국을 정벌함은 하늘을 대신하여 불의를 응징하려는 것이니 어찌 상천(上天)과 마고대성(麻姑大聖)이 돕지 않겠는가.

병사와 장수는 일어서서 이제 적을 격멸하라! 천하의 정의를 위해 싸우자."

름군의 맹세에 파족의 군대는 크게 고무되었다. 이어서 군략회의를 열었다. 군략회의를 열자 비관적인 말을 하는 자들이 있었다. 뇌공들 중 열뢰가 말했다.

"폐하! 하백을 응징하신다 했는데 적은 우리보다 병력이 열 배나 많고 배와 수군 또한 우리보다 많으며, 이미 그들은 유리한 위치를 선점하여 지리적인 강점 또한 지니고 있습니다. 차라리 오늘은 이대로 물러갔다가 후일을 도모하는 게 어떻겠습니까?"

열뢰의 말에 흑뢰 또한 뜻을 같이했다.

"그렇습니다, 폐하! 적들은 오소리강의 상류에 있어 우리가 공격하려면 물살의 흐름을 타고 재빨리 반격하니 우리에게 불리합니다. 게다가 산과 강에 포진하여 입술과 이빨처럼 호응하고 있으니 이를 물리치고 홍개호로 진입하기조차 어렵고 많은 희생을 각오해야 할 것입니다. 게다가 적의 병선이 천반역장선보다 크기와 병선의 정예함이 떨어진다 하나 워낙 중과부적이니 이를 능히 당하기 어렵습니다. 위험을 무릅쓰고 싸우느니 후일을 도모함이 좋을 것 같습니다."

열뢰와 흑뢰의 말에 뇌공들은 술렁거리기 시작했다. 이때 치뢰가 나섰다.

"모두 옳으신 말씀이오나 름군께서는 이미 염국을 정벌할 것을 선언하셨으니 달리 다른 말을 해서 군심을 어지럽혀서는 안 될 것입니다. 적이 강하면 계략을 세워 기책으로 섬멸하도록 방책을 세워야 할 것입니다."

치뢰의 충성스러운 말을 듣자 그제야 름군이 말했다.

"옳도다. 그대들 열뢰와 흑뢰의 말이나 치뢰의 말이 모두 옳도다. 그러나 과인은 이미 적을 섬멸토록 결의를 다졌노라. 이제부터 명에 따라 행하라.

먼저 그대들은 병사들을 풀어 크고 작은 짐승들을 잡아라. 들쥐도 좋고 너구리도 좋다. 그리고 관솔이나 어유 등불에 잘 탈 것도 준비토록 하라. 강한 적에는 화공이 좋을 것이다."

름군의 이와 같은 말에도 아직 납득을 못하고 있었다. 름군이 말을 이었다.

"우리는 천반역장선을 떠나 하백궁의 뒷산을 넘어 공격할 것이다. 지금부터 짐승을 잡고 밤중에 행군하여 해 뜨기 전에 하백의 본거지 궁을 점령할 것이다. 적의 병력이 우세하다 하나 지금은 강과 산 그리고 궁에 분산되어 있어 하백의 궁에는 그리 많은 병사들이 지키지 못할 것이다. 궁을 먼저 점령하고 나라를 뺏은 후 적을 격멸하리라.

그러기 위해선 적을 속여야 한다. 모닥불을 더욱 밝히고 북을 쳐서 아군이 모두 천반역장선에 머물러 있는 듯이 보여야 한다. 제장들은 모두 실행토록 하라."

름군은 비 개인 들판에 병사들을 풀어 짐승들을 잡아 오게 했다. 비가 온 후라 짐승들이 많지 않았으나 많은 병사들을 동원하여 그물을 써서 해질녘에는 꽤 많은 짐승을 생포할 수 있었다.

모닥불을 배로 증가시키고 북소리를 계속 울리게 해 놓고 름군은 군사를 몰아 치뢰가 잠복했던 하백 궁의 북쪽 산허리를 향해 어두운 길을 행군했다.

름군의 대군은 자정이 되기 전에 이미 하백 궁의 뒤편에 진군할 수 있었다. 아직도 적들은 눈치채지 못하는 것 같았다.

름군은 병사들을 쉬게 했다가 아직 새벽이 다가오기 전 하백 궁을 향해 진격을 시작했다. 궁과 마을들이 한눈에 들어올 만큼 지척 거리에 이르자 생포한 짐승들의 꼬리에 헝겁을 매달고 헝겁에 불을 붙였다.

짐승들은 꼬리에 불이 붙자 놀라서 천지사방으로 흩어졌다. 수백 마리의 짐승들이 도처에 불을 붙였다. 병사들 또한 말을 달리며 곳곳에 불을 지르기 시작했다.

"불이야!"

곳곳에 번지는 불길을 보고 염국의 군병들이 고함을 지를 땐 이미 하백 궁과 민가들이 불길에 휩싸여 있었다.

미처 잠이 깨지 못한 가운데 허둥지둥 불길을 피하고 있을 때 름군은 군대를 몰아 하백 궁을 짓쳐 들었다.

예상대로 하백 궁에는 하백뿐 아니라 주력의 군대가 없어 쉽게 점령할 수 있었다.

름군은 불타는 하백 궁을 스쳐 하백이 주둔하고 있는 홍개호의 호리병처럼 생긴 입구로 달려갔다.

때마침 하백이 궁전과 읍성이 불타는 것을 보고 놀라 허겁지겁 몇 명의 수하들만 데리고 돌아오다 름군이 거느린 대병들과 마주쳤다.

"아니! 저놈들은 어부 름군이 아닌가. 어떻게 저놈이……."

름군은 하백을 보자 소리쳤다.

"잘 만났다, 하백! 저번에 귀하가 친절히 대해 주었으니 이번에는 내 차례군. 자, 사양 말고 행화춘우 일검을 받아 보시지."

름군은 용광검을 빼들고 달려들었다. 하백은 당황하여 황금쌍부를 쳐들고 막으려 했지만 륵군의 솜씨가 너무 빨라 손도 못 써 보고 심장에 칼을 맞고 말았다.

"이렇게, 당하고 말다니……, 분하다."

하백은 한마디 말과 함께 거꾸로 땅에 머리를 찧었다. 하백이 쓰러지자 염국의 병사들이 줄줄이 창검을 내던지고 항복했다.

그날이 다 가지 않아서 염국은 안정을 되찾고 있었다. 그것은 륵군이 내린 군령이 워낙 엄격했기 때문이었다.

륵군은 하백 궁을 치기 전에 병사들에게 우렁차고 태산처럼 무거운 군령을 외쳤다.

"모든 병사들과 뇌공들은 들어라. 우리가 염국을 치는 것은 그들을 죽이기 위한 것이 아니라 천하의 일가가 되기 위한 것이니 세 가지 군령을 내리니 명심하라.

첫째, 무기를 버리고 항복을 표시한 자를 죽여서는 안된다. 남녀노소를 막론하고 항복한 자는 보호하여 새로운 나라의 백성으로 삼을 것이니 만일 항복한 자를 벤다면 지위고하를 막론하고 과인이 친히 목을 베리라.

둘째는 부녀자를 능욕하거나 희롱한 자는 결코 용서치 않겠다. 이를 어긴다면 우리의 군은 천제의 군이 아니라 더러운 도둑떼가 될 뿐이다. 만일 이를 어기고 군의 명예를 더럽히는 자는 그 자신뿐 아니라 그 처족까지 종으로 삼으리라.

셋째는 관가든 민가든 재물이나 목축이나 그 어느 것도 약탈해서는 안된다. 이 군령을 어긴 자 또한 종으로 삼겠다.

이 세 가지 군령을 지켜 승리를 거둔다면 그대들에게 흡족한 상을 내릴 것이다."

이러한 말과 함께 륵군은 자기가 타고 있던 백마의 긴 갈기를 베어 높이 쳐들었다.

"여기 과인의 애마 갈기를 베어 상천(上天)과 마고신성께 맹세하노니 세 가지 군령을 어기는 자는 과인의 적이 된다. 군령을 어겨 과인이 무정타 원망 말라."

름군이 이와 같이 엄중한 군령을 내린 터에 어느 누가 감히 군령을 어길 생각을 하겠는가.

⑩
비운의 황비 월궁(月弓)

름군은 염국이 평정되자 월궁을 찾게 했다.

"어디 있는지 정중히 모시도록 하라. 그녀는 나와 혼인하였으니 황비로 받들어야 하느니라."

름군은 월궁에게 마음속으로 미안하게 생각하고 있었다. 경위야 어쨌든간에 름군은 그녀의 아버지 하백을 죽이지 않았던가. 게다가 나라를 빼앗고 점령했으니 그녀의 마음이 얼마나 혼란스러웠겠는가.

름군은 월궁을 만나 흉금을 털어놓고 마음을 다해 그녀를 위로하고 싶었다. 며칠 동안 생사의 고빗길을 넘으며 그리워했던 정한을 쏟아놓고 싶었다.

치뢰공이 급히 름군을 찾아와 보고했다.

"월궁 황후께서는 지금 처소에 계십니다만 어쩐 일인지 저뿐 아니라 어느 누구도 만나고 싶지 않다면서 문을 잠그고 열어 주지 않는다 하옵니다."

"알겠소, 치뢰공! 과인이 친히 월궁 황후를 만날 것이니 앞장서시오."

름군은 치뢰의 말을 듣자 월궁의 마음을 짐작했다.

'그래, 그럴 것이다. 부왕을 죽인 터에 나라마저 빼앗았으니 과인이 원망스러울 것이다. 하지만 이 모든 것도 따지고 보면 그녀를 사랑하기 때문이 아니겠는가. 그녀가 과인의 사랑을 깨닫는다면 결코 원망치 않으리라.'

름군은 혼잣말을 하며 치뢰를 앞세우고 월궁의 처소로 갔다. 월궁의 처소는 여러 개의 궁실이 불타 있어 흉물스러웠다.

'아니, 월궁의 처소가 이렇게 처참해지다니……. 급히 신궁(新宮)을 지어 월궁을 위로해야겠다.'

또다시 혼잣말을 하며 름군은 한쪽 구석의 채 불타지 않은 월궁의 처소로 다가가 부드럽게 말했다.

"월궁, 내가 왔소. 문을 여시오."

름군의 말에 안에서 여인의 흐느끼는 소리가 들렸다. 그러나 여전히 문은 열리지 않았다. 름군은 목소리를 조금 크게 했다.

"월궁, 그대를 사모하는 마음으로 이렇게 한달음에 달려왔건만 그대는 어찌하여 얼굴조차 보이려 하지 않는 게요?"

름군이 안타깝게 말을 하자 그제야 흐느끼는 울음을 그치고 결연히 말했다.

"여기에 월궁은 없습니다. 월궁은 죽었답니다. 름군께서는 돌아가소서."

이 말을 듣자 름군은 더욱 월궁의 모습이 보고 싶었다. 월궁이 자기를 원망하고 있는 듯했기 때문이다.

"월궁, 그대의 음성을 들어 보니 그리운 정이 새롭구려. 어서 문을 여시오. 그대가 과인을 원망하는 마음을 모르지 않으나 이 모든 것이 그대를 사모하는 까닭이었소. 부왕을 해친 것은 부득이한 것이니 부디 마음을 풀고 파족과 염족이 마음을 하나로 하여 평화로운 세상을 만들도록 월궁이 도와주시오."

이 말에 월궁은 서러움이 북받치는지 다시 울음을 터뜨렸다. 한참 후 월궁이 조용히 말했다.

"사랑하는 낭군님, 그 일 때문이 아니옵니다. 만일 저를 사랑하는 마음이 조금이나마 남아 있다면 제발 이대로 혼자 있게 해 주시고 발길을 돌려 주세요."

월궁의 한마디 한마디는 슬픔이 가득 배어 있어 흠군의 마음에 아릿하게 다가왔다. 그러기에 더욱 물러설 수 없었다.

"도대체 왜 그러는 게요? 과인이 그대의 얼굴을 볼 수 없다면 천하를 얻은들 무슨 보람이 있겠소. 과인을 이해하는 마음이 조금이라도 있다면 얼굴을 맞대고 변명할 기회를 줘야 하지 않겠소."

"낭군님, 제발 제 마음을 괴롭히지 말고 돌아가소서. 제 진정을 다하여 부탁드립니다."

월궁은 애원하고 있었다. 하지만 흠군 또한 이대로 돌아설 수는 없었다. 지금 이대로 물러서면 월궁의 마음에 원망이 그대로 남을 것이며 월궁이 자기를 원망한다면 생각도 못할 무서운 일이었다. 사랑하는 여인이 그토록 원망할 만큼 흠군은 잘못한 것일까? 흠군은 다시 말했다.

"월궁, 그대의 웃는 얼굴을 보지 않곤 한시도 마음을 편히 할 수가 없소. 그대가 정히 고집을 부린다면 문을 부수고라도 열 수밖에 없소."

흠군은 치뢰에게 문을 부수라고 명했다. 그러자 다급하게 월궁이 소리쳤다.

"잠깐, 기어코 낭군께서 제 부끄러운 모습을 보기 원하신다면 제가 문을 열겠어요."

체념한 듯한 월궁의 음성이 들리더니 문이 열렸다.

어두운 방안에 횃불을 들고 들어선 름군은 깜짝 놀라 '악' 하고 비명을 질렀다.

그토록 아름답던 월궁은 어디 가고 괴녀 한 사람이 그 자리에서 있었다. 그녀는 사람이라기엔 너무나 흉칙한 괴물이었다. 얼굴과 온몸이 불에 타서 일그러지고 진물이 흘러내려 꿈에라도 보일까 무서운 모습이었다.

"그대가, 그대가 진정 월궁이란 말인가?"

름군은 너무나 놀라 말이 잘 나오지 않았다.

"왜 좀더 일찍 오셔서 구해 주시지 않으셨나요. 이미 저는 황천의 샘물을 마셔 불귀객이 될 터인데 기어이 당신이 제 부끄러움을 보고 말았군요."(吾夫君尊 何來之晩也 吾已滄泉 竈矣.)

흉물스런 얼굴이었다. 월궁은 그 모습을 한 채 하염없이 눈물을 흘리고 있었다.

"도대체 어찌 된 일이오?"

름군은 너무 놀라 후들후들 떨며 억지로 말했다.

"낭군이 달아나던 날, 부왕께서는 제 처소에 문을 잠그고 밖으로 나오지 못하게 감금하셨답니다. 그런데 오늘 아침에 불길이 일어났어요. 아무리 발버둥을 쳤지만 문을 열 수가 없었답니다. 시녀들이 저를 구해 주었을 때 이미 저는 이렇게 흉한 추물이 되어 버렸답니다."

름군은 너무 놀라 입을 다물지 못했다.

"아! 다 내 잘못이다. 내가 화공을 명령하지 않았다면 이런 일이 생기지 않았을 것을……."

름군은 '악' 하고 고함을 지르며 터질 듯한 가슴을 싸안고 밖으로 뛰어 나갔다. 치뢰 또한 이 처절한 광경을 지켜보며 슬픔에 빠져 있다가 름군의 뒤를 따랐다.

《일본서기》는 이 월궁을 이장낙존(伊奘諾尊)이라 하며 이후 이렇게 기록했다.

'뇌공 등이 뒤따라 일어나 달려나갔다. 그때 길가에 큰 복숭아나무가 있었는데 죽은 이장낙존(월궁)이 그 나무 아래 숨어 그 열매를 따 먹고 살았다.'(雷等皆起追來 時道邊有大桃樹 故伊奘諾尊 隱其樹下 因採其實.)

《일본서기》는 귀신을 쫓기 위해 복숭아 나무를 심었다지만 복숭아는 화상에 특효가 있는 까닭에 월궁은 시녀들에게 복숭아를 궁 안팎에 심게 하고 복숭아 나무 숲으로 타인의 접근을 막고 은거하여 외롭게 살고 있었다.

고독한 여인, 지척에 그토록 목숨을 아끼지 않을 만큼 사랑했고 사랑하는 사람이 있건만 찾아갈 수도 오라 할 수도 없는 여인이었다.

여자에게 생명이라 할 수 있는 얼굴이 참혹한 모습으로 변했으니 어찌 사랑하는 임 앞에 나설 수 있겠는가.

월궁은 지난날 어부 임금과 만났던 사연들과 정다웠던 날들이 떠오를 때마다 눈물을 멈출 수가 없었다.

"이게 꿈이라면 좋으련만……. 하늘은 어찌하여 저에게 이런 가혹한 형벌을 내리시나이까."

직사무한(直死無恨), 누군가 '바로 죽으면 원도 한도 없다' 했던가. 그러나 월궁의 한은 죽어도 오히려 가슴에 서리서리 한이 맺힐 뿐이었다.

소년과 소녀로 만나 첫사랑을 나누고 부왕의 반대와 죽음을 무릅쓰고 살을 베어 먹인대도 아까울 게 없을 만큼 사랑했던 사람, 그 사람으로 인해 아버지를 잃고 나라를 잃고 여인의 아름다움을 잃어버린 채 남이 볼까 두려워 피해 살아야 하는 여인의 한…….

월궁은 낮이면 남이 볼까 두려워 숨고 밤이 되면 떠오르는 달을 보며 하염없이 울었다. 그 달이 사랑하는 임 어부씨 름군의 웃는 얼굴로 변하는 것은 무슨 까닭일까.

이 슬픈 여인을 울릴 또 하나의 일이 마침내 그녀의 귀에 들어왔다. 그것은 름군의 혼인이었다.

"마마, 름군께선 새 나라를 세우시고 이곳을 이성(夷城)이라 했답니다. 그리고 신하들의 권유로 새 황후와 혼인을 하신답니다."

시녀의 말을 들은 월궁은 숨이 막힐 듯 슬픔이 끓어올랐다. 예상치 못한 바는 아니었지만 이젠 정말로 사랑하는 사람으로부터 버림을 받은 것이었다.

"도대체 그게 사실이란 말이냐?"

후들후들 떨리는 다리로 간신히 버티고 선 월궁은 이제는 말랐으려니 했던 눈물이 또다시 하염없이 쏟아져 내렸다. 이젠 살아갈 용기가 나지 않았다. 낙이 없었다.

'죽으리라. 혀를 깨물고 죽든 목을 매고 죽든, 죽어 임의 한 방울 눈물이라도 받을 수 있다면 내 생애 마지막 선물이 되리라.'

이런 생각을 하던 월궁은 문득 시녀에게 물었다.

"그래, 누구와 혼인을 한다더냐?"

누구와 혼인을 한들 무슨 상관이 있으랴만 월궁은 죽더라도 그것을 알고 죽고 싶었다.

시녀는 월궁의 눈치를 살피며 입을 열었다.

"마마, 름군께서는 마마의 동생이신 훤궁마마와 혼인하신답니다. 또 막내 공주님 위궁은 팔대뇌공 중에서 으뜸이 되는 대뢰공과 혼인한다 하옵니다."

"그래, 그렇게 됐구나."

월궁은 입에서 신물이 솟아 왔다. 뱃속이 싸르르 쓰려 왔다. 자랄 때 계모와 이복동생들로부터 남모르는 설움을 겪어 왔던 그녀였다. 그런데 이제 사랑하는 사람마저 빼앗기고 만 것이었다. 월궁은 얼굴도 모르는 어머니가 원망스러웠다.

"어머니만 오래 살아 계셨다면 오늘 이렇게 되지는 않았을 텐데……."

월궁은 입술을 깨물었다.

"아! 죽기 전에 혼인날 입을 신부의 의상은 내 손으로 만들어 선물해야겠다. 훤궁은 바로 나를 대신하여 름군과 혼인하는 것이니까."

월궁은 시녀에게 베틀을 준비하라 일렀다. 혼인날까지 사흘밖에

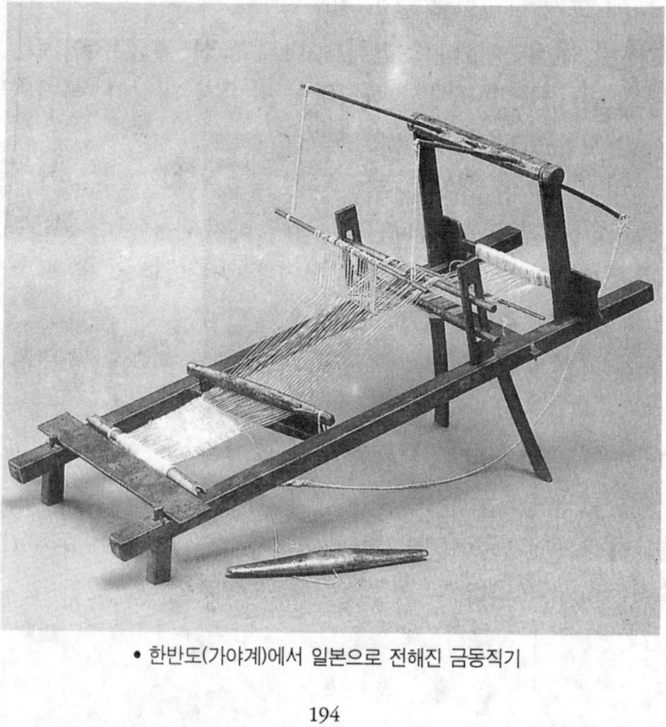

• 한반도(가야계)에서 일본으로 전해진 금동직기

남지 않아 밤잠을 자지 않고 만든다 해도 빠듯한 시간이었다.

월궁은 아픈 몸을 간신히 가누며 베틀 위에 올라 한 올 한 올 비단을 짜기 시작했다. 온몸이 쓰려 오고 눈이 따갑고 잠이 쏟아졌지만 바늘로 허벅지를 찔러 가며 옷감을 짜 나갔다.

월궁은 그 옷을 혼례 전날 간신히 끝마칠 수 있었다. 시녀들을 시켜 이복동생 훤궁 공주에게 전했다.

《삼국유사》에서는 월궁을 선도성모(仙桃聖母)라 했으며 경주 서연산에 여신(女神)으로 모셔졌다 한다. 선도성모 월궁은 분명히 우리 민족의 어머니였다고 《삼국유사》는 전하고 있다. 신라의 시조 박혁거세 왕은 선도성모의 자손이라 기록하고 있는데 이 선도성모가 비단을 짰다.

그 내용은 이러하다.

서악 서연산에 와서 산 지 몇십 년인가.
하늘나라 신선〔天仙〕을 불러 아름다운
비단옷(霓裳, 예상)을 짜게 했네.
장생술도 영이함이 없지 않았는데
금빛옷 신선(神仙, 름군)을 옥황상제가 되게 했네.

來宅西鳶 幾十霜
招呼帝子 織霓裳.
長生未必 無生異
故謁金仙 作玉皇.

혼인날 훤궁 공주의 혼례복을 보고 사람들은 모두 깜짝 놀랐다. 그 옷은 사람이 짠 옷이라 믿기 어려울 정도로 아름다운 옷이었다. 그 중에서도 가장 놀란 것은 릅군이었다.

훤궁 공주의 옷이 바로 자신이 월궁에게 혼약의 선물로 주었던 청사와 홍사로 짠 것임을 깨달았기 때문이었다.

"아! 이 옷은 월궁의 눈물과 한이 섞인 옷이로구나."

릅군은 경사스러운 혼례의 날임에도 눈물을 머금지 않을 수 없었다. 그러나 혼례는 차질없이 진행되었고 파족과 염족은 이번 혼례로 일가이면서 한 나라를 이뤘다는 기쁨과 흥겨운 잔치로 웃음과 노래 소리가 궁 안팎에 가득히 퍼져 나갔다.

반면 아무도 찾지 않는 궁전의 한 후미진 곳에서는 피눈물이 흐르고 있었다. 이미 구월의 찬바람 속에 만주 흥개호엔 단풍이 지고 있었다.

복사꽃도 복숭아나 잎새마저 떨어져 앙상한 뼈대만을 드러내고 있는 월궁의 처소였다.

월궁은 눈을 감고 궁궐 담을 넘어 들려 오는 음악 소리를 듣고 있었다. 눈을 감으면 그녀 자신이 바로 신부가 되어 있었다.

아름다운 혼례복을 입고 릅군과 나란히 서서 혼례를 치르는 자신의 모습이 그대로 재현되었다. 월궁은 릅군과 함께 신하들의 하례를 받으며 빙그레 웃었다. 아니 분명 웃고 있는데 그 눈에서 눈물이 고이고 있었다.

'이젠 정말 죽어야겠다.'

돌이켜보면 한많은 여인의 일생이었다.

그 일생의 마침표를 아직은 청춘의 불씨가 꺼지지 않은 날에 찍어야 한다는 게 아쉬울 뿐이었다.

월궁은 지그시 혀를 깨물었다. 찝찔한 피냄새가 목젖을 넘기도 전이었다.

"웩."

가슴이 울렁거리고 속이 메슥거려 견딜 수가 없어 연거푸 네댓 번의 토악질을 해댔다.

겨우 복숭아즙만을 먹고 살아온 지 벌써 두 달이 넘었는데 무슨 까닭에 토악질을 한단 말인가.

한이 많아서 살기도 어렵거니와 죽기도 어렵단 말인가.

바짝 마른 등을 시녀가 달려와 두드려 주었다. 시녀는 월궁의 눈치를 살피며 말했다.

"혹시 회임(임신)하신 것이 아니옵니까?"

시녀의 말을 듣고 월궁은 깜짝 놀랐다.

"무엇이라고? 회임?"

월궁은 눈을 동그랗게 뜨고 되물었다.

"예, 마마. 구토하시는 모습이 회임한 듯하옵니다. 생각해 보옵소서. 큼군께서 마마와 혼례를 이룬 지 이제 석 달째이옵니다."

그랬다. 벌써 두 달째 한 달에 한 번 여인에게 당연히 있어야 할 생리 현상이 없었던 것이다. 너무나 경황이 없어 잊고 있었는데 그것은 엄연한 사실이었다.

"아니, 만일 나에게 그의 아들이 태어난다면……."

월궁은 갑자기 온몸에 힘이 솟았다.

"아들이 아니어도 좋다. 새 생명, 그것도 사랑하는 임의 씨앗이 내 뱃속에 싹을 틔우고 있다면……."

월궁은 자기의 배를 가만히 만져 보았다. 아직은 별 느낌이 없었다. 하지만 생각 탓인지 무엇인가가 느껴지는 것 같기도 했다. 월궁은 자신도 모르게 가만히 두 손을 모았다.

"천지신명이시여, 이 한많은 여인을 도와주소서. 죽더라도 새 생명만은 낳게 해 주소서."

이때부터 월궁은 투병에 전념했다. 복숭아를 더욱 열심히 먹고 그 즙액과 씨를 갈아 피부에 발랐다.

"죽을 가져오너라. 아침에 끓였다는 죽 말이다. 그걸 가져오너라."

월궁은 아득했지만 영롱한 한 줄기 빛을 찾아 매달렸다.

아침에 시녀가 상을 가져왔으나 한 술도 뜨지 않은 채 물린 상이 급히 차려져 왔다. 죽이 이미 풀어져 있었으나 월궁은 급한 듯이 물처럼 풀어진 죽을 연신 떠 넘겼다.

'그대에게 우리의 아이를 남기고 싶어요.'

월궁은 마치 눈앞에 름군이 서 있기라도 하듯 벌써 두 공기의 죽을 떠 먹으며 혼잣말을 하고 있었다.

월궁은 벌써 가슴에 어린아이를 품어 안은 듯 가슴이 뿌듯했다.

'아이의 유모는 누구로 하지? 만일 사내 아이라면 씩씩하게 키우지 않으면 안되겠는데……. 무예를 가르쳐 줄 훌륭한 스승도 필요해.'

월궁은 자신의 외할아버지 염수노군의 모습을 그려 보다 머리를 저었다.

'그분은 나이가 많아서 내 아들을 가르쳐 줄 수 없어.'

혼잣말을 하던 월궁에게 시녀가 세번째 죽 공기를 내밀자 깜짝 놀라 고개를 저었다.

"이만 됐으니 상을 물려라."

하루 한 그릇도 먹지 않던 월궁이 두 공기의 죽을 먹기는 두 달 만에 처음 있는 일이었다. 죽을 먹은 탓인지 얼굴에 조금은 혈색이 도는 듯했다.

강물이 흐르듯 세월이 가자 월궁의 배가 조금씩 달라져 갔다. 이젠 건강도 차도를 보이는 듯했다.

세상만사가 마음먹기 나름인가. 월궁은 낙엽 지는 가을 밤 달무리가 곱게 퍼지고 촉직(促織, 귀뚜라미) 소리가 아무리 요란해도 독수공방의 한숨을 내쉬진 않았다. 그녀의 뱃속에 사랑의 생명이 자라고 있었기 때문이었다. 그토록 눈물 젖던 베갯머리도 조금은 덜 축축해졌다. 마침내 엄동설한의 모진 광풍도 한풀 꺾이고 얼음장 밑에 물 흐르는 소리가 조금씩 커지고 있었다.

"아, 배가 아파."

온몸을 찢어낼 듯한 산고의 진통에 월궁은 이를 악물었다. 온몸에는 진땀이 흘렀다. 점심때 시작된 진통이 밤을 꼬박 새우고 새벽녘까지 이어졌다.

뼈가 물러나고 살을 찢는 듯한 고통이었다.

"어머니!"

월궁은 얼굴 한번 본 적 없는 어머니를 불렀다. 화상으로 온몸의 기력이 다한데다 죽만으로 버텨 온 육체가 이미 한계를 넘고 있었다. 시녀들은 월궁의 모습이 안타까워 얼굴을 돌리고 말했다.

"마마, 조금만, 조금만 더 힘을 내소서. 아기가 나오고 있습니다."

"아기?"

"그래, 아기만 낳을 수 있다면 죽더라도……."

월궁의 눈빛이 이상한 광채를 띠고 있어 시녀들은 일순 섬뜩했다. 뼈만 남은 월궁의 몸 어디에 그런 힘이 숨어 있었던가.

참나무 기둥을 부여잡은 월궁이 죽을 힘을 다하자 한 생명이 월궁의 몸을 벌리고 나왔다.

"응애!"

울음 소리가 그다지 우렁차지 못했다. 아이는 거머리처럼 말라 있었다.

《일본서기》는 이 아이를 질아(蛭兒)라 했다. 거머리처럼 바짝 마른 아이라는 뜻이다. 비록 바짝 마르긴 했어도 사내아이였다. 시녀는 정신을 잃고 있는 월궁을 흔들었다.

"마마, 보시옵소서, 왕자님이십니다."

"오! 왕자였더냐? 어디 나 좀 일으켜 다오. 아니 잠깐 내 머리를 먼저 빗겨다오. 비록 몰골이 이렇지만 어미와 자식의 첫대면인데 몸가짐이라도 반듯해야 할 테니까."

시녀들이 월궁의 머리를 빗겨 주었다. 월궁은 기력이 살아난 듯했고 건강 또한 회복한 듯했다. 마침내 갓난 아들을 품에 안은 월궁의 눈에서는 눈물이 주르르 흘러내렸다.

"아가야! 네 이름은 가우돌지(軻遇突智)란다. 네 아버지 어부 릅군과 나는 정말 우연히 염수 바닷가에서 처음 만났을 때부터 사랑을 느꼈고 지금 이 순간까지 네 아버지를 사랑한단다. 비록 네 아버지가 네가 태어났는지 모른다 해도 너는 나 대신 아버지를 사랑해야 한다.

이 모든 것이 모두 어미가 못난 탓이니 어미를 원망하거라. 아! 핏덩이 어린 너를 두고 내가 어찌 눈을 감으란 말이냐."

월궁은 강보에 싸인 가우돌지의 얼굴을 뚫어져라 바라보고 있었다.

마치 아기의 모든 것을 눈에 담으려는 듯 안타까워하는 모습이었다.

"이리들 오너라."

월궁은 시녀들을 불러 자신의 머리에 꽂힌 옥비녀와 옥환(귀걸이)을 떼어 시녀들의 손에 쥐어 주었다.

"그 동안 너희들 수고가 많았구나. 그 수고에 무엇으로 보답할 수 있을까만 내게 지닌 것이 이것밖에 없으니 미안하구나. 그리고 이것은 이 아이가 크면 전해다오. 팔관경곡옥이란다. 부탁한다. 너희 두 사람이 가우돌지를 돌봐준다면 죽어 혼백이라도 너희들의 은혜를 잊지 않으마. 그대 두 사람은 내 절을 받아다오."

"마마, 당치 않사옵니다. 저희들이 어찌 마마께서 아끼시던 보물들을 받을 수 있으며 감히 마마의 절을 받을 수 있사오리까. 염려마소서. 저희들의 힘이 닿는 대로 왕자님을 지킬 것이옵니다."

"고맙구나. 그러나 그대들이 어미의 마음을 안다면……."

월궁은 목이 메이는지 말끝을 맺지 못했다. 시녀들도 월궁의 이 말에 역시 목이 메었다. 갓난 자식의 장래를 시녀들에게 맡기고 눈을 감아야 하는 월궁의 마음이 이해되었기 때문이다.

"부디 거절하지 말고 받아다오. 이게 내가 내 아들 가우돌지에게 어미로서 할 수 있는 단 하나뿐인 어미 노릇이다."

시녀는 월궁의 청을 뿌리칠 수가 없었다. 이미 월궁은 공주도 황후도 아닌 죽음을 앞두고 아들을 부탁하는 한 불쌍한 여인에 불과했다.

월궁은 후들거리는 몸을 일으켜 세 사람의 시녀들에게 차례로 절을 하며 "부탁한다"는 말을 잊지 않았다.

간신히 절을 마친 월궁은 다리가 비틀 꺾이는 듯하더니 풀썩 바닥에 쓰러졌다.

시녀들은 황급히 월궁을 부축하며 소리쳤다.

"마마, 정신 차리소서."

시녀들의 부축을 받는 월궁의 숨소리가 거칠어져 있었다.

"마마, 이젠 좀 자리에 누워 쉬시옵소서. 안색이 창백하옵니다."

시녀들이 월궁을 뉘자 월궁이 희미한 목소리로 말했다.

"아기를……, 아기를 안겨다오."

월궁은 시녀들이 가우돌지를 안겨 주자 안도하는 듯했다.

이때 연락을 받고 어부씨 름군이 달려왔다.

"월궁, 내가 왔소. 릅군이 왔단 말이오."

"아! 낭군께서 어쩐 일이셔요. 바쁘실텐데. 얘들아, 나를 좀 일으켜다오."

월궁이 시녀들에게 말하자 릅군이 월궁의 어깨를 싸안으며 만류했다.

"아니오. 그냥 누워 있어요. 왜 진작 알리지 않았소. 아이를 낳다니. 그 몸으로 이 무슨 미련한 짓이오?"

어부 릅군은 앙상하여 부서질 것만 같은 월궁을 바라보자 미치도록 안타까웠다. 생각할수록 불행한 월궁의 일생이 자기 탓으로 여겨졌기 때문이었다. 월궁은 가우돌지를 어부 릅군에게 내밀었다.

"낭군, 보소서. 당신의 아들이옵니다……."

릅군은 월궁이 내미는 갓난아이를 바라보자 목이 메었다. 바짝 마른 갓난아이를 보니 미운 생각이 들었다. 월궁은 이 아이를 내게 안겨 주려고 피를 말렸으리라.

"이 아이가 내 아들이란 말인가. 이 미련한 사람, 아들 하나를 얻기 위해 이토록 몸이 쇠약해지다니……. 월궁, 어서 기운을 차리시오. 앞으로는 내가 좀더 자주 찾아오리다."

월궁은 어부 릅군의 말에 희미한 미소를 지으며 말했다.

"낭군님, 저는 이미 돌이킬 수 없는 황천강을 건너 버렸답니다. 부디 소첩을 잊고 행복하소서. 이승에서 못다한 인연은 저승에서 맺으오리다."

이때 월궁이 가쁜 숨을 몰아쉬고 있었다. 눈에선 빛이 사라지고 있었다. 릅군은 다급히 소리치며 흐느꼈다.

"월궁, 그, 그대의 말대로 저승에서 못다한 정을……. 부디 나를 용서하오, 흐흑……."

마침내 월궁은 숨을 거두었다. 아직 소녀의 나이를 넘어서지 못한 꽃다운 18세에 생을 마쳤으니 비운의 황비였다. 어부 릅군은 월궁의 눈을 감겨 주며 하늘을 원망했다.

"하늘은 어찌하여 월궁을 내게 주었고 이제 또다시 빼앗아 가나이까. 그 뜻이 진정 무엇이옵니까……."

어부 릅군이 월궁을 안고 통곡을 터뜨리자 궁전 안이 온통 통곡의 바다를 이루었다. 이때 가우돌지의 울음 소리가 들렸다. 어부 릅군은 가우돌지가 못마땅해 소리쳤다.

"저 거머리 같은 녀석, 제 어미의 피살을 빨아먹고 태어난 저런 아들 내겐 필요없다. 갖다 버려라."

어부 릅군은 가우돌지를 갈대배에 태워 강물에 띄워 버리라고 명했다.

"꼴도 보기 싫구나. 당장 갖다 버려."

어부 릅군의 명령에 시녀들은 당황했다.

"폐하, 안 됩니다. 그러지 마옵소서. 이 아기는 월궁 황후님의 아기이니 폐하의 말씀을 듣는다면 지하에 계신 황후님께서 얼마나 애통하시겠습니까?"

시녀들의 말을 듣자 어부 릅군도 월궁을 생각하는 마음에 흔들렸다. 그러나 아기를 볼 때마다 더욱 괴로워 견딜 수 없어 급기야 시녀들에게 소리질렀다.

"그 아이는 버린 아이다. 난 그 아이를 모른다."

어부 릅군은 가우돌지를 외면하고 돌아가 버렸다. 그로부터 가우돌지는 시녀들의 보호를 받으며 자라게 되었다.

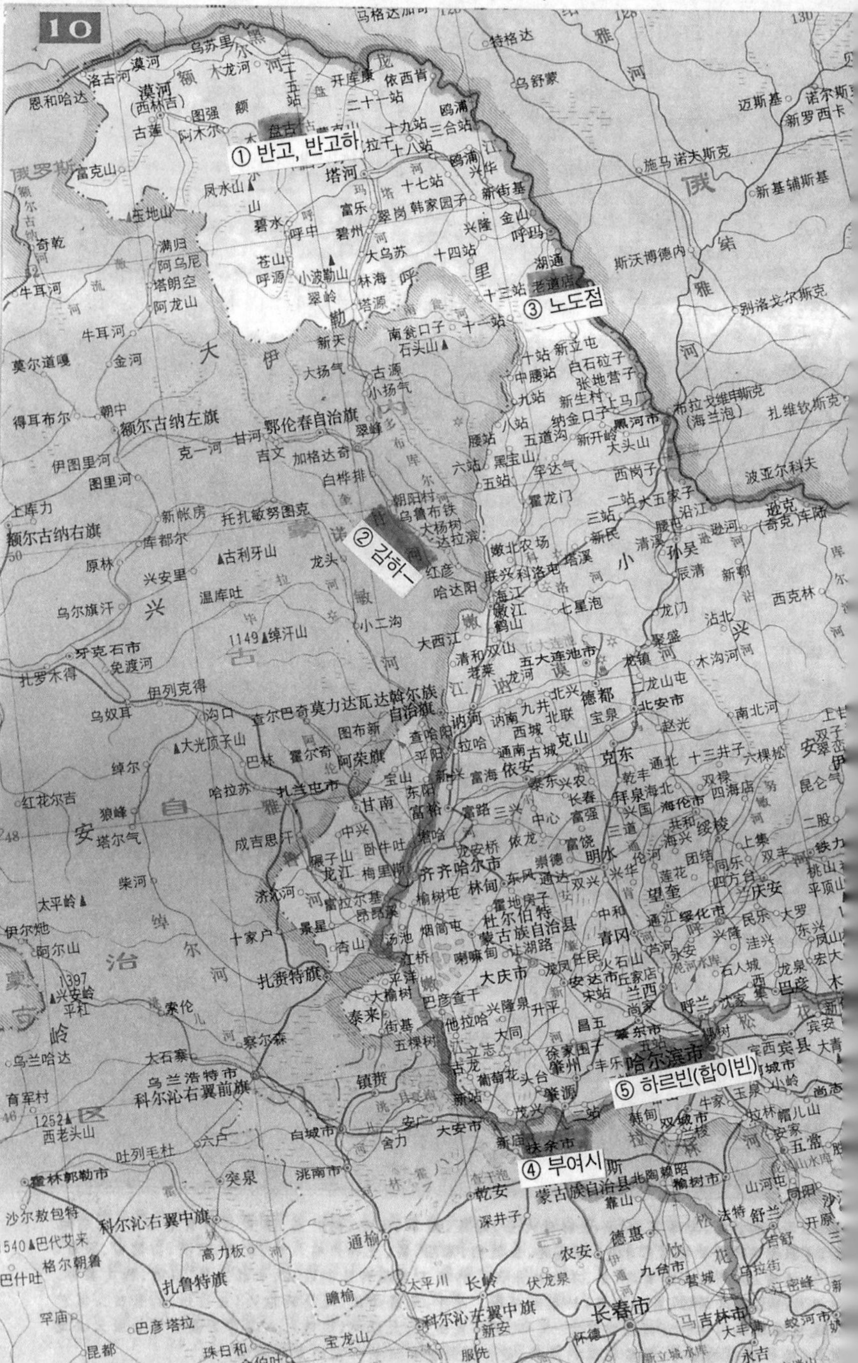
10
① 반고, 반고하
② 감하ㅡ
③ 노도점
④ 부여시
⑤ 하르빈(합이빈)
漠河
塔河
黑河市
额尔古纳左旗
额尔古纳右旗
鄂伦春自治旗
牙克石市
扎兰屯市
齐齐哈尔市
大庆市
哈尔滨市
长春市
吉林市
北安市
乌兰浩特市
白城市
洮南市
扶余市
双阳
永吉

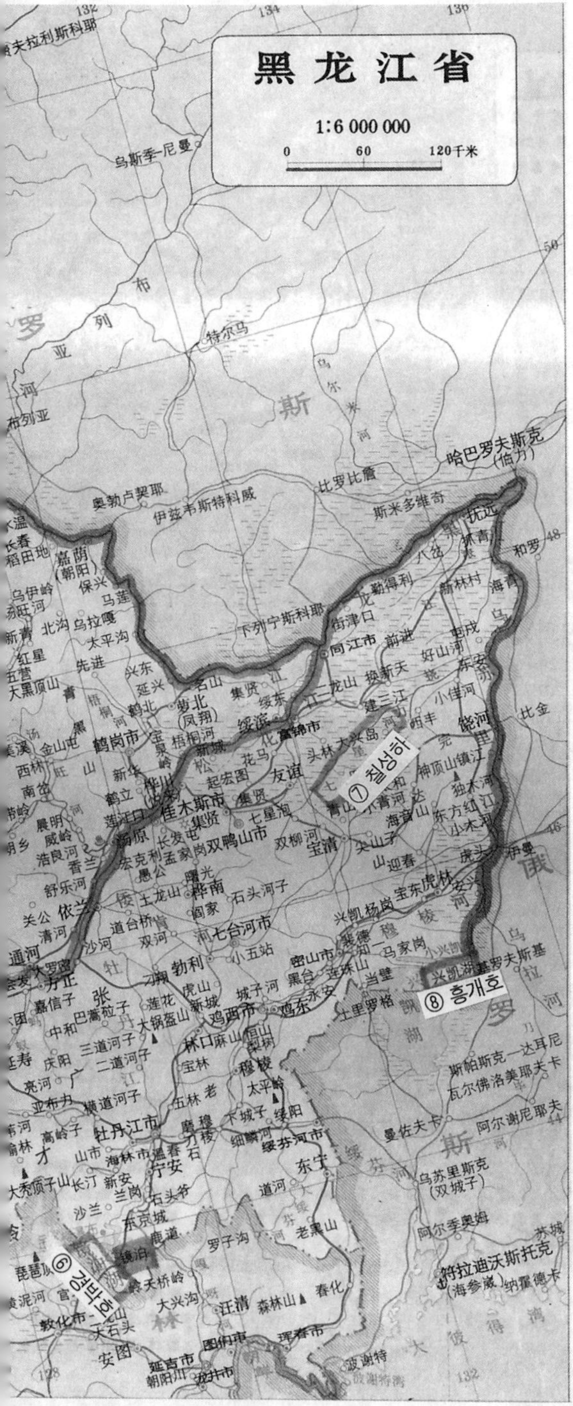

① 반고, 반고하－태시랑 순비천황이
아이누족과 싸우던 곳.

② 감하－원시천존 때 감로가 내린 곳

③ 노도점－황로 일행이 머물던 곳

④ 부여시－옛 부여의 도읍지,
고황산령존의 고허국이 있던 곳

⑤ 하르빈(합이빈)－진국, 박호 임금의 나라

⑥ 경박호－흑뢰, 야뢰, 산뢰국

⑦ 칠성하－견우 가우돌지와 직녀 치산희가
처음 만나던 곳

⑧ 흥개호－하백의 나라였으며
어부 름군과 월궁의 사연이 얽힌 곳

⑪

은하수의 비밀

《시경(詩經)》에 보면 어린 시절에 듣던 나무꾼과 선녀 이야기와 흡사한 견우와 직녀라는 신화가 전해 온다.

견우와 직녀는 별자리이기도 하다. 대동총성지도(大東總星之圖)에 은하수를 중심하여 동과 서에 자리잡고 있으며 북극성과 북두칠성이 그려져 있다.

• 대동총성지도

왜 하늘의 별자리를 그려 놓고 '대동총성지도'라 하였을까?

이 신화는 중국인들의 신화가 아니라 동이(東夷)족의 역사를 구전하여 온 것이기 때문에 대동(大東)이란 이름이 붙은 것이다.

대동이란 중국의 동쪽 산동반도 일대를 가리킨 것이 아니라 대동이족(大東夷族)의 고향 만주벌판을 무대로 하여 그려진 것이다.

은하수(銀河水)는 하늘의 별자리가 아니라 송화강을 나타낸 것이며 북두칠성은 지금의 오소리강과 합쳐지는 칠성하(七星河)를 가리킨다.

그리고 견우는 해의 신을 의미하며 직녀는 달의 신을 의미한다. 《일본서기》에 보면 견우는 가우돌지가 되고 직녀는 치산희(稚産姫) 또는 치산희(埴山姫)를 가리키고 있었다.

잠시 신화의 강을 건너 역사의 시원을 거슬러 가 보기로 한다.

태어날 때 거머리처럼 바짝 마른 아기 가우돌지는 시녀들의 보살핌을 받아 무럭무럭 자라 어느덧 훌륭한 젊은이가 되었다.

가우돌지는 사냥을 좋아해서 오소리강 중류에 있는 신정산(神頂山)이나 북두칠성을 대신한 칠성하 부근의 청산(靑山), 해음산(海音山)을 돌아다녔다.

칠성하는 오소리강과 합쳐지는 은하수 동쪽의 강이다.

가을의 칠성하는 맑고 깨끗하여 강바닥의 조약돌이 드러나 보일 정도였다.

견우 가우돌지가 땀을 씻으려고 계곡수에 발을 담근 순간 흰 사슴 한 마리가 눈에 띄었다. 흰 사슴은 가우돌지가 있는 곳에서 이십여 보가 채 될까말까한 곳의 이깔나무 잎사귀 밑에서 풀을 뜯으면서 연신 사방을 두리번거렸다.

가우돌지는 숨이 막혔다. 지금까지 숱하게 사슴을 잡았지만 흰 사슴을 본 적은 한 번도 없었기 때문이다. 흰 사슴은 일평생 한 번

볼까말까할 진귀한 짐승이며 매우 길조로 여겨진다.

가우돌지는 왼손으로 활의 줌피를 움켜쥐고 오른손으로 시위를 당겼다. 이때 사슴이 눈치를 챘는지 후다닥 뛰는 바람에 명중시키지 못하고 앞다리에 꽂혀 버렸다. 사슴은 '어마 뜨거라'는 듯이 칠성산 바위 등성을 향해 뛰기 시작하더니 검은 바위 위에 우뚝 서서는 견우 가우돌지를 힐끔 바라보고 있었다.

마치 자기를 잡으러 오라는 듯이 가만히 쳐다만 보고 있었다. 원래 사슴이나 노루의 습성이 그러하다는 것을 알고는 있었지만 흰 사슴의 그러한 모습을 본 가우돌지는 마음이 급해 급히 말잔등에 올라 사슴을 향해 달려 나갔다. 막 산등성이의 고개를 넘어 달려가 놓칠세라 재빨리 추적해 가는데 갑자기 여인들의 비명 소리가 다급하게 울려 왔다.

"어머나!"

"난 몰라, 누구야?"

칠성포(七星泡)의 맑은 계곡물을 둘러 일곱 명의 아름다운 소녀들이 발가벗은 채 목욕을 하다 가우돌지의 갑작스런 출현에 기겁을 했다.

워낙 깊은 계곡이라 누가 나타나리라고는 짐작조차 못한 것이다. 가우돌지도 일곱 소녀의 발가벗은 모습에 당황해 온몸이 굳어버린 듯했다.

일곱 소녀는 모두 꽃송이처럼 뭉쳐 있었다. 그 중 바짝 말라 보이는 소녀가 표독스런 살쾡이처럼 신경질적인 말투로 힐문했다.

"네놈은 누구길래 여인들의 목욕하는 모습을 훔쳐보는 게냐? 우리가 누군 줄 알고 감히 능멸하려 드느냐?"

소녀의 꾸짖는 말을 듣고야 정신이 든 가우돌지는 몸을 돌리고 대답했다.

"무례를 범하여 미안하오. 그런데 아가씨들은 누구요?"

"우린 팔대 뇌공(雷公)의 딸이다. 그렇게 묻는 네놈은 목이 몇 개냐?"

"뇌공들의 딸이라면 풍옥희(豊玉姬)겠군. 어쩐지 성미가 고약하더라니……."

일곱 소녀는 가우돌지의 말에 깜짝 놀랐다. 팔대 뇌공의 딸 이름을 알고 있는 사내라면 그리 호락호락한 상대가 아닌 것이다.

"내 이름을 알고도 계속 무례하다니, 뭐, 내 성미가 고약하다고? 네놈은 도대체 누구냐?"

"난 가우돌지라 하오."

가우돌지라는 이름을 들은 소녀들은 깜짝 놀라 저마다 몸을 감추기에 바빴다. 소녀들은 깊은 규방에 있어 가우돌지를 만난 적은 없지만 이름은 들어 익히 알고 있었던 것이다.

몇몇 소녀들은 소문을 듣고 가우돌지를 은근히 사모하기도 했었다.

그런데 이렇게 부끄러운 모습을 보이고 나자 몹시 당황스러워했다. 그러나 방법이 없었다.

저마다 귀에는 옥으로 만든 귀걸이를 달고 머리엔 반짝이는 작은 금관을 쓰고 있었으며 소녀의 티를 벗고 성숙해 가는 여체를 감추려고 안간힘을 썼다. 그러나 못이 너무 작았고 손바닥 두 개로 젊은 사내의 눈길을 피하기엔 역부족이었다.

"그대가 어부 임금님의 아들 가우돌지님이라면 예의를 모르지 않을 텐데, 이렇게 무례히 여인들을 괴롭혀도 괜찮은가요?"

또다시 풍옥희가 힐문했다. 아까보다 말투가 한결 다소곳해졌지만 결코 물러서지 않겠다는 투였다.

풍옥희는 수석대신인 자기의 아버지 대뢰(大雷)의 지위를 믿는데다 가우돌지보다 소전오에 마음을 두고 있는 까닭이었다.

소전오는 월궁의 동생 훤궁의 아들이었다.

가우돌지는 거듭 사과했다.

"아니, 괴롭히려 나타난 것은 아니오. 사슴을 쫓다 우연히 아가씨들을 마주쳤을 뿐이오. 이 점 거듭 사과하오."

가우돌지의 사과를 받자 풍옥희는 더욱 콧대를 세우고 샐쭉 토라져 혼잣말처럼 중얼거렸다.

"흥! 엉뚱하게 사슴 핑계를 대다니……, 파렴치하게 여인들이 목욕하는 걸 훔쳐보고서……."

풍옥희의 말에 가우돌지도 더 이상 참을 수가 없어 한마디 했다.

"흠, 어엿한 대장부의 사과를 받고도 이렇게 파렴치하게 대하다니……. 이왕 그렇다면 좀더 제대로 파렴치한이 되어 볼까?"

가우돌지는 소녀들이 벗어 놓은 옷 중에서 한 벌을 집어 들었다.

"자, 파렴치한은 옷 한 벌이 필요해서 빌려 갑니다. 그럼 즐겁게 노시오."

가우돌지는 소녀들을 향해 씽긋 미소를 보이고는 재빨리 말고삐를 돌렸다.

소녀들은 가우돌지의 행동에 깜짝 놀랐다. 하지만 어느 누구도 쫓아 나와 가우돌지를 제지할 수는 없었다. 발가벗은 몸으로 젊은 남자 앞에 정면으로 나설 수는 없는 까닭이었다.

"잠깐, 왜 옷을 가져가욧? 게 서욧!"

소녀들이 고함을 치건 말건 가우돌지는 못 들은 척 숲속으로 사라져 버렸다. 당황한 건 소녀들이었다.

옷이 한 벌 모자란다는 걸 깨닫자 저마다 옷을 차지했는데 그 중 가장 순진한 막내 직녀의 옷이 없었다. 직녀는 울상을 짓고 언니들을 쳐다봤다.

"언니들, 난 어떻게 해. 옷이 없는데……."

"글쎄, 어떡하지? 이제 곧 해가 지고 돌아가야 하는데……."

야뢰(野雷)의 딸 화산희(花山姬)가 소녀답지 않게 실팍한 얼굴을 찌푸리고 동정했지만 그녀 또한 방법을 몰랐다.

둘째로 나이가 많은 화뢰(火雷)의 딸 화명희(火明姬)가 풍옥희를 몰아세웠다. 화명희는 정이 많은 소녀였다.

"이게 모두 풍옥희 언니 때문이야. 언니가 책임져야 해."

그러자 풍옥희가 눈썹을 치켜세우고 싸울 듯이 덤벼들었다.

"왜 나 때문이야. 가우돌지 때문이지."

"하지만 언니가 가우돌지님을 너무 몰아세웠잖아."

"얘는 나한테 무슨 유감 있니? 왜 그래? 혹시 가우돌지한테 마음이 있었던 거 아냐? 그렇다면 아까 네가 나섰으면 됐잖아. 한번 유혹해 보지 그랬어."

"언니는 무슨 말을 그렇게 해."

두 사람이 서로 소리치며 싸울 듯하자 야뢰의 딸 화산희가 가로막았다.

"언니들, 왜 싸우려고만 해. 빨리 가우돌지님을 찾아야지…. 지금 막내가 울고 있단 말야."

"어휴, 나쁜 놈. 우리 아버지한테 일러 어부 임금께 혼나게 해야겠어. 어쨌든 빨리 돌아가자."

대뢰의 딸 풍옥희가 잘난 척 으스대며 돌아가려 했다.

"그럼 막내는 어떡하고……?"

인정 많은 화명희의 말이었다.

"난들 아니. 그렇게 안타까우면 네 옷 벗어주려무나."

풍옥희가 쌀쌀맞게 쏘아붙이고는 앞장서서 돌아가 버리자 다른 소녀들도 슬금슬금 뒤를 따라갔다. 그래도 화명희는 치뢰의 딸 직녀를 위로하며 걱정을 하고 있었다.

"이제 곧 가우돌지님이 돌아와 널 도와주실 거야. 좀 참고 기다려 봐. 그리고 배가 고프면 이거라도 먹어. 나도 가 봐야 해. 더 못 도와줘서 미안해."

"괜찮아 언니, 가 봐. 언니 말대로 가우돌지님이 옷을 돌려주겠지 뭐. 고마워, 언니."

직녀는 음식을 나눠 받았다.

"그래, 몸 조심해."

화명희마저 떠나 버리고 혼자 남게 된 직녀는 점점 조바심이 났다. 날은 어두워지고 짐승들의 울부짖는 소리가 점점 크게 들리기 시작했다. 주위가 갑자기 추워졌다.

직녀는 자기만 두고 떠나가 버린 언니들이 야속했다. 그녀는 가

• 견우와 직녀

우돌지를 기다리다 지쳐 바위 위에 쪼그려 앉아 두려움에 떨고 있었다.

해는 이미 산등성이를 넘어서고 있었다.

두려움과 초조와 안타까운 긴 기다림의 시간들이 지나갔다.

궁 안에서 많은 사람들과 살다가 갑자기 홀로 황야에 버려진 듯한 고립감과 불안을 떨쳐 보려고 사방을 둘러보았으나 키 큰 전나무숲의 검은 그림자와 초가을 바람에 날리는 낙엽 소리가 오히려 귀를 날카롭게 파고들었다.

직녀가 무력감과 공포에 떨며 웅크리고 있을 때 귓가를 울리는 소리가 있었다.

"한 사람만 버려 두고 가다니……. 나쁜 사람들……."

굵으면서도 다정하여 믿음을 갖게 하는 가우돌지의 목소리였다.

그 목소리를 듣는 순간 직녀는 비로소 안도감에 무거운 짐을 내려놓은 것처럼 어깨를 풀어내렸다.

가우돌지가 가죽털옷을 벗어 직녀의 싸늘한 어깨를 감싸주자 무언지 모를 서러움에 왈칵 울음을 터뜨렸다.

갑작스런 직녀의 울음에 가우돌지는 당황했다. 왜 그녀가 갑자기 울음을 터뜨렸는지 알 수 없었기 때문이다.

"울지 말아요, 아가씨. 결코 아가씨를 해치려는 게 아니니까요."

직녀는 마치 어린아이가 어머니의 품속에 뛰어든 것처럼 가우돌지의 품안에 뛰어들어 몸부림치고 있었다. 가우돌지는 큼직한 손으로 직녀의 눈물을 닦아 주며 위로했다.

"미안해요. 아가씨한테 이런 고통을 줄 생각이 아니었는데 ……."

이런 말을 하면서도 가우돌지는 당황했다. 직녀의 몸부림치는 머리카락에서 성숙한 여인의 체취가 미처 깨닫지 못했던 본능적

후각을 자극하고 있었기 때문이다.

그녀는 이미 어린 소녀가 아니었다. 직녀는 가우돌지의 입을 그녀의 작은 손가락으로 막았다.

"쉿, 그만하세요. 그냥 이렇게, 이렇게 있어요."

직녀는 흐느끼면서 말했다.

"난 아직 아가씨의 이름도 모르는데……."

가우돌지의 말에 직녀는 눈물을 씻고 옷매무새를 바로 잡고 앉았다.

"저는 치뢰의 딸 치산희라 합니다. 가우돌지님의 이름을 듣고 진작 뵙고 싶었는데 오늘 이렇게 부끄러운 모습으로 뵙게 됐군요."

"아가씨가 치뢰공의 딸 치산희로군요. 치뢰씨는 예로부터 무용이 절륜하면서도 강직하고 청렴한 분으로 알고 있었고, 치산희 아가씨는 누구보다 비단을 잘 짜는 분이라 들었는데, 이제 보니 용모 또한 달빛처럼 아름답군요."

"부끄럽습니다, 가우돌지님. 그런데 저, 한 가지 청이 있습니다. 저를 거두어 주시면 평생 따르고저 하오니 허락해 주시옵소서."

"아가씨의 말이 나의 심금을 울리는군요. 이것은 하늘의 뜻이라 생각하오. 우리 이제 스스로 부부가 되어 평생을 함께 합시다."

가우돌지와 치산희, 아니 견우와 직녀는 그날 밤 정한수를 떠 놓고 하늘에 빌며 부부의 인연을 맺었다.

비록 칠성하의 깊은 산골짝, 어느 누구의 축하도 없었지만 두 사람이 서로를 사랑하는 데는 조금도 부족함이 없었다.

〈영초월(詠初月)〉

誰斷崑崙玉 裁成織女梳
牽牛一去後 欲擲碧空虛.

뉘라서 곤륜산 옥을 캐어다가
직녀의 얼레빛을 만들어 주었던고
한 번 떠난 견우 오지 않기에
서러워 허공에 던져 버린 것이라오. －〈황진이〉

견우와 직녀가 다음날 눈을 떴을 때 들국화는 싱그러웠고 칠성하의 계곡물은 명랑하게 속삭였으며 미소는 햇살보다 밝았다.

하늘나라 직녀의 옥으로 만든 목걸이
두 골짜기에 뻗쳐 빛나고 있네.
마치 하늘의 뿌리신과 같이…….

天存るや 弟織女の 頸がせる 玉の御統の
穴玉はや み谷 二渡らす 味耕高彦根 －《일본서기》

이제 두 사람은 미래를 향한 새로운 걸음을 시작했다. 백송나무 숲을 지나 소 홍개호 옆 솟대를 지날 즈음 그들은 어부 릅군의 두 번째 황비 훤궁이 낳은 소전오와 마주쳤다. 소전오는 특유의 그의 음침한 눈빛을 빛내며 히죽 웃었다.

"형, 그렇게 안 봤는데 이제 보니 대단하구려. 그래 어젯밤 재미가 어땠소?"

견우는 야유 어린 소전오의 말을 묵살한 채 푸른 가을하늘만 바라보고 걸었다.

견우가 끌고 가는 말잔등에 올라탄 직녀는 다소곳이 고개를 숙인 채 있었으나 얼굴은 수줍음과 수치로 약간 붉어졌다. 두 사람은 노골적인 소전오의 야유가 역겨웠으나 대꾸하고 싶지 않았다.

견우와 직녀가 어부 임금을 뵙고 문안을 올리자 궁전의 분위기가 술렁였다. 이미 풍옥희와 여인들이 견우의 행동을 부풀려 떠벌려 놓았기 때문이다. 팔대 뇌공들은 하나같이 분노하고 나섰다. 그 중에 직녀 치산희의 아버지 치뢰가 가장 분노하고 있었다.

"폐하, 가우돌지 왕자님이 어찌하여 어린 제 딸을 희롱하여 저희 가문을 욕보이십니까? 저희 가문이 무엇을 잘못하였는지 폐하의 밝으신 성총으로 해명을 바랍니다. 그렇지 않으시면 늙은 저의 목을 베어 수치를 씻을까 하옵니다."

강직하기로 소문난 치뢰의 검은 수염이 바르르 떨리고 있었다.

지황 어부 임금 역시 분노를 금치 못하고 가우돌지를 바라보고 있었다.

"가우돌지, 들었느냐? 왕자는 어째서 그러한 행동을 했는지 공명정대함을 밝히라. 그렇지 못하면 나 지황은 하늘의 뜻을 대신하여 왕자를 용서치 않겠노라."

지황과 치뢰의 격분에 가우돌지는 자세를 곧게 하고 의연히 대답했다.

"예, 아바마마, 말씀 올리겠습니다. 진정하소서. 소자는 어린시절부터 치뢰공의 딸 치산녀를 사모하는 마음 간절했으나 기회가 없었습니다. 다행히 어제 하늘의 보우하심으로 기회를 얻어 두 사람이 혼인을 맹세했을 따름입니다. 결코 치뢰공의 가문을 능욕하려 함이 아니옵니다."

가우돌지의 말이 치뢰의 체면을 다소나마 회복케 했으나 지황의 분노를 누그러뜨리지는 못했다.

"뭐라고? 혼인은 인륜의 큰 대사거늘 두 가문의 허락도 없이 너희 마음대로 혼인을 맺었단 말이냐? 이는 용서할 수 없다. 여봐라, 당장 저놈을 끌어내라."

서슬 푸른 지황의 엄명에 가우돌지의 목숨이 경각에 달리자 직녀가 지황 어부 임금에게 호소했다.

"폐하, 소녀가 감히 지황님께 아뢰옵니다. 가우돌지 왕자님은 죄가 없사옵니다. 백년가약을 맺자고 말하여 왕자님을 유혹한 것은 소녀이오니 소녀를 처벌하시고 왕자님을 용서하옵소서."

직녀의 눈물 어린 호소에 어부 임금은 마음속으로 한숨을 놓았으나 그냥 끝날 수는 없었다. 어부 임금은 마침내 최후의 결정을 내렸다.

"가우돌지는 들어라. 그대를 감싸는 직녀 치산희의 갸륵한 마음을 봐서 사형만은 면하노라. 다만 그대를 이 나라에서 추방하니 다시는 돌아오지 말도록 하라."

영원한 추방, 그것은 사형 못지 않은 중벌이었다. 그러나 그 이면에는 어부 임금의 말 못할 고뇌가 있었다. 소전오와 팔대 뇌공의 손길 아래 가우돌지를 살릴 수 있는 방법이 그밖에 없었던 것이다.

"치뢰공은 들으시오. 모든 잘못은 가우돌지에게 있으니 공(公)은 그를 엄중히 호송하여 나라 밖으로 추방토록 하시오."

"예, 폐하. 가우돌지님, 가십시다."

어부 임금의 이 명령에도 그의 숨은 고충과 가우돌지에 대한 어버이의 애정이 배려되어 있었다.

"아바마마, 만수무강하옵소서."

가우돌지는 어부 임금께 하직인사를 올리고 치뢰공의 뒤를 따라 나섰다. 직녀도 그들을 따라 나섰다. 그런데 염국 도성이 끝나는 솟대 앞에서 멈출 수밖에 없었다. 그곳에 가우돌지를 태워 갈 까막까치배 오반역장선이 기다리고 있었기 때문이었다.

"가우돌지님."

"치산녀."

두 사람의 사랑이 이제 막 시작한 때에 기약 없는 이별을 하게 되자 안타까움은 이루 말할 수 없었다.

"가우돌지님, 기운을 내셔요. 내년 벽도화가 피는 날 이 솟대 아래서 다시 만날 수 있도록 힘써 보겠어요. 그때까지 용기 잃지 마시고 몸 건강하셔요."

"고맙소, 치산녀. 부디 몸조심하시오."

두 사람의 이별을 바라보는 치뢰공의 볼에도 뜨거운 눈물이 주르르 흐르고 있었다. 하지만 지엄한 어부 임금의 명을 거스를 수 없어 배의 출항을 명했다. 오소리강은 두 사람의 슬픈 이별을 외면한 채 배를 끌고 떠내려 갔다.

직녀는 강변에 서서 떠나가는 배를 묵묵히 바라보았다. 가우돌지는 직녀의 모습을 가슴에 담고 함께 떠났던 것이다. 그들의 이별은 보는 이마다 눈시울을 적시게 했다.

오반역장선이 오소리강과 흑룡강이 만나는 곳에 이르자 치뢰가 가우돌지를 강변에 내려놓았다. 여기서부터 가우돌지는 혼자 떠나야 했다. 치뢰는 가우돌지에게 작은 배 한 척을 내 주었다.

"가우돌지님, 지황님의 엄명이라 더 모실 수가 없군요. 이 배를 타고 가십시오."

"감사합니다, 치뢰공. 제가 돌아올 때까지 직녀를 잘 보살펴 주십시오."

치뢰는 가우돌지의 손을 덥석 잡았다.

"가우돌지 왕자님, 직녀의 말대로 내년 벽도화가 필 때쯤이면 어부 임금님의 화가 풀리실 겁니다. 그러면 제가 오반역장선을 몰고 가우돌지님을 모시러 가겠습니다."

"치뢰공, 공연히 나 때문에 여러 사람에게 큰 슬픔을 주게 되었군요. 면목이 없습니다."

"아닙니다, 가우돌지님. 그런데 어디로 가실 작정이십니까?"

"글쎄, 어디로 가야 할지……."

가우돌지의 표정은 암담해 보였다. 어떻게든 살기야 하겠지만 도대체 어디서 무엇을 한단 말인가. 치뢰공은 무릎을 쳤다.

"그래, 그분이라면 좋은 수가 있을 것입니다."

"그분이라니……, 누구를 말씀하시는 겁니까?"

"옛날 어부 임금님을 모시고 눈강을 따라 내려오다 아사달〔葦原〕이란 곳에 머무른 적이 있사온데, 그곳에 무리들이 우리를 따라오지 않고 자리를 잡았었습니다. 그들의 임금 보식신(保食神)을 찾아가시면 뭔가 도움될 일이 있을 겝니다."

"보식신이라면 촉산씨(蜀山氏)를 일컫는 게 아닙니까?"

"그렇습니다. 촉산씨는 덕이 있는 인물이니 왕자님을 괄시하지 않을 것입니다."

"촉산씨는 식물을 길러 사람들에게 먹게 하였다는데 사실입니까?"

"그렇다고 하더군요. 동물은 풀을 먹고 사람은 동물을 먹는 것인데 어째서 그런 일을 하는지 알 수 없습니다."

"글쎄요, 까닭이 있겠지요."

가우돌지는 치뢰와 헤어져 흑룡강과 송화강을 따라 배를 타고 나갔다.

⑫

견우 박호 환인과 촉산씨 잠총

견우 가우돌지가 찾아간 보식신(촉산씨)은 잠총(蠶叢)을 말한다. 촉(蜀)이란 글자는 갑골문자에 의하면 한 마리의 누에를 가리킨다.

촉나라는 흔히 중국 사천성이라 알려졌는데 촉산씨 때의 촉나라는 중국의 동북쪽인 지금의 만주 하르빈에 있었다.

그 까닭에 《역대신선통감》에서는 '촉산씨(잠총)가 진(辰)땅을 물려받아 다스렸다'고 했다.

진(辰)이란 십간 십이지(十二支)의 용(龍)이 되며 진(震)과 같이 동북방의 나라를 의미하기 때문이다. 신라가 있기 전 진국과 진한이 여기에서 비롯되었다.

견우 가우돌지는 홍개호의 염국에서 흑룡강을 따라 이수(夷水)인 송화강에 이르렀다.

이 송화강 일대에 있던 촉산씨 진왕의 나라를 조금 더 확인해 보면 《운급칠참》〈가라제국편〉에서 알 수 있다.

그 내용은 이러하다.

‘중국에 90만리 동쪽 바깥에 가라제국(呵羅提國)이라는 나라가 있었는데 일명 해가 태어나는 나라라 한다. 그 나라의 바깥 푸른 바다의 한가운데 땅에 부상(扶桑)이라는 해가 돋는 뽕나무밭이 있었다. 그 나라에서 북쪽 방향으로 일만리 위쪽에 태제(太帝)가 다스리는 궁전이 있고 태진왕(太眞王)이 따로 다스리는 나라이다.’

(東方去中國 九十萬里外 名爲呵羅提之國 一名 日生國 國外有扶桑 在碧海之中地 一面方萬里上 有太帝宮 太眞王之別治.)

앞의 내용에서 가라제국(呵羅提國)은 어부 름군의 나라이며 푸른 바다란 연해주 앞바다 동해이다. 이 가라제국의 후손들은 오랜 훗날 ≪삼국유사≫의 아라(阿羅) 또는 가야(伽耶)가 되었다. 가야국 가운데 성산가야(星山伽耶)를 일명 벽진가야(碧珍伽耶)라 하는데 그것은 성산가야가 벽해(碧海)의 한가운데 나라에서 시작된 까닭이다.

그리고 태진왕(太眞王)이란 누구인가? 촉산(蜀山) 임금을 진왕(辰王)이라 설명한 바 있는데 진왕은 또한 태진왕이라 할 수 있다.

가우돌지는 촉산 씨가 사는 아사달(阿斯達), 즉 지금의 아성(阿城)에 있었던 태제궁(太帝宮)을 향해 송화강을 거슬러 갔다.

《중국고대신화》에 의하면 촉나라의 임금은 백성들에게 농사 짓는 방법을 가르쳐 주고 또 절기에 맞추어 농사 지을 시기를 놓치지 않도록 수시로 당부했다 한다.

그러던 어느 날 강물이 역류하여 올라왔는데 강물 속에서 한 남자가 떠올랐다. 모두들 이를 보고 참으로 신기하게 여겼다. 그도 그럴 것이 보통 강물의 흐름을 따라 아래로 떠내려가게 마련인데 오히려 반대로 거슬러 올라왔으니 놀랄 수밖에 없었다. 그런데 더욱 신기한 것은 배에 탄 시체를 막 건져 올리자 시신이 다시 살아났던 것이다. 촉산 임금은 이 사람을 불러 만나 보게 되었는데 그는 지혜롭고 총명하며 치수(治水)에 밝았다.

촉산 임금은 해마다 홍수로 백성들이 고통스러워하는 것을 알고 있었으므로 이 사람을 촉나라의 재상으로 삼았으며 훗날 홍수를 다스린 공을 인정하여 왕위까지 물려주었다. 이 사람은 개명제(開明帝)라 한다.

이러한 신화에서 말하는 내용은 실제로 시체가 강물을 거슬러 올랐던 것이 아니라 사실은 견우 가우돌지가 송화강을 거슬러 올라 촉산 임금을 찾아간 내용이 와전된 것이다.

견우 가우돌지가 아사달에 도달해 보니 많은 사람들이 오가고 있었다. 갈대밭이 베어진 곳에는 수많은 배들이 사방으로 물자를 실어 나르느라 분주했다.

곡식이나 과일들을 실어 나르기도 하고 사슴, 노루, 멧돼지, 산양 같은 동물들과 표범이나 곰, 호랑이 가죽도 이따금 눈에 띄었다. 오소리나 여우, 너구리처럼 작은 짐승들을 잡아 온 사람도 있었고 물개나 바다사자와 같은 바다짐승도 배로 옮겨져 갈대밭이 물물교환의 시장이 되고 있었다. 물산이 매우 풍부한 땅임을 한눈에 알 수 있었다.

대청산(大靑山) 촉산 임금의 태제궁은 넓고 커서 많은 사람들이 운집해 있었고 주위에는 여러 채의 움집들이 줄지어 있었다.

혹자는 움집이라 하여 옛날 사람들이 작은 토굴 따위에 거주한 줄만 알고 있으나, 북한 서포항에서 발견된 집터가 길이 12m, 너비 6m, 움의 깊이가 1m 이상 되는 것으로 보아 큰 건물이 신석기 초기에 이미 있었던 것을 알 수 있다.

가우돌지가 촉산 임금을 알현하자 촉산 임금은 크게 환영했다.

"어서 오게, 가우돌지. 그대 부친 어부 임금과 과인은 북해에서

부터 함께 내려왔네. 그 정의는 형제와 다름없으니 그대는 내 자식과 같네. 잘 왔네."

"황공하오나 저 같은 뜨내기가 무엇으로 폐하의 은전에 보답할 수 있겠습니까."

"그런 소리 말게. 과인은 이미 연로하여 그대 같은 젊은이가 필요하네. 그대가 과인을 도와 대업을 이룰 수 있다면 얼마나 다행한 일이겠나."

"대업이란 무엇을 뜻하십니까?"

"그것은 차후 알기로 하고 우선 먼길 오느라 시장했을 테니 요기부터 하게나. 여봐라, 여기 준비한 것을 가져오너라."

축산 임금의 명령이 내려지자 여러 가지 음식들이 나왔다. 멀리 염수와 염해에서 잡은 여러 가지 물고기 요리와 산과 들에서 잡은 짐승과 새, 그리고 곡식들과 나물로 만든 음식 등 백여 가지를 헤아릴 정도로 가지수가 많았다.

"자, 여기 이 음식들을 들어 보게. 식물을 길러 만든 것이네."

"예, 폐하."

가우돌지는 식물로 만든 음식을 처음 먹어 보았다.

"맛이 어떤가?"

"잘 모르겠습니다."

가우돌지는 간신히 넘기기는 했으나 육식이나 물고기에 길든 입에는 입맛이 맞지 않아 인상이 절로 찌푸려졌다.

"핫핫하! 입맛에 맞지 않는 모양이군. 그럴 걸세. 처음 먹어 보니 무리도 아니지. 하지만 계속해 먹으면 맛도 있다네. 무엇보다 중요한 것은 식물을 심어 두면 굶주리는 일이 없다는 걸세."

보식신 축산 임금의 말은 가우돌지에게 큰 충격을 주었다. 파족들은 사냥을 못할 때면 물고기를 잡아 말려 두었다가 먹었는데 겨울에는 어쩔 수 없이 굶주릴 때가 많았다.

굶주리는 사람들을 살릴 수만 있다면 얼마나 좋은 일인가. 가우돌지는 다시 식물로 만든 음식을 먹어 보며 여러 가지 생각에 잠겼다.

가우돌지를 지켜보던 보식신 촉산 임금은 조용히 미소를 띠었다.

"이제야 과인의 뜻이 이해되는 모양일세. 자, 과인을 따라 밖으로 나와 보게. 보여줄 것이 있네."

촉산 임금이 보여준 것은 궁상(窮桑)이란 뽕나무였다. 그런데 그 뽕나무는 크고 잎이 단풍처럼 붉을 뿐 아니라 열매(오디)가 자수정처럼 빛났다.

《중국고대신화》에 의하면 '궁상은 1만 년에 한 번씩 열매를 맺는데 그것을 먹으면 하늘 땅의 수명만큼 장수할 수 있었다' 한다.

촉산 임금은 순비천황의 뒤를 이은 잠총이었으니 뽕나무를 많이 심어 가꾸게 한 것이다. 그뿐 아니라 다른 작물들도 많이 가꾸고 있었다.

"아니, 이렇게 많은 작물들을 가꾸다니, 굉장하군요."

가우돌지가 감탄하며 촉산씨 잠총을 바라보자 그는 웃으며 고개를 저었다.

"장관이지. 하지만 이 정도로는 부족해. 더욱 넓은 땅에 많은 작물을 심어야 한겨울에 백성들을 주리지 않게 할 수 있지."

"이것이 폐하께서 말씀하신 대업이로군요."

"그렇네. 과인의 뜻은 천하의 모든 사람들이 작물을 심고 가꾸는 법을 배워 굶주리는 일이 없게 하는 것일세. 다만 아쉬운 일은 과인이 이미 늙어 이 일을 크게 일으킬 수 없다는 데 있네. 그대가 과인의 일을 도와주지 않겠나?"

"폐하의 뜻을 삼가 받들겠습니다."

이때의 농업을 '뚜지개 농사'라 하는데 그것은 초기의 경작자들이 작대기 끝을 뾰족하게 깎아 그 끝으로 땅을 파고 씨앗을 심는 농사였기 때문이다.

《역대신선통감》에 의하면 '촉산씨는 스스로 인황이라 했다' 한다. 천황씨가 목축을 위주로 한 데 반해 지황씨 어부 임금은 어로를 위주로 나라의 백성들을 이끌었고 인황인 잠총은 뽕나무와 농업을 개척하여 백성들을 살리니 삼황 중에 인황인 태일이 가장 귀하다는 것이다.

농업은 목축이나 어업과는 달리 자연에 순응하는 게 아니라 인간의 의지와 노력으로 살아갈 수 있는 까닭이다.

보식신 촉산 임금이 늙어 죽고 난 후《일본서기》는 '그의 머리〔頭〕에 말〔馬〕과 소〔牛〕가 나고 이마에는 조, 눈썹에는 누에, 눈 속에는 뉘(백미 속에 섞인 피 종류), 배에는 벼, 음부에는 보리와 크고 작은 콩이 났다' 한다.

《일본서기》의 이 내용에는 농업이 우리 민족에서 시작되었음을 알게 한다. 그 근거는《일본서기》의 내용에서 우리말의 '머리와 말', '눈썹과 누에', '눈과 뉘', '배와 벼', '여자의 음부와 보리' 등과 같이 우리말이 아니면 해석되지 않는 내용이기 때문이다.

가우돌지는 촉산 임금을 이어 백성들에게 농업을 가르쳤다.

《역대신선통감》에 의하면 가우돌지를 박호 임금이라 하는데 '박호 임금은 촉산 임금의 뒤를 이었기 때문에 경생(景生)이라고도 했다' 한다.

박호(拍濩)란 '밝은 임금'을 뜻하는 말로써 반호(盤瓠)라는 말과 음(音)이 같은 말이며 박호 임금의 일족이 반고하(盤古河)에서 이주해 왔음을 뜻한다.

반호란 말은 '난진 반(盤)'으로써 환(桓)과 같은 말이다. 호(瓠) 또한 동이(東夷)의 옛글자 이(夷)를 가리키는 말이다. 박호 또는 반호를《중국고대신화》에 의하면 개명제(開明帝)라 하고《일본서기》에서는 천조대신(天照大神)이라 했으며 우리 민족의 조상 환인(桓因)이다.

《부도지》에 의하면 유인씨(순비천황)로부터 환인이 천부인을 물려받은 듯이 기록했지만 사실은 이와 같은 내막이 있는 것이다.

박호 환인 때 사람들은 들판에서 일하다 사나운 짐승들에게 해를 많이 입었다. 특히 백두산의 산줄기가 북쪽으로 뻗어 올라간 장백산맥 일대에는 호랑이가 많아 호환의 피해를 입는 경우가 많았다.

박호 임금은 사람들에게 곳곳에 집을 짓게 하여 사나운 짐승들을 피하게 했으며 돌무더기를 모아놓아 사나운 짐승들을 물리치게 했다. 이 덕분에 생명을 구한 많은 사람들이 박호 환인을 칭송하게 되니 이 집이 오늘날 성황당이 되고 성황당 앞에 돌을 쌓게 된 기원이 되었다.

또한 가우돌지 박호 환인은 '백성들에게 말을 가르쳐 통일되게 했는데 그 당시 사람들은 문자를 알지 못했으므로 모임〔會〕을 만들어 사물의 이치를 가르쳤다. 이때 지혜가 4대강 유역에 널리 퍼졌다' 한다.

가우돌지는 촉산 임금의 뜻을 받들어 백성들에게 농사짓는 법을 가르쳤으며 사람 사는 이치를 깨우친 것이다.

'모임'이란 추수 때에 하늘에 감사하며 제사와 축제를 벌이는 것이다. 이 모임은 한민족의 명절 '추석'이 되었다. 추석과 함께 견우 가우돌지의 사연이 지금까지 전해 내려온 것이다.

《중국고대신화》에 의하면 '은하수의 서쪽에 궁상(窮桑)이란 뽕나무가 있었고 백제(白帝)의 아들이며 동쪽 하늘의 계명성(금성)의 정기를 타고난 소년이 은하수의 물가에서 거문고를 뜯었다' 한다.

그 소년은 천궁(天宮)에서 베를 짜는 여인 직녀와 함께 뗏목을 타고 달빛 어린 강과 바다에서 노닐었다.

계수나무로 돛을 만들고 향긋한 내음이 풍기는 훈초(薰草-무궁화)를 돛에 달아 깃발을 대신했다. 옥(玉)으로 새긴 비둘기를 돛 끝에 달아 풍향을 알게 했는데 이 비둘기를 상풍오(相風烏)라 한다. 이 소년과 소녀는 은하수에서 거문고에 기대 노래를 불렀는데 《중국고대신화》에 의하면 이 소년을 '중국의 3황5제인 소호금천의 아버지라 하고 여인인 직녀를 황아(皇娥)라 하며 소호금천의 어머니'라 한다.

소호금천 또한 그 뿌리가 황로와 서왕모의 자손이면서 동방의 군자국인 한민족의 후예임을 나타내고 있는 것이다.

신화에서는 견우와 직녀가 은하수(송화강-이수)에서 배를 타고 놀기만 한 것처럼 기록했지만 실제는 열심히 농업에 몰두했다.

역사에 나타난 우리 민족의 농사 시작은 언제일까?

《동사강목》에 의하면 '단군이 백성들에게 머리를 땋고 모자(관) 쓰는 것을 가르쳤으며 군신, 남녀, 음식, 거처가 이때부터 시작되었다' 함으로써 단군의 태자 부루 때에 농업이 시작되었음을 밝히고 있다.

그러나 고고학의 발견에 의하면 이미 7,000년 전부터 농업을 한 흔적이 보인다.

그 구체적인 모습이 《후한서》에 전해진다.

'삼(麻-삼베)을 심을 줄 알고 누에를 칠 줄 알아서 능히 면포를 짜서 옷을 만들어 입었다. 새벽이면 별들의 움직임을 보고 농사일이 풍년 들고 흉년 들 것을 미리 점쳤다. 또 시월이면 하늘에 제사를 지내는데 이때가 되면 밤낮으로 술을 마시고 노래하고 춤추는데 예(濊)에서는 무천(舞天)이라 한다.'

가우돌지는 축산 임금의 뜻을 받들어 백성들에게 널리 농사 짓는 법을 가르쳤다. 황해도 봉산군 지탑리의 집터 유적에서 4천5백~5천년 전 조와 피 등의 곡식들이 발견되었고 북한 서포항 유적에서 7천년 전의 돌괭이가 발견된 것으로 보아 가우돌지가 송화강 아사달 일대에서 농사짓던 시대는 7천년 이전의 때에 해당됨을 알 수 있다.

《태백일사》 삼신오제(三神五帝) 본기에 이런 말이 있다.

'하백(河伯)은 곧 천하인(天河人)이니 나반(那般)의 후손이다. 7월 7일은 나반이 천하(은하수－송화강)를 건너는 날이다. 이날 천신(天神－천황)이 용왕(龍王－인황)에게 명하여 하백(지황)을 용궁에 들어오게 하여 그에게 사해(四海)의 여러 신(神)을 주장하게 하였다.'

신화에 의하면 7월 7일은 견우와 직녀가 까마귀와 까치의 도움을 받아 상봉하는 날이라 했다.

그러면 까마귀와 까치는 무엇을 말하는가?

《중국고대신화》에 의하면 '견우와 직녀의 아들 소호금천 씨의 나라는 새들이 관원(官員)이었다. 제비와 때까치, 안작(鷃雀)과 금계(錦鷄)가 일년 사계절을 관장했으며 봉황이 이 관원들을 다스렸다. 집비둘기는 교육을 맡고 수리〔鷲鳥〕는 병권(兵權)을 관장케 했으며, 뻐꾸기는 건축과 도랑을 치는 일과 분배를 공평하게 하는 일을 맡게 했으며, 매는 법률과 형벌, 곤줄박이〔山省〕처럼 작은 새는 수선과 허드렛일을 하게 했다.

이 밖에 다섯 종류의 꿩들로 목공·금속공·도공(陶工), 피혁

공, 염색공을 맡게 했으며 아홉 종류의 호조(扈鳥)는 농업을 관장하고 파종을 맡게 했다' 한다.

촉산씨를 이어 인황의 나라를 다스리게 된 박호 환인(견우)은 천황의 나라가 목축을 위주로 하여 생업하므로 목축의 이름을 딴 오가를 둔 것과 달리 새의 이름으로 관직을 둔 것이다.

그러기 때문에 박호 환인인 견우는 실제의 까마귀와 까치가 아니라 그러한 관직을 가진 인물을 보내 직녀와 연락을 한 것이다.

오늘날 우리 민족에 까마귀는 불길한 소식을 가져오고 까치는 반가운 손님을 예고하는 것으로 전해 온다. 뿐만 아니라 봉황이 소호금천의 나라에서 모든 새들을 다스리듯 임금과 오늘날 대통령의 상징으로 봉황을 그리거나 새겨 놓는 우리의 전통이 있다.

소호금천 또한 그 조상이 옛 만주땅에서 살다 중국 대륙을 개척한 동이 알타이 계통이기 때문이다.

가우돌지 견우는 오반역장선을 타고 지황 름군을 뵈러 치뢰의 안내로 파국의 궁에 들었다.

"폐하, 소자(小子) 가우돌지 지황님을 뵈옵니다."

"그래, 인황 촉산 임금에게 가 있었다더니 촉산 임금은 안녕하시더냐?"

"촉산 임금은 천명을 다하셨고 부덕한 소자가 촉산 임금의 대업을 이어받아 미력을 다하고 있습니다."

"촉산 임금은 여러 가지 식물을 심었다더니 그것은 어떠한 것이냐?"

"예, 그것은 조, 뉘, 보리, 콩, 벼의 오곡이라 하옵는데 여기 그 종자를 가지고 왔습니다. 보시옵소서."

어부 름군은 가우돌지가 내놓는 오곡의 종자를 보고 크게 기뻐했다.

"이는 이 세상에 살아 존재할 창생이 먹고 살기에 적합한 것이로구나."

어부 름군은 오소리강 일대 지황의 땅에 오곡을 심게 하고 지방마다 농사를 책임지고 관리할 천군(天邑君-村長)을 두게 했다.

이 제도는 단군시대 삼한에 이어져《후한서》에 기록을 남겼다.

'한(韓)은 세 종족이 있다. ……그 중에 마한이 제일 큰데 그 종족 중에서 사람을 뽑아 진왕(辰王—용왕)으로 삼고 월지국(月支國)에 도읍했다. 진왕은 이들 삼한 땅을 모두 통솔했으니 실상 이 모든 나라 중 왕 노릇 하기는 마한이 제일 먼저였다.

시월(十月)이 되면 농사일을 끝내고 사람들이 밤낮 어울려 논다. 여러 나라의 고을에서는 천신(天神)에게 제사를 지내는데 이 사람을 천군(天君)이라 하고 또 소도(蘇塗)를 세운다' 한다.

삼한의 풍속은 진국(辰國)에서 비롯되었으며 진국의 박호 환인에게서 시작된 것이다.

어부 름군은 박호 환인 가우돌지가 가져온 씨앗을 지금의 삼강평원(길림성)에 널리 심게 했다. 그랬더니 가을 수확철에 이삭의 길이가 무려 주먹 여덟 개를 겹칠 정도로 풍성했다. 그리하여 곳간과 창고마다 곡식으로 가득 차게 되었다.

어부 임금을 름군(廩君)이라 하는데 름군이란 '쌀 곳간 임금'이란 뜻이니 농업의 풍성한 수확을 확인할 수 있다.

우리 민족의 설화 중 〈흥부와 놀부〉의 이야기 중에 제비가 박씨를 물고 왔다는 설화가 있다. 그 박씨는 바로 박호 환인이 촉산씨의 나라에서 종자를 가져온 것을 뜻하며 흥부와 놀부는 박호 임금과 소전오 형제였는데 역할이 바뀌었다. 이 모든 설화 역시 단순하게 전해진 것이 아니었다.

"장하다, 가우돌지. 네 덕분에 백성들이 한겨울에도 굶주리지 않게 되었구나."
설화의 흥부네처럼 만백성이 기뻐했다.
"만조백관들은 들으시오. 짐은 이제 늙어 천하를 다스리기 어렵소. 다행히 나에게 훌륭한 아들이 있어 장차 이들에게 천하를 다스리게 하려 하니 경들은 잘 도와주기 바라오."
"황공하옵니다."
어부 름군은 백관들을 둘러보고 먼저 소전오에게 명을 내렸다.
"소전오는 이곳을 떠나 배를 타고 남쪽으로 내려가면 청해원(靑海原)에 이를 것이다. 그곳은 파족이 처음 세운 뿌리나라이니 그곳을 다스려라."
소전오는 어부 름군의 명령에 내심 불만이 가득했으나 감히 거역할 수 없어 잠자코 있었다.
"가우돌지는 직녀와 함께 짐의 뒤를 이어 아사달〔葦原〕 한가운데 나라를 다스려라."
어부 름군은 사실상 천하를 박호 임금 가우돌지와 직녀에게 물려주고 은퇴했다.
《역대신선통감》에서는 '팽산으로 들어가 도(道)를 닦았다'고 했다.(後入 彭山修道.)
어부 름군의 결정에 참고 있던 소전오는 말을 타고 어디론가 달려 나갔다.
'노망난 늙은이같으니라구……. 그깟 풀씨 종자 좀 가져왔다고 천하를 몽땅 넘겨주다니……. 그리고 나보고는 바닷가 섬나라(일본)로 가라고 차라리 날 보고 죽어라 할 것이지…….'
소전오는 화가 나서 밤새 말을 타고 돌아다녔다.
다음날 아침 그는 어느새 대뢰(大雷)의 땅에 도달했다.
소전오는 밤새 말을 타고 달려 갈증도 나고 허기가 져서 우물가로 갔다. 우물은 계수나무와 탕진두나무로 둘러싸인 숲속에 있었는데 물맛이 맑고 시원했다. 소전오가 막 갈증을 풀고 났을 때 인기척이 났다. 소전오는 재빨리 나무 뒤에 숨었다.

대뢰의 궁에서 비단옷의 소녀가 항아리를 이고 나왔다. 소녀는 소전오가 숨어 있는 줄도 모르고 샘물을 긷다가 깜짝 놀랐다. 샘물에 화려한 차림의 젊은이가 자기를 내려다보고 있는 모습이 비친 것이다. 소녀는 부끄러워 돌아보지도 못한 채 총총히 궁 안으로 달아났다.

"아버님! 아버님!"

"쯧쯧! 무슨 일로 말만한 처녀가 이리 호들갑이냐."

대뢰는 딸을 꾸짖었다. 소녀는 대뢰의 딸 풍옥희였던 것이다.

"아버님, 저 궁 밖 우물가에 웬 남자가 저를 바라보고 있었어요."

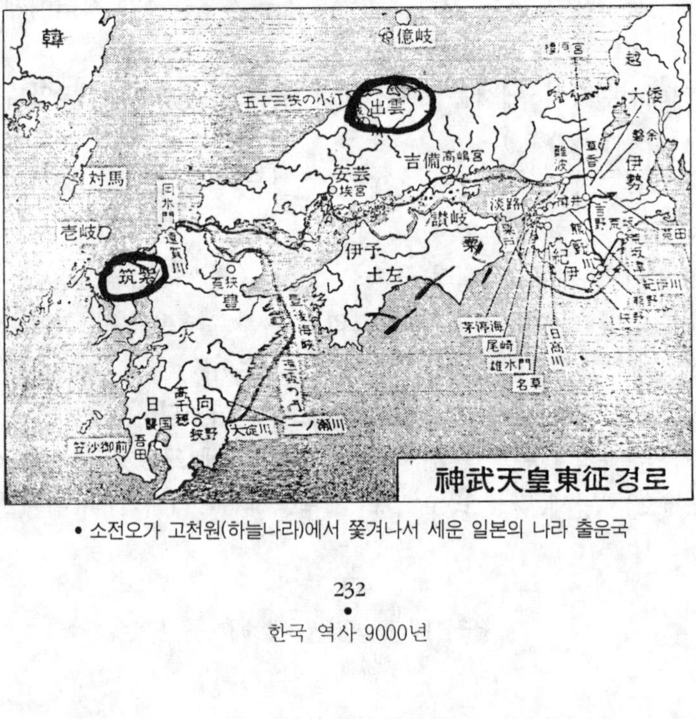

• 소전오가 고천원(하늘나라)에서 쫓겨나서 세운 일본의 나라 출운국

"그래, 그게 누구더냐?"

"무서워서 돌아보지 못하고 달려 도망왔는데 옷차림이 매우 화려했습니다."

"그래, 알았다. 너는 물러가 있거라."

대뢰가 나가 보니 소전오가 그곳에 서 있었다.

"아니, 소전오 왕자님이 아니오? 어쩐 일로 이곳까지 오셨습니까? 어쨌든 들어오시오."

소전오는 대뢰를 따라 안으로 들어갔으나 좀체 입을 떼지 않고 한숨만 내쉴 뿐이었다. 대뢰는 하백과의 싸움에서 한쪽 눈을 잃어 외눈이었다. 그래서 사람들은 대뢰를 '외눈박이 용'이라 불렀다. 그는 한쪽 눈을 빛내며 이미 소전오의 마음속을 훤히 들여다보고 있었다.

"왕자! 왜 그렇게 한숨을 쉬시오. 무슨 걱정거리라도 있소? 있다면 말해 보시오. 나는 옛날부터 왕자를 더없이 아껴 왔는데 이제 내 집까지 찾아와 못할 말이 뭐 있겠소."

"대뢰공께서 그렇게 말씀해 주시니 마음이 가벼워지는군요. 다름이 아니라 뇌공께서도 알다시피 지황(어부 름군)께서 천하를 가우돌지 형한테 물린다 하셨소. 그리고 나한테는 겨우 섬나라(일본)로 옮겨 가 다스리라 한 것이오. 이럴 수가 있습니까?"

"음, 그야 지황의 어명인데 어쩔 수 없는 일이 아니오. 게다가 가우돌지 왕자께서는 촉산 임금의 뒤를 이어 식물을 널리 퍼뜨린 큰 공이 있지 않소."

외눈박이 용 대뢰는 역시 노련한 너구리였다. 소전오의 속을 더 태울 요량인 것이다.

소전오는 크게 낙담하여 일어섰다.

"그렇게 말씀하시니 섭섭합니다. 지금까지 가우돌지 형이 밖으로 나돌아다닐 때 저는 지황을 도와 나라를 다스리려 애썼습니다. 그 공을 대뢰공마저 몰라주신다면 이만 돌아가겠소."

소전오가 일어나 돌아가려 하자 대뢰가 얼른 팔목을 잡았다.

"진정하시오, 왕자. 왜 그리 성급하오. 난 왕자를 진정으로 아끼고 있소. 내가 왕자를 돕겠소. 걱정 마시오."

소전오는 대뢰의 말을 듣자 굳었던 안색을 풀고 희색이 돌았다.

"무슨 좋은 묘안이라도 있습니까?"

"그 문제는 나에게 맡겨 두시오. 이제 지황께서는 연로하여 힘이 없습니다. 지황께서 스스로 은퇴하신다 했으니 왕자와 내가 힘을 길러 두면 자연히 천하는 왕자의 것이 될 터인데 뭘 그리 걱정이오."

소전오는 대뢰의 말에 눈물을 흘렸다.

"뇌공! 부디 나를 좀 도와주시오."

소전오는 대뢰 앞에 큰절을 올렸다.

"아니, 이러지 마시오. 장차 천하의 지존 천황이 되실 분이 이러

• 신라 땅에서 소전오는 배를 타고 일본 출운 지방에 도착하여 출운국을 세웠다. 현재 일본 출운시에 있는 출운대사.

면 어쩝니까?"

대뢰는 만류하는 척하면서도 소전오의 절을 흐뭇한 마음으로 받았다.

"왕자께서 기왕에 이곳에 와 나와 마음을 합했으니 내 딸을 불러 한잔 술을 대접코저 하오. 어떻소?"

"저 또한 옛날부터 풍옥희 낭자를 흠모해 마지않았는데 감히 청합니다. 낭자를 제 비로 삼게 해 주십시오."

대뢰는 소전오의 청혼에 더없이 흐뭇해 했다. 그렇잖아도 이쪽에서 억지로라도 혼인을 맺도록 할 계획이었는데 소전오가 먼저 청했으니 불감청이언정 고소원이었다.

"좋소. 왕자와 내가 뜻을 합친 동지가 되었으니 경사인 터에 왕자가 청혼을 하였으니 내 어찌 거절하겠소. 오늘은 경사가 겹친 날이로구나. 뭣들 하느냐. 어서 아가씨를 들라 하라."

"고맙습니다, 장인."

"뭐라고, 장인? 그 그렇지, 왕자는 이제 내 사위가 되겠군."

외눈박이 용은 마치 구름을 만난 듯이 흐뭇해 했다.

이제 그의 나이 마흔다섯, 야망을 이루기에 그리 늦은 나이는 아니리라.

대뢰는 소전오의 얼굴을 찬찬히 뜯어보았다. 결코 영웅의 풍모는 아니었다. 왜소한 체구에 뾰족한 턱, 마치 시궁쥐처럼 반짝이는 눈, 욕심 많게 생긴 얼굴이었다.

그러나 그것으로 족했다. 대뢰가 필요로 한 것은 덕이 있는 인물이 아니라 야망 있는 인물이었다. 소전오가 너무 큰 거목이 되면 그의 야심엔 오히려 방해가 될 것이 분명했다.

대뢰가 한쪽뿐인 눈을 지그시 감고 생각에 잠겨 있을 때 풍옥희가 시녀들의 부축을 받으며 들어왔다.

"아버님! 부르셨습니까?"

풍옥희가 대뢰에게 큰절을 올리면서 방 한쪽에 자리잡고 앉은 소전오를 흘낏 보자 얼굴이 붉어졌다. 결코 잘생긴 얼굴은 아니었지만 비단옷과 절풍모에 달린 옥관자, 화려한 귀공자의 풍모에 풍옥희는 오래 전부터 마음을 주고 있었던 것이다.

"그래, 잘 왔다. 여기 앉은 소왕자에게도 절을 올리거라. 소왕자가 오늘 청혼을 하였으니 장차 네 신랑이 될 분이다."

"예?"

풍옥희는 놀라면서도 뛰는 가슴을 진정시키느라 애쓰며 손끝을 바르르 떨었다.

이윽고 시녀들이 주안상을 차려 왔다.

"장인어른, 잔을 올리겠습니다. 부디 저를 도와주십시오."

"암, 장인이 사위를 왜 돕지 않겠소. 염려 말고 나 외눈박이 용을 믿고 왕자는 무예나 열심히 닦아 두오. 언젠가 쓰일 날이 있을

• 《일본서기》에 의하면 소전오는 하늘나라에서 벌을 받고 쫓겨났으며, 신라 땅에 머물다가 아들들과 배를 타고 일본 이즈모 지방으로 옮겨갔는데, 그곳에 출운국(이즈모)을 세웠다 한다. 사진은 출운국에 세운 출운대사라는 신사이며 일본 천황의 참배가 이어지는 곳이다.

것이오."
"명심하겠습니다."
대뢰는 소전오와 풍옥희만을 남겨놓고 밖으로 나왔다. 하늘에 먹구름이 저만치서 몰려오고 있었다.
"그래, 그래야지……."
대뢰는 손에 잡은 부채를 칼을 움켜잡듯 꽉 쥐고 펄럭 펼쳤다.
부챗바람이 뜨락의 꽃잎을 날리고 있었다.

⑬

박호와 혼돈씨의 전쟁

잠총과 어부, 박호의 3황 이후에 《역대신선통감》에 의하면 '혼돈(混沌)이라는 임금이 나와 살아 있는 것을 죽이지 못하게 했으며 남의 것을 빼앗지 못하게 했다' 한다.

이 말로 보면 혼돈 임금은 덕이 있는 인물인 듯한데 사마천은 《사기》에서 혼돈 임금을 다음과 같이 혹평했다.

'예전에 제홍씨(帝鴻氏—황로)에게는 몹시 고약한 자손이 있었다. 그는 어짊과 의로움을 완전히 상실했을 뿐 아니라 음험하고 잔인무도하며 포악하고 사악한 짓을 서슴지 않았다. 그리하여 천하의 사람들은 그를 혼돈이라 하였다.'

사마천의 《사기》뿐 아니라 중국의 《신이경(神異經)》에 의하면 '혼돈은 개와 같거나 사람과 곰의 모양을 합친 것같이 생겼다. 혼돈은 눈이 있지만 볼 수가 없고 귀가 있지만 듣지 못한다. 그래서 길을 걷기가 매우 힘들지만 남이 오는 것은 용하게도 알아맞힌다. 혼돈은 덕행을 갖춘 사람에게는 포악하면서도 나쁜 사람에게는 오히려 꼬리치고 아부하며 친절했다. 혼돈은 하는 일 없이 빈둥대며 놀기만 하면서 남에게는 비열한 행동을 서슴지 않았다' 한다.

그러면 이 혼돈 임금은 누구일까? 여기서 혼돈 임금은 소전오였다.

소전오와 풍옥희가 결혼한 지 3년이 지나자 소전오는 늘 울화가 치미는 듯 신경질을 부렸다.

"대장부가 이렇게 허송세월만 보내야 한단 말인가."

가우돌지가 어부 임금의 명을 받고 촉산 임금의 뒤를 이어 진국을 다스리고 있을 때 소전오는 대뢰의 집에 서옥을 짓고 데릴사위가 되어 들어앉았다. 그렇다고 처가에 도움이 되는 일을 한 것은 아니었다. 그는 대뢰나 풍옥희의 말이라면 껌벅 죽는 시늉을 했는데 점차 애가 타서 이따금 한숨을 쉴 때가 잦아졌다. 풍옥희는 그즈음 임신 중이었는데 얼굴이 꺼칠해지고 주근깨마저 늘었으나 한시도 소전오를 놓아 주려 하지 않았다.

소전오도 평소 풀지 못한 답답함이 있어선지 끊임없이 풍옥희의 몸을 요구했다. 부부의 교합에 있어서는 주위의 하녀들이 쑥덕거릴 정도로 별났다.

하녀들이 보거나 말거나 거리낌 없이 노골적인 행동을 보여 하녀들이 민망해 했으나 그들은 오히려 태연했다. 소전오보다 나이가 세 살이나 많은 풍옥희로서 빨리 출산하고 싶은 욕망이 있는데다 늦게 눈뜬 욕정을 자제할 길이 없었기 때문이었다.

"이번에 꼭 아들을 낳아야겠는데……."

풍옥희는 꼭 아들을 낳아 자랑하고 싶어 안달이었다. 풍옥희는 갑자기 인상을 쓰며 소전오의 손을 잡았다.

"아야! 뱃속에서 아기가 움직여요. 배가 아파요. 왕자님, 배 좀 쓸어 주세요."

풍옥희는 걸핏하면 배를 내밀고 소전오에게 매달렸다. 소전오도

싫지는 않은지 능글맞게 웃으며 풍옥희의 배를 쓸어 주었다.

"왕자님, 너무 상심 마세요. 제가 오늘 아버님께 말씀드려 볼께요."

소전오가 배를 쓸어 주자 풍옥희는 고양이처럼 눈을 스르르 감고 소전오에게 매달리며 뜨거운 숨을 내뿜었다.

"으음."

풍옥희는 하반신을 뱀처럼 꿈틀대며 소전오의 손을 그녀의 서혜부 쪽으로 끌어들였다.

그날 저녁이었다. 대괴가 퇴궐하기 바쁘게 풍옥희는 대괴의 방으로 찾아갔다.

"아버님, 언제까지 저희 소왕자를 모른 체하실 겁니까?"

풍옥희를 본 대괴는 흘낏 풍옥희의 부른 배를 쳐다보면서 물었다.

"그래, 너는 소왕자의 마음을 잡고 있느냐?"

"염려 마세요. 말을 듣지 않으면 엉덩이를 두들겨 주죠 뭐."

"쯧쯧. 왕자가 나이가 어리다고 함부로 굴어선 안 돼. 네가 나이가 많은 만큼 코를 꽉 꿰지 않으면 장차 큰일에 써먹을 수 없단 말이다. 알겠느냐?"

"예, 아버지. 그나저나 언제까지 이렇게 기다려야 해요?"

풍옥희는 시큰둥하게 대답하면서 아버지 대괴의 안색을 살쾡이처럼 살폈다.

"그렇지 않아도 내가 소왕자를 부를 참이었다. 즉시 가서 소왕자를 내가 보잔다고 일러라."

"무슨 일인데요, 아버지."

"글쎄, 너는 알 것 없다. 급한 일이니 빨리 불러 오도록 해라."

"예, 아버지."

풍옥희는 고개를 갸우뚱하며 소왕자를 부르러 갔다. 대뢰는 평상시와 달리 얼굴이 들떠 있었고 관복을 벗지 않은 채였다.

풍옥희가 소왕자를 불러오자 대뢰는,

"너는 물러가 있고 주위에 아무도 얼씬거리지 못하게 해라. 내 긴히 할말이 있음이야."

하고 풍옥희마저 물러가게 했다.

주위에 아무도 없는 것을 확인한 후 대뢰는 목소리를 낮추고 소전오의 손을 잡아 끌며 자기 옆에 다가앉게 했다.

"여보게 사위, 그 동안 잘 참아 주었네. 마침내 때가 왔어. 자네는 내가 왜 그 동안 참고만 있었는지 아는가?"

대뢰는 한쪽뿐인 눈을 빛내며 나지막이 속삭였다. 그러나 그 목소리는 흥분되어 있으면서도 격앙되어 있었다. 그의 표정은 들쥐를 노려보는 솔개의 의미심장한 눈초리와 같았다.

"글쎄요, 장인께서 가우돌지 따위를 두려워하신 것은 아닐 텐데 저는 그 연유를 아직 모르겠습니다."

"그렇지, 소왕자는 아직 젊은 게야. 내가 두려워한 것은 가우돌지가 아니라 어부 임금이었어. 비록 은퇴했다고는 하지만 어부 지황의 영향력이 너무 커서 자칫하면 대사를 그르칠 수 있기에 지금까지 자중하면서 때를 기다려 온 걸세."

"그렇다면 언제까지 기다리기만 해야 합니까?"

"아닐세. 이미 때가 왔어. 어부 지황께서 어젯밤 승하하셨네. 이제 소왕자가 어부 지황의 유훈을 받들어 먼저 지황의 권좌를 승계받는 거야. 모든 일은 순서가 있는 법. 천원을 정벌하는 것은 그 다음일세."

"고맙습니다, 장인."

"아닐세. 인사는 대업을 이룬 뒤에도 늦지 않으니 왕자는 빨리 서둘러 입궁토록 하세."

소전오와 대뢰는 입궁한 후 급히 팔대뇌공과 조정대신들을 불러 모았다. 조정대신들이 모두 모이자 먼저 대뢰가 나서서 입을 열었다.

"팔대뇌공과 조정대신들은 들으시오. 어젯밤 망극하게도 어부지황께서 승하하셨소."

대뢰는 말을 끊고 슬픈 표정을 지었다. 대신들도 이 소식을 듣고 모두 눈물을 흘리며 통곡했다. 온통 울음 바다가 되었다. 한참 후 대뢰가 또 입을 열었다.

"자, 진정들 하시오. 대신들은 이런 때일수록 자중하여 국가 대사를 먼저 생각해야 하오. 먼저 지황의 장례도 치러야 하고 지황의 지위도 승계토록 팔대뇌공과 대신들이 협력해야 할 것이오. 누구든 경거망동하여 지황의 업적을 문란케 하는 자는 나 대뢰가 감히 용서치 않겠소."

대뢰는 눈을 부라리며 위엄을 세웠다. 한쪽뿐인 눈이 광채를 띠고 번쩍였다. 이때 직녀의 아버지 치뢰가 입을 열었다.

"지황의 승계와 장례문제라면 당연히 인황이며 어부 지황의 장자이신 가우돌지 왕자님께 이 사실을 알리고 그의 뜻에 따르는 것이 도리가 아니겠소."

"옳습니다. 치뢰공의 말씀이 당연합니다."

치뢰의 말에 화뢰와 야뢰가 동조하고 나섰다. 이에 대해 다섯 뇌공들의 의견은 달랐다.

"치뢰공의 의견은 잘 알겠소만 가우돌지님은 이곳에서 너무나 멀리 계시오. 급히 사자를 보내 달려온대도 몇 달 후에나 도착할 것이오. 임금의 권좌는 하루도 비워 둘 수 없는 법인데 어찌 몇 달을 기다릴 수 있겠소. 또한 가우돌지 왕자님은 어부 지황의 후계자가 아니라 촉산 임금의 후계자가 되었으니 어부 지황의 후계자는 여기 계신 소전오 왕자님이어야 할 것이오. 어젯밤 지황께서는 소신에게 유언을 남기셨소. 그 유언은 소전오 왕자로 하여금 지황의 지위를 승계토록 하라는 것이었소."

대뢰의 말을 듣고 또다시 술렁이는 대신들 가운데 치뢰가 나섰다.

"어부 지황께서 유언을 남기셨다니 그 증거를 보여주시오."

치뢰의 말에 대뢰는 그럴 줄 알았다는 듯이 싱긋 웃었다.

"소전오 왕자님, 어부 지황께서 왕자님께 내린 보물을 보여주소서."

소전오는 대뢰에게서 받은 곡옥(曲玉)을 품안에서 꺼냈다. 여덟 개의 곡옥이 작은 단검에 매달려 영롱한 빛을 발했다.

서팔판경(瑞八坂瓊)이라는 것으로 팔대뇌공과 지황 어부 임금간의 신물이었다. 이 단검을 보자 팔대뇌공과 조정대신은 모두 소전오 앞에 대례를 올렸다. 서팔판경은 원래 어부 임금이 가우돌지에게 전해 주라 한 것을 대뢰와 소전오의 모친 왕후가 공모하여 빼돌린 것이었다. 그러나 대신들이 알 수 없었던 까닭에 소전오는 마침내 지황에 올랐다.

이 지황 소전오를 후세 사람들은 혼돈씨라 했다. 그 까닭은 스스로 모든 일을 판단하는 게 아니라 대뢰의 꼭두각시가 되어 있었기 때문이다. 《신이경》에 의하면 '혼돈씨는 눈이 있지만 볼 수가 없고 귀가 있지만 듣지 못했다' 한다.

혼돈씨 소전오는 지황이 된 후 그 야욕을 더욱 키워 견우 박호 환인이 다스리는 촉나라 진국(辰國)을 노리고 있었다.

'촉땅 진국을 치기 위해서는 배가 많이 있어야겠는데 배는 진국에 더욱 많고 진왕 가우돌지가 오랫동안 이수(夷水)와 흑룡강을

제패하고 있으니 이길 수가 없을 것이다. 무슨 좋은 방법이 없을까?'

염국의 소전오(스사노오)는 머리를 싸매고 궁리를 거듭하다 마침내 한 계책을 세웠다.

"여봐라, 흡혈오귀를 불러라."

흡혈오귀는 소전오의 다섯 심복이었다. 그 첫째가 광재이존(光在耳尊)이다. 이는 귀가 당나귀처럼 생겼고 성질이 급하고 흉폭한 인물인데 도끼를 잘 휘둘렀다. 둘째는 천수일명(天穗日命)이라 하는데 머리카락이 한 올도 없는 대머리였다. 그는 채찍을 잘 사용했으며 걸핏하면 채찍으로 사람을 쳐 피살을 튀게 했다.

셋째는 천진언근명(天津彦根命)이며, 넷째는 활진언근명(活津彦根命)이라 한다. 천진언근명과 활진언근명은 쌍둥이였다. 이들은 몸매가 가늘고 키는 작지만 동작이 재빠르고 민첩하여 두 사람이 협공하면 웬만한 고수도 당해내기 어려웠다.

다섯째는 웅야여장일명(熊野櫲樟日命)이라 하는데 곰처럼 덩치가 크고 힘이 세었다. 그리고 온몸이 근육으로 불거져 칼날이 들어가지 않을 정도였다. 그는 천반역장선을 이끄는 장군이기도 했다.

이들 흡혈오귀가 모두 모이자 소전오는 명을 내렸다.

"흡혈오귀! 너희들은 지금 즉시 촉나라로 잠입하도록 하라."

"마마, 저희들이 진국으로 잠입해서 무엇을 하오리까?"

흡혈오귀 중 첫째인 광재이존이 답답함을 참지 못해 재촉하자 소전오는 광재이존을 흘낏 보더니 핀잔을 주었다.

"성질도 급하기는……."

"다시 말하겠다. 그대들은 이제부터 장사꾼 복장을 하고 진국으로 가서 우리 염국에 물소떼들이 많다고 소문을 퍼뜨려라."

"그런 소문을 퍼뜨려 무슨 이득을 얻을 수 있습니까?"

광재이존은 여전히 납득이 잘 가지 않는다는 투였다.

"이해가 안 간다면 그냥 시키는 대로 하라. 또 이런 소문도 퍼뜨려라. 염국 사람들은 이런 물소를 주고 진국에서 나는 곡물을 얻고 싶어한다고 말이다."

그제야 광재이존도 납득이 간 듯했다.

"물소와 곡물을 바꾸면 좋지요."

광재이존의 생각엔 소전오가 물소를 주고 곡물을 구해 백성들의 굶주림을 구하려는 줄로 알았다. 소전오는 광재이존의 이같은 짐작을 내버려 두었다. 봉황의 뜻을 뱁새가 알겠는가 싶어서였다.

흡혈오귀가 장사꾼으로 변장하여 진국에 소문을 퍼뜨린 지 한 달이 지났다. 마침내 소문이 진국의 임금 박호(견우)에게도 전해졌다. 박호 환인은 대신들을 소집했다. 병권을 맡은 수리와 교육을 맡은 집비둘기, 건축과 토목공사를 맡은 뻐꾸기, 법률과 형벌을 맡은 매, 수선과 허드렛일을 맡은 집비둘기 등 새의 관직 이름을 가진 대신들이 모이자 박호 환인은 봉황이 새겨진 옥좌에 앉아 명을 내렸다.

"대신들은 들으시오. 항간에 나도는 소문을 들으니 염국에는 물소들이 많은데 그들이 진국에서 나는 곡물과 바꾸기를 원한다 들었소. 우리 진국은 농업이 성하나 힘센 가축이 적어 농사에 힘이 매우 드오. 과인은 염국으로부터 힘센 물소들을 들여오고 싶으니 대신들은 협력하여 염국으로 통하는 길을 닦고 물소들을 데려오도록 하시오."

"폐하, 그 일은 산과 골짜기를 파헤쳐야 하는 큰 일이옵니다. 보통 사람들로서는 감당할 수 없으니 능력 있는 자들을 뽑아 맡기시옵소서."

건축과 토목을 맡은 삐꾸기 대신이 말했다.

"그렇소. 대신의 말이 지당하오. 힘센 장사 다섯 명을 뽑아 이 일을 맡기려 하니 대신들은 훌륭한 인물들을 추천해 주기 바라오."

박호 환인의 결정에 따라 대신들은 다섯 명의 힘센 인물을 추천했다. 신화에서 이들을 오정역사(五丁力士)라 했다.

오정역사를 중심으로 길을 닦았는데 이 길을 금우로(金牛路)라 했다. 염국의 황금처럼 귀한 물소떼들을 데려오기 위한 공사였기에 지어진 길 이름이었다.

오정역사와 진국 백성들이 열심히 일한 끝에 길을 닦아 염국의 물소떼를 보았을 때 그들은 실망하지 않을 수 없었다.

"이깟 물소떼를 위해 그토록 고생하며 길을 닦았단 말야."

이렇게 오정역사들이 분통을 터뜨리고 있을 때 염국의 소전오는 쾌재를 부르고 있었다. 진국으로 쳐들어갈 길을 손 하나 대지 않고 얻게 된 까닭이다. 오정역사들이 화를 내며 '이 더러운 동방의 소 목동 놈들을 먹여 살리려고 우리가 죽을 고생을 했던가' 하고 투덜댔다는 말을 듣고 소전오는 빙그레 웃었다.

'그래, 우리는 소 치는 사람들이지만 기어코 촉나라를 삼켜 가우돌지에게 쌓인 한을 풀리라.'

이렇게 각오를 다진 소전오에게 가장 장애가 되는 것은 촉(蜀)의 오정역사들이었다. 소전오는 대리 각마유(脚摩乳)와 의논하여 오정역사들을 초청해 연회를 베풀었다.

"진국의 용감한 용사 오정역사들이여! 그대들이 산을 헤치고 들판을 가로질러 염국까지 금우로를 내었으니 그 수고로 양국은 모두 큰 혜택을 누리게 되었소. 그리하여 진국은 농사에 요긴한 물소떼를 가지게 됐으며 염국은 겨우내 먹을 소중한 양곡을 구하게 되었소. 이는 모두 역사(力士)들의 공이니 내 어찌 그대들의 공로를 치하하지 않을 수 있겠소. 오늘을 위해 과인은 신하들에게 매화와 포도 열매를 모아 팔온주(八醞酒—여덟 번 걸러 만든 순도 높은 명주)를 빚게 했노라. 그 술이 항아리 여덟 개에 가득하니 사양 말고 우리와 함께 즐기도록 하세."

소전오는 연회에 술뿐 아니라 궁녀들까지 함께하여 풍악을 울리게 했다.

오정역사들은 소전오의 친절에 너무나 감격했다.

"염국 대왕이시여! 저희들은 단지 진국 대왕의 명을 따라 금우로를 닦았을 뿐인데 대왕의 칭찬이 분에 넘치옵니다. 저희 오정역사들은 대왕의 높은 덕을 귀국하여 널리 전할 것이며 길이 양국의 화평을 도모토록 애쓰겠습니다."

오정역사들이 이렇게 말하자 소전오는 기쁜 듯 직접 오정역사들의 잔에 일일이 술을 따라 주었다.

"과연 훌륭한 장군들이오. 과인은 그대들처럼 영민하고 출중한 장군들을 진작 만나고 싶었소."

이러한 소전오의 응대에 진국의 오정역사들과 병사들은 흐뭇하여 마음껏 마시고 취했다. 옆에서 아름다운 미녀들이 권하는 데다 술과 안주가 매우 향기로웠고 분위기마저 흥겨워 마냥 마셔 급기야 모두 취해 있었다. 이때 소전오는 대리 각마유와 함께 눈빛을 빛내고 있었다.

"이제 놈들은 모두 취해 있소."

대리 각마유의 말에 소전오가 맞장구쳤다.

"그렇습니다. 한칼에 놈들을 쓸어 버립시다."

소전오와 대리 각마유의 명을 받은 염국의 장병들은 소리없이 접근하여 진국의 오정역사와 병사들의 목을 모조리 베어 버렸다.

《일본서기》는 오정역사를 팔지대사(八岐大蛇)라 기록했으며 팔지대사를 술을 먹여 죽였다 했다.

소전오는 오정역사의 몸을 한 사람씩 확인하여 보고 난 후 안도하는 듯했다.

"이젠 됐어. 가우돌지놈, 놈은 껍데기만 남았어."

소전오는 군사들을 휘몰아 진국을 향해 달려갔다. 금우로까지 닦여 있으니 거칠 게 없었다.

소전오가 대군을 이끌고 쳐들어 온다는 소식을 듣자 박호 환인을 깜짝 놀랐다.

'왜 소전오가 천상(天上, 川上) 인황의 나라 촉국에 올라오는 것일까? 이미 아버님(어부 름군)께서 그의 나라를 정해 주셨거늘 제 나라는 다스릴 생각은 않고 왜 천상으로 온단 말인가. 이것은 분명히 내 나라 촉국을 빼앗으려는 흉계가 분명해.'

박호 환인은 평소 소전오의 흉계를 너무도 잘 알고 있었기 때문에 급히 싸울 준비를 시작했다.

흑단처럼 흘러내린 머리카락은 상투를 틀어 올렸고 인황의 곤룡포를 벗고 말을 타기 좋은 바지로 갈아입고 옷자락이 나부끼지 않게 여덟 개 언덕에서 나는 오백 개의 구슬로 옷깃을 모두 묶었다. 등에는 천 개의 화살이 담긴 전통(箭筒)을 매고 팔뚝에는 활팔찌를 찼다. 손에는 힘차게 아끼던 십악검을 움켜쥐었다.

박호 환인의 모습은 늠름하여 천신과 같았다. 그는 자신뿐 아니라 군에도 급히 무장토록 했다. 그러나 이미 오정역사들이 대군을 끌고 가 몰살당했기 때문에 군사들이 턱없이 부족했다.

'아니, 오정역사들은 어디 있단 말인가. 혹시 소전오에게 잡힌 게 아닐까?'

박호 환인은 불안하기 그지없었다. 급히 장정들에게 전쟁준비를 명했다.

농부가 쓰는 쟁기는 전쟁터의 목책이나 마름쇠로 쓰기 위해 모여졌으며, 우마차는 군사용 양곡을 운반케 했고 호미와 곰방메 따위는 창과 칼을 대신했다.

여인들은 깃발과 군복을 만드느라 분주했다. 평온하던 농민들로 군대를 편성했으니 한마디로 오합지졸이었다.

그러나 사기는 하늘을 찌를 듯 충천해 있었다. 그만큼 박호 환인을 믿고 따랐기 때문이다. 박호 환인은 급히 군대를 이끌고 나갔다. 그의 태도는 태산처럼 무거웠고 힘이 있어 눈보라 속에서도 흔들리지 않을 정도로 결의에 차 있었다.

양쪽의 대군이 아사달의 들판에서 마주쳤다. 그들 사이에 갑자기 긴장감이 돌았다. 먼저 박호 환인이 앞으로 나서 소전오를 꾸짖었다.

"소전오! 너는 왜 대군을 이끌고 쳐들어 왔느냐? 분명히 아버님께서 너에게 근국(根國)을 다스리라 했거늘 어찌해서 이곳으로 왔단 말인가?"

소전오는 박호 환인의 말을 듣고 뭐라고 대답해야 할지 대답이 궁했다. 명분이 분명치 않았기 때문이다. 소전오는 자기의 심복 흡혈오귀들을 불렀다.

"어떠냐? 싸워 이길 수 있겠는가?"

소전오의 말에 광재이존이 대답했다.

"적들은 오합지졸이나 숫자가 우리보다 많은데다 박호 환인을 중심으로 굳게 뭉쳐 있어 먼저 박호 환인을 제압치 못하면 곤란합니다."

소전오는 광재이존의 말에 고개를 끄덕였다. 소전오도 박호 환인의 무예솜씨를 익히 알고 있었기 때문이다.

"알았다. 먼저 가우돌지놈부터 제압하자."

소전오는 광재이존에게 의미 있는 눈짓을 한 다음 천천히 앞으로 나서서 소리쳤다.

"가우돌지 형님, 나 소전오요. 내가 이렇게 온 것은 다른 게 아니라 형님께서 보내신 오정역사들을 도와주러 온 것이오. 나는 형님이 보고 싶어 왔는데 형님은 마치 싸울 듯이 칼과 활로 완전무장을 하고 있구료. 이래서야 형님이 무서워 어디 가까이 가겠소."

소전오는 그의 말대로 평복이었고 무기도 들지 않았다. 그러나 박호 환인은 안심할 수 없었다.

"좋다. 네 말이 그렇다면 먼저 오정역사들을 내게 보내라. 그렇게 하면 나도 무기를 버리고 너를 맞으마."

소전오는 박호 환인의 제안에 속으로 '흥'하고 코웃음을 쳤다. 역시 '가우돌지는 어리석다' 싶었다.

"형님, 좋습니다. 그럼 이렇게 합시다. 내가 오정역사들을 보낼 테니 형님은 형님의 십악검을 내게 보내 맹세해 주시오. 그러면 서로 믿을 수 있을 게 아니겠소."

소전오의 제안에 박호 환인의 시녀 전심희(田心姬)가 박호 환인을 만류했다.

"진왕마마! 아니 되옵니다. 분명히 다른 흉계가 있을 것입니다."

전심희의 걱정을 모르는 바 아니었지만 박호 환인은 오정역사들이 돌아올 수만 있다면 소전오의 대군과 충분히 싸울 수 있으므로 승낙하지 않을 수 없었다.

"전심희, 그대의 걱정을 모르는 바 아니지만 오정역사들이 소전오에게 있는 모양인데 그들을 내버릴 수는 없소. 그대는 내 십악검을 전하라."

박호는 전심희에게 십악검을 풀어 주며 소전오에게 소리쳤다.

"좋다. 네 말대로 십악검을 보내마. 너도 오정역사들을 내게 보내라."

전심희는 두 명의 여무사 단진희(湍津姬) 시저도희(市杵嶋姬)와 함께 박호 환인의 십악검을 받들고 소전오의 군진을 향해 갔다.

소전오의 군진에서도 다섯 명의 장수들이 박호 환인을 향해 왔다. 다섯 명의 장수들이 박호 환인의 곁에 다가서자 소전오는 쾌재를 불렀다.

"이젠 내가 이겼다."

박호 환인 곁으로 다가선 다섯 장수들은 재빨리 박호 환인을 에워싸고 공격했다. 그들은 오정역사들이 아니라 소전오의 심복 흡혈오귀였던 것이다.

박호 환인은 당황했다. 십악검마저 빼앗긴 상태였기 때문에 소도(小刀)로 흡혈오귀를 상대하려 했지만 급습을 당해낼 수가 없었다.

"무엄한 놈들, 이게 무슨 짓이냐?"

박호 환인이 뿌리치려 했지만 다섯 명의 거한들을 당할 수가 없었다. 이때 소전오가 소리쳤다.

"가우돌지놈이 잡혔다. 촉국놈들을 모조리 죽여 버려라."

박호 환인이 흡혈오귀에게 제압당하자 당황한 촉군들을 태풍이 몰아치듯 공격했다.

이미 대세는 기울어졌고 싸움이라기보다는 살륙에 가까웠다. 염국 병사들은 촉국 사람들을 남녀노소 가리지 않고 이리떼처럼 살륙하는 처참한 지경에 이르렀다.

소전오는 박호 환인을 자기 앞에 무릎 꿇게 하고 비웃었다.

"흥, 네까짓 게 인황이라고? 앞으로 너는 내 종이 되어 나를 섬겨야 할 것이다. 그렇지 않으면 당장 저 강물에 던져져 물고기밥이 될 것이다."

박호 환인은 눈을 부릅뜨고 소전오를 향해 침을 뱉았다.

"퉤, 비열한 놈, 차라리 나를 죽여라. 형인 내가 어찌 네 종이 되어 살기를 바라느냐. 죽여라, 이놈!"

소전오는 얼굴에 묻은 침을 닦아내며 유들유들하게 웃었다.

"안 되지, 그렇게 쉽게 죽여서는……. 너는 내가 당한 수모가 어떤 것인지 알지 못할 거야. 이제 아주 천천히 갚아 주마. 우선 네놈을 따르는 놈들부터 모조리 죽여 버리겠다."

염국의 병사들은 송화강(이수)의 아사달을 온통 피로 물들였다. 피는 흘러 강물이 되었다.

천팔십하(天八十河)의 오백 개 바위들이 온통 핏빛으로 변하고 있었다. 백일하의 대살륙은 눈을 뜨고 볼 수 없을 지경이었다.

소전오의 병사들은 박호 환인이 애써 가꿔 놓은 논밭을 얼룩망아지〔天斑駒〕처럼 뛰어다니며 짓밟아 놓았다. 그러자 이미 수확을 앞둔 곡식이 흙탕물에 뭉개졌다.

박호 환인과 축국 백성들이 땀흘려 가꾼 논밭이 쑥대밭이 되었다. 뿐만 아니라 박호 환인이 신상(新嘗—햇곡식)으로 제사를 지내던 신전, 즉 사직단에는 염국 병사들이 분뇨를 끼얹고 분탕질을 쳐댔다.

《일본서기》는 '박호 환인이 봄에 씨앗을 뿌린 곳에 소전오가 이중으로 씨를 뿌려 망치게 했다' 한다. 그 심술은 가히 우리 민족의 설화 주인공 놀부에 못지 않다.

〈흥부놀부전〉은 바로 역할이 바뀐 소전오와 박호 환인이었다. 제비가 박씨를 물어 왔다는 흥부전의 이야기는 박호 환인으로부터 농사가 시작되었음을 밝히는 내용이다.

박호 환인은 새들의 임금이었으니 그 신하 제비가 사신으로 왔음을 설화에서 전하고 있다. 이 제비의 알을 먹고 은나라의 상제 제곡의 부인 간적은 은나라의 시조 설을 낳았다. 은민족은 바로 우리 민족과 같은 뿌리에서 나왔으니 신화 또한 같은 것이다. 〈흥부와 놀부〉의 성씨는 연씨이니 이는 제비 연(鷰)을 나타내는 것이다. 놀부가 제비의 다리를 부러뜨리듯 소전오의 행동이 흉폭해서 박호 환인은 차마 눈뜨고 볼 수 없었다. 박호 환인은 소전오 앞에 눈물을 흘리며 빌었다.

"내가 잘못했다. 앞으로 네 종이 되어 시키는 대로 하겠으니 제발 더 이상 죄 없는 사람들을 죽이지 말아다오."

박호 환인이 애처롭게 애원하자 소전오는 그런 그를 비웃었다.

"그건 네가 상관할 일이 못 돼. 돼먹지 못하고 건방지긴……. 여봐라, 저 가우돌지를 천석굴(天石窟)에 가둬라. 놈을 아주 천천히 죽여야겠다."

소전오는 박호 환인을 어두운 암굴 천석굴에 가뒀다. 다시는 돌아올 수 없는 형극의 굴이었다.

이때 직녀(稚日女尊) 치산희는 제복전(齊服殿)에 있었다. 조용히 박호 환인의 무사 귀환을 빌며 베틀에 앉아 있었는데 마음이 불안하기 짝이 없었다.

'싸움이 어떻게 되었을까? 제발 낭군께서 무사히 돌아오셔야 할텐데……. 내가 전쟁터에 따라 나갔어야 하는 건데…….'

직녀가 박호 환인을 따라 나가고자 했을 때 박호 환인이 만류했던 것이다.

"그대는 지금 아이를 가지고 있지 않소. 잘못되면 어쩌려고 그러는 게요. 별일 없을 테니 이곳에서 베나 짜고 있으시오."

이렇게 만류하여 베틀에 앉았으나 베를 짤 만큼 마음이 안정되지 않았다. 그래서 조마조마한 마음으로 베를 짜고 있는데 한 무사가 제복전 문이 부서질 듯 뛰어 들어왔다. 박호 환인을 경호하던 원화(여자 화랑) 천전녀였다.

"마마, 졌습니다. 분하게도 박호 환인께서 소전오에게 잡혔습니다. 적병들이 몰려오고 있으니 어서 피하옵소서."

천전녀의 말에 직녀는 놀라 베틀에서 굴러 떨어졌다. 그 바람에 손에 들고 있던 북〔梭〕이 그녀의 가슴을 찔러 피가 흐르고 있었다.

"음, 낭군이시여……."

직녀가 피를 흘리며 쓰러지자 천전녀는 재빨리 직녀를 말에 태웠다. 멀리서 적병들의 함성이 다가오고 있었다. 다급한 천전녀는 급히 말을 몰아 서쪽 송화강 상류를 거슬러 올라갔다.

다음날 양산(陽山) 기슭의 나정(蘿井) 우물가에서 해산 때가 다가오는 직녀와 천전녀가 발길을 멈추었다. 마침 계수나무숲이 둘러 있어 지친 몸을 쉬기에 좋았다. 직녀는 그곳에서 죽더라도 더는 발길을 옮길 수가 없을 정도로 지쳐 있었다.

직녀는 온몸에 진땀을 흘리고 있었다. 직기에서 떨어지면서 북에 찔린 상처가 아물지도 않은 터에 급히 도망하느라 심신이 매우 지쳐 있었기 때문이다. 아득히 정신이 멀어질 때마다 직녀는 이를 악물었다.

"아! 어떻게든 아이를 무사히 낳아야 할텐데……."

"마마, 힘내시옵소서. 조금만 더……."

직녀 치산희는 온몸이 갈라지는 듯한 통증을 느끼며 한 아이를 출산했다. 아이를 받아낸 천전녀는 직녀를 흔들었다.

"정신 차리시옵소서, 아들이옵니다. 왕자님이시랍니다. 울음 소리도 정말 우렁차군요."

직녀 치산희는 천전녀의 말을 듣고 희미하게 미소지었다.

그때 갑자기 흙먼지가 일며 말발굽 소리가 들려 왔다. 천전녀는 갑자기 나타난 무사들에 둘러싸여 불안했으나 재빨리 직녀를 가로막으며 앞으로 나섰다.

"웬놈들이냐?"

달려온 무사들이 순식간에 직녀와 천전녀를 에워쌌다. 그들 가운데 건장한 체구에 위엄 있게 구레나룻 수염을 기른 무사가 앞으로 나섰다.

"그대들은 누구길래 신성한 우리 고허촌의 성지에 와 있는가?"

그곳은 촉국의 제후 고허국의 옛터였던 것이다. 천전녀는 눈을 부릅뜨며 소리쳤다.

"무엄한 놈들, 이분은 촉나라 진왕의 황후님이시다. 무릎을 꿇지 못하겠느냐?"

천전녀의 말을 듣자 주위를 둘러싸던 무사들이 모두 무릎을 꿇었다.

"황후마마, 황공하옵니다."

직녀는 이들이 소전오의 부하들이 아님을 알자 비로소 마음을 놓았다. 구레나룻의 무사가 말했다.

"저는 이곳 고허촌의 국주(國主) 소벌도리라 하옵니다. 평소에 박호 환인의 덕을 사모했사온데 적들을 물리치지 못했으니 저희들의 죄가 큽니다. 다행히 이곳에는 진한의 육촌이 모여 있어 능히 소전오의 침략을 막을 수 있사오니 안심하소서."

직녀는 소벌도리의 말에 천군만마의 우군을 만난 듯 힘이 솟았다.

"소벌공, 고맙습니다. 진왕 박호 환인은 불운하여 이복동생 소전오에게 나라를 빼앗기고 천석굴에 유폐되었습니다. 저 또한 명이 다해 원한을 갚을 길이 없습니다. 다행히 하늘이 보우하심으로 이

몸이 진왕의 혈육을 얻었습니다. 부디 이 왕자를 맡아 원한을 갚게 해 주신다면 그 은공 지하에서라도 잊지 않겠습니다."

직녀는 천전녀에게 명하여 갓난 왕자를 소벌공에게 맡기도록 했다.

소벌공이 왕자를 받아안자 직녀는 천전녀의 부축을 받아 일어나서 큰절을 올렸다.

"부탁하오, 소벌공! 부디 왕자를……."

직녀 치산희는 이 말을 끝으로 기운이 다하여 숨을 거두었다. 은하수에 어린 비극이었다.

직녀의 사연을 김시습은 이렇게 슬퍼했다.

봄이라 꽃피는 밤 달빛마저 꽃다운데
내 시름 그지없어 달님아 물어보자.
이 몸이 새가 되어 비익조가 된다면
푸른 하늘에 님과 함께 날개 펴고 날리라.
칠등(漆燈)도 캄캄한 채 밤은 어이 깊어 깊어
북두성 가로 비껴 달빛도 처량할제
슬프도다 저승길 뉘라서 좇아오리
다북한 쪽진머리 단장도 옛일이라. —〈금오신화〉 중에서

소전오에게 나라를 빼앗긴 박호 환인을 사람들은 망제(望帝)라 불렀다. 그는 천석굴에 갇혀 피눈물을 흘리고 있었다.

망제가 천석굴에 갇힌 후 들려 오는 갖가지 소식은 더욱 그를 절망하게 했다. 그의 아내 직녀가 소전오의 첩이 되었다느니, 또는 서쪽으로 달아나 고황산령존의 비가 되었느니 하는 소문과 함께 아기를 낳다 죽었다는 등 갖가지 소문이 무성했다. 그런 소문을

들을 때마다 망제 박호 환인은 괴롭기 그지없었다.

'사랑하는 나의 아내, 직녀 황아(치산희)! 도대체 그대는 살아 있소, 죽었소?'

나라를 잃고 자유를 잃은 슬픔보다 사랑하는 여인을 잃은 슬픔이 망제를 더욱 못 견디게 했다.

봄날 두견새(소쩍새)가 울면 더욱 직녀 황아가 그리웠고 달이 뜨면 더욱 서글펐다. 두견새의 울음을 듣노라면 마치 직녀가 '귀촉(歸蜀) 귀촉(歸蜀)' 하고 촉나라로 돌아오라고 우는 것 같아 망제는 '불여귀(不如歸) 불여귀(不如歸)' 하며 가슴을 쳤다. 그러나 언제쯤 돌아갈 수 있을지 모르는 세월의 아픔, 마음은 새가 되어 그리운 님 직녀 곁을 날고 있었다.

그 마음을 미당 서정주 님은 이렇게 읊었다.

> 눈물 아롱아롱
> 피리 불고 가신 임의 밟으신 길은
> 진달래 꽃비 오는 서역 삼만리
> 흰 옷깃 여며여며 가옵신 임의
> 다신 오지 못하는 파촉(巴蜀) 삼만리.
>
> 신이나 삼아 줄 걸 슬픈 사연의
> 올올이 아로새긴 육날 메투리
> 은장도 푸른날로 이냥 베어서
> 부질없는 이 머리털 엮어 드릴걸.
>
> 초롱에 불빛 지친 밤하늘
> 굽이굽이 은하물 목이 젖은 새

차마 아니 솟는 가락 눈이 감겨서
제피에 취한 새가 귀촉도 운다
그대 하늘 끝 호올로 가신 임아.

-〈귀촉도〉,《춘추(春秋》 32호(1943년 10월호)

정곡을 찌르는 듯한 서정주 님의 말처럼 피눈물에 맺혀 망제 박호 환인은 울고 있었다. 죽으려도 직녀의 얼굴 한번 보지 못하고는 죽을 수 없는 형극의 삶, 하루에도 수십 번씩 피가 말랐고 가슴이 타다 못해 재가 되어 버리길 십여 년, 사람들의 기억에서조차 사라지는 망제가 되고 있었다.

대황(大荒)의 서쪽 끝에 있는 일월산에 오거천문(吳炬天門)이란 곳이 있는데 그곳은 해와 달이 숨는 곳이다.

그곳이 망제가 있는 천석굴인 것이다.

《삼국유사》 선도성모(仙桃聖母) 수희불사편에 이런 말이 있다.

'옛날 중국 황실에 딸이 있었는데 바다를 건너 진한(辰韓)에 이르러 아들을 낳아 해동의 시조가 되었고 그녀 자신은 땅의 신선이 되어 오래도록 선도산(仙桃山)에 있었다.'

이 말은 선도성모에 대한 말인데 선도성모의 자손이 신라의 시조 박혁거세라는 것이다.

이 내용을《태백일사》는 더욱 구체적으로 밝히고 있다. 이를 보면 '사로시왕(斯盧始王)은 선도산 성모의 자손이다. 옛날 부여(夫餘) 제실(帝室)의 딸 파소(婆蘇)가 남편 없이 아이를 배어 남의 의심을 받자 눈수(嫩水)로부터 동옥저에 이르러 배를 타고 진한의 내을촌(奈乙村)에 이르렀다' 한다.

이 말에 의하면 신라의 시조 박혁거세는 부여의 후손이며 부여의 도읍이 있던 곳에서 진한의 내을촌에 이르렀다는 것이다.

박호 환인 때의 진한은 지금의 경주 일대에 있었던 게 아니라 송화강 일대에 있었으니 눈수에서 멀지 않은 곳이다. 임신한 여인이 흑룡강성의 북쪽에서 흘러내리는 눈강을 따라 내려올 수는 있으나 지금의 경주에까지 왔다는 것은 무리이다.

진한은 한반도에 있었던 게 아니라 지금의 송화강 일대에 있던 박호 환인 때의 진국(辰國)에서 그 뿌리를 찾아야 한다. 그리고 내을촌은 내수(奈水)가 흐르는 곳이며 지금의 송화강으로 흘러드는 강이다. 을(乙)이란 '새을(乙)'로써 새〔鳥〕를 가리킨다.

박호 환인 때는 새로 관직을 두었다 한 것으로 보아 알 수 있다. 은나라 왕들의 이름이 을(乙)이다. 은의 시조 탕(湯)은 천을(天乙)이라 하고 그 후대왕들은 조을(祖乙), 무을(武乙), 제을(帝乙) 등이 있다.

송화강 내을촌에 살던 은민족이 나눠져 중국의 황하 일대로 옮겨 간 까닭이다. 은민족의 상제로 여겨지는 제곡이나 제준 역시 새들의 임금으로 표현하고 있으니 내을촌이나 진한의 육촌은 송화강 상류에 있던 박호 환인의 나라인 것이다.

선도성모는 부여 제실의 딸이 아니라 염수의 여인 월궁(月宮)이었으며 눈수를 따라 내려온 여인은 직녀 황아였다. 직녀는 아들을 알천 양산촌(楊山村) 아래에 있는 라정(蘿井)이란 우물가에서 낳았던 것이다.

이때 돌산 고허촌장 소벌공을 위시한 진국 사람들이 우물가에 이상한 정기가 어리는 것을 보고 모여든 것이다. 직녀가 낳은 아들을 향해 백마가 꿇어앉아 절을 올렸다 하여 이 모습을 신기하게 생각한 진국의 육촌장들이 사내 아이를 동천(東川)에 목욕시키니 아이의 몸에서 광채가 나고 새와 짐승이 춤을 추며 천지가 진동하고 해와 달이 청명하므로 불구내왕(밝은 임금)이라 했다.

박호 환인의 진국이 망하고 그 임금은 천석굴에 갇혔으나 진국의 여섯 부족은 어린 왕자 호령(불구내왕)을 받들어 옛 진국을 다시 찾으려 했다.

고허촌장 소벌공 소벌도리를《일본서기》는 고황산령존이라 했다. 고황산령존은 박호 환인의 왕자 호령을 친아들처럼 키우면서 진왕 박호 환인을 구하려 애를 썼으나 소전오의 국력이 강해 그 일이 쉽지 않았다. 그러기를 어느덧 12년이란 세월이 지났다.

그 동안 고허에는 소전오의 폭정에 시달린 유민들이 많이 몰려들어 소전오에 대항할 수 있게 되었다. 고황산령존은 육촌의 촌장들과 신하들을 불러 모았다.

"지금까지 우리 육촌의 후예들은 진국을 회복하려 했으나 아직도 나라를 회복치 못하고 어진 박호 환인은 아직도 천석굴에 갇혀 있소. 어떻게 하면 좋겠는지 의견들을 말해 보시오."

고황산령존의 말에 취산 진지촌의 촌장 지백호(智伯虎)가 먼저 말했다. 그는 사겸공(思兼公)이라고도 했다.

"제 생각으로는 먼저 천하에 널리 포고하여 격문을 띄우는 게 좋을 것 같습니다. 혼돈씨 소전오는 포악하여 민심을 잃고 있사오니 팔대뇌공 중에도 우리와 뜻을 같이할 사람이 있다고 봅니다. 다만 팔대뇌공들에게 확신을 주기 위해서는 먼저 자력으로 박호 환인을 천석굴에서 구하는 것이 우선입니다."

고황산령존은 지백호 사겸공의 말에 고개를 끄덕였다.

"지백호 사겸공의 말이 옳소. 그럼 어떻게 박호 환인을 구할 것인지 말해 보시오."

"예, 우선 충성되고 용력 있는 장수들을 뽑아 보낸다면 그리 어려운 일이 아닐 것입니다."

"박호 환인은 천하의 임금이시니 구해서 모셔 올 때는 격의에 맞도록 준비토록 해야 할 것이오."

"예, 차질없이 거행하겠사옵니다."

사겸공은 옛 진국의 충신 후예들을 불러모았다. 이미 박호 환인의 시녀들인 전심희, 단진희, 시저도희의 후예들을 불러들였는데 전심희는 천아옥명(天兒屋命)이란 아들이 있었다.

천아옥명은 고허국의 삼천 금위군의 대장군에 올라 있었다. 무예 또한 뛰어나 건곤유성검(乾坤流星劍)이란 검법을 창안하여 어느 누구도 대적할 사람이 없었다.

사실 검(劍)은 백병지왕(百兵之王)이라 할 만큼 널리 사용되어 처음에 배우기는 쉬웠으나 경지에 오르기까지는 그리 쉬운 일이 아니었다.

그러나 천아옥명은 삼신(三神)의 혈맥을 이어온 삼신천부검법을 더욱 연성하여 건곤유성검으로 창안한 검의 귀재였다.

또한 단진희에게는 직녀를 구한 천전녀라는 딸이 있었는데 천전녀는 성격이 남자들보다 활달하고 검(劍)과 창(槍), 도(刀)는 말할 것도 없고 암기(暗器)에도 통달해 있었다.

특히 그녀의 옥녀산화수(玉女散花手)란 창법은 신기에 가까웠다.

그리고 시저도희에게는 청강호와 태옥명이란 두 아들이 있었는데 청강호는 각종 병기를 만들어 고허국의 금위군에 공급하고 있었다. 천강호의 수하에는 이십여 명의 철기공들이 있었다. 그들은 틈 나는 대로 무예를 익혀 일인이 백인을 당해 낼 만큼 강한 무사들이기도 했다. 그들은 매일 뜨거운 불 앞에서 쇠를 두드리며 소전오에게 빼앗긴 진국을 다시 찾기 위해 칼날을 벼르고 있었던 것이다.

사겸공이 천강호에게 청동거울을 만들게 하고 태옥명에게는 옥구슬을 만들게 하자 그들은 목이 메인 듯 감격했다.

"대공(大公), 천부삼인을 다시 세우는 겁니까?"

"그렇다네. 고황(高皇)께서 직접 분부하셨지. 이제 박호 환인도 모셔와야 할 것일세. 이제야 원수를 갚을 날이 왔구나."

"박호 환인을 구하는 일에 우리 형제가 꼭 앞장서겠습니다. 감사하옵니다, 사겸공."

천강호와 태옥명은 맨바닥에 털썩 무릎을 꿇고 큰절을 올렸다.

"아, 이러지들 말게. 내가 뭐 한 일이 있나. 이만 진정하고 천부삼인을 만드는 일이나 빨리 진행토록 하게."

"염려 마십시오. 저희들이 정성을 다해 자손만대에 자랑이 될 명품을 만들어 보겠습니다."

사겸공은 천강호와 태옥명의 어깨를 어루만져 준 후 군량과 마초를 살펴보기 위해 군창을 향했다. 군창에는 회색옷을 입은 중늙은이 한 사람이 꼼꼼이 곡물들을 정리하고 있었다.

석의노명은 옛 진국에서 박호 환인의 시동으로 있다가 소전오의 난리 때 고허국으로 와 농업을 크게 일으켜 고허국의 군량을 책임지고 있었던 것이다.

그는 농사를 지으며 농한기엔 군사를 길러 언젠간 진국을 회복하는 군사가 되도록 가르치고 있었다.

그 외에도 산속에서 수박과 선술(仙術)을 닦아 구하뇌정(九河雷霆)의 달인이 된 수력웅신공도 진국의 후예였다.

그는 만년한철(萬年寒鐵)과 오금석(烏金石), 흑철동(黑鐵銅)을 사용하여 파천제일도(破天第一刀)를 만들어 병기로 사용했는데 금석이라도 단칼에 베어 버리는 신기를 갖고 있었다.

⑭

박호 환인과 호령 왕자

고허국의 천아옥명은 박호 환인을 구하러 떠나는 군사들을 점검하고 있었다. 장수로서 자신 외에 수력웅신공과 천전녀, 천강호와 태옥명을 동행케 하고 백여 명의 정예병을 선발했다.

박호 환인을 받드는 일이니 의식을 소홀히 할 수 없었다. 천강호가 만든 천부인(天符印) 중 청동경을 받들고 기치창검을 질서 있게 빛내고 있었다.

박호 환인을 모실 가마의 조각 장식은 황룡이 꼬리를 휘저으며 힘있게 일어서고 있었다.

행렬이 대독정자산의 천석굴에 도달하자 천전녀는 창대에 검은 옻칠을 한 창을 머리 위로 쳐들고 소리쳤다.

"야, 이놈들아, 여기 천하 제일의 미녀께서 납시셨다. 나하고 한 번 어울려 볼 생각이 없느냐? 쥐새끼처럼 숨어 있지만 말고 뛰어나오너라."

바위 위에 올라 고함치는 천전녀의 말에 모두 통쾌하게 웃으며 소리질렀다.

천석굴은 흡혈오귀 중 천진언근명과 활진언근명이 서쪽과 동쪽을 나눠 다스리고 있었는데 서쪽은 채석장이었다.

소전오의 궁전 건축에 쓰일 석재를 공급하기 위해 수천 명의 백성들을 오백 명의 군사들이 채찍을 휘두르며 노예처럼 일을 시키고 있었다.

천진언근명은 천아옥명과 천전녀 일행의 고함 소리에 수하들을 거느리고 산 아래로 내려왔다.

"웬놈들이냐? 가히 이곳까지 떼거지로 몰려와 소란을 피우다니……, 용서치 않겠다."

천진언근명의 말에 천전녀가 앞으로 나섰다.

"흡혈박쥐 한 마리 잡으러 왔다. 어서 나와서 한번 겨뤄 보자."

"계집이 입이 거칠구나. 구천혈뇌자(九泉血腦子)! 저놈들을 모조리 잡아라."

아홉 명의 혈의인들이 앞장서 한꺼번에 달려들어 공격했다.

창검이 부딪히는 소리와 고함 소리가 뒤엉킨 가운데 구천혈뇌자들은 한 마리의 뱀처럼 연환진(連環陣)을 이루며 쉴 새 없이 공격했다.

구천혈뇌자들의 흉맹한 공격에 고허국의 병사들 십여 명이 삽시간에 쓰러졌다. 이에 화가 난 천전녀가 그녀의 옥녀산화수(玉女散花手)를 펼치며 찔러댔다. 그리고 천아옥명과 청강호, 태옥명, 수력웅신공이 가세하자 구천혈뇌자의 기세가 꺾이기 시작했다.

"놈들이 만만치 않다. 모두 총공격하라."

천진언근명은 병사들을 싸우게 하고 자신도 구천혈뇌자에 가세했다.

싸움터는 삽시간에 혼전으로 접어들었다. 구천혈뇌자의 연환진을 천전녀는 옥녀산화수로 깨뜨려 벌써 세 명의 혈뇌자들이 그녀의 창 끝에 찔려 쓰러졌다.

천아옥명은 건곤유성검을 번쩍이며 벼락치듯 천진언근명의 허리를 베어 나갔다. 과연 천아옥명의 검법은 신기에 가까웠다.

"으악!"

천진언근명은 허리가 잘려지며 나뒹굴었다. 오랫동안 악명을 떨치던 흡혈오귀 중 일인이 천아옥명의 칼날 아래 쓰러지자 진국의 병사들은 사기가 꺾여 달아나기 시작했다. 구천혈뇌자들도 모조리 부상을 당하거나 쓰러져 항복하고 말았다. 싸움에 이긴 고허국의 병사들이 활진언근명이 지키는 천석굴을 향할 때는 노예로 붙잡혔던 백성들도 손에 돌 깨는 망치들을 들고 뒤따랐다.

고함 소리가 요란하자 천석굴을 지키던 활진언근명은 놀라서 달아나 버렸다.

천아옥명은 큰소리로 무리 앞에서 박호 환인을 불렀다.

"천지의 일월이신 박호 환인이시여! 이제 그만 어두운 굴에서 나오소서. 임금이 안 계시니 세상이 너무 어둡고 혼란하옵니다."

천석굴 안의 박호 환인은 요란한 창검 부딪치는 소리와 고함 소리에 깜짝 놀랐다.

"도대체 무슨 일인가?"

박호 환인은 살며시 밖을 내다보며 천천히 걸어 나왔다. 어느 누구도 방해하는 자가 없어 굴 밖으로 나오자 갑자기 눈이 부셨다.

십삼 년 만의 출혈(出穴)이었다. 아득한 현기증으로 비틀 쓰러지는 박호 환인을 수력웅신공이 재빨리 부축했다.

"이게, 이게 어떻게 된 일이오?"

박호 환인은 떨리는 음성으로 천아옥명에게 물었다.

"임금님, 고허국의 고황산령존께서 폐하를 구하라 하셔서 옛 진국의 후예들이 이렇게 왔나이다."

"아, 실로 고맙기 그지없소."

박호 환인은 야윈 볼 위로 눈물을 흘렸다.

다시는 살아서 햇볕을 못 볼 줄 알았는데, 모두 자신을 잃어버린 줄 알았는데 이렇게 밝은 태양과 신선한 바람을 맞을 수 있다니……, 자못 감격스러웠다.

그러나 십삼 년간의 감옥생활로 젊음을 허허로이 보낸 셈이 되어 버렸다. 아직 마흔을 넘기지 못한 나이인데도 그의 머리는 어느덧 백발이 흩날렸고 눈은 침침했다.

제대로 걷지도 못하는 박호 환인을 젊은 수력웅신공이 부축했다. 천아옥명을 비롯한 장수들이 차례로 인사를 올리고 가마에 진왕 박호 환인을 모셨다.

"박호 환인이시여! 임금께서 천석굴에 계시니 혼돈씨 소전오가 포악하여 백성들을 함부로 죽여 무법천지가 되었습니다. 박호 환인께서 다시 바른 덕으로 세상을 다스려 주시기 바랍니다."

천아옥명은 제장들을 대표하여 의식을 치르며 박호 환인을 위로했다. 박호 환인은 천아옥명의 손을 다정히 감쌌다.

"고맙소, 천 장군! 이 늙은 내가 무슨 덕이 있겠나. 이렇게 죽지 않고 다시 밝은 세상을 보게 되다니……, 이것은 모두 장군들의 덕이네. 그런데 소전오가 이 일을 알게 되면 가만 있지 않을 텐데 어쩌면 좋을까?"

박호 환인의 말에 천전녀가 웃으며 말했다.

"염려 마옵소서. 그깟 소전오의 군대쯤은 저 혼자서도 문제없답니다. 더욱이 옛 진국 육촌이 박호 환인을 받드오니 소전오가 어찌리까."

천전녀는 박호 환인을 구하게 되자 기뻐 배꼽과 젖가슴이 드러

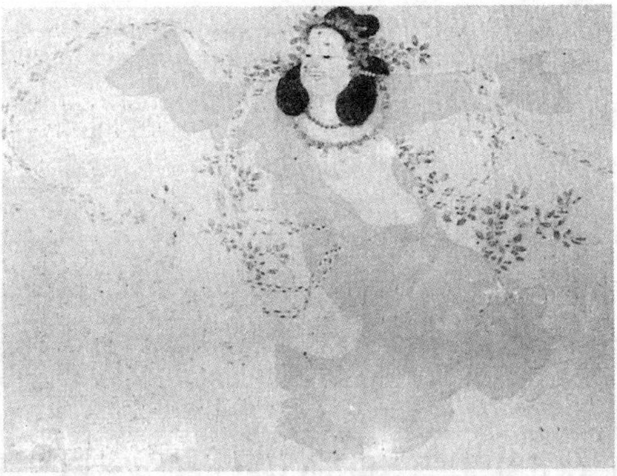

• 천석굴에서 박호 환인을 구하면서 기뻐 춤을 추는 천전녀

나도록 덩실덩실 춤을 추며 떠들었다. 그러나 그녀의 눈엔 남모르는 이슬이 맺혔다.

'오늘 같은 날, 황후마마께서 살아 계시면 얼마나 기쁘시겠습니까. 이 천전녀는 황후마마를 대신해서 이렇게 주책도 모르고 춤을 추옵니다.'

천전녀의 이러한 마음속 소리를 사람들은 알지 못한 채 함께 웃고 있었다. 이때 박호 환인이 나지막이 천전녀에게 물었다.

"황후께서는 어찌 되셨느냐?"

박호 환인의 말에 웃고 있던 천전녀의 얼굴이 갑자기 어쩔 줄 모르고 일그러졌다.

"황후께서는 돌아가셨나……."

천전녀가 말끝을 맺지 못하자 박호 환인은 묵묵히 고개를 끄덕이더니 눈을 들어 푸른 창공을 바라보았다. 마치 하늘에 직녀의 얼굴이 보이기라도 하는 듯이.

백년가약을 맺은 사랑도 속절없이 이미 직녀는 검푸른 머리가 진토가 되었으리라. 봄바람 불고 접동새 우는 밤이면 눈에 삼삼히 밟히도록 그리웠던 사람, 이미 산중에 비 내려 꽃잎은 져버렸으니 누구와 더불어 못 이룬 원앙의 꿈을 풀 수 있으리오.

하염없이 박호 환인이 한숨을 내쉴 때 가마는 고황산령존의 궁문을 넘어서고 있었다. 고황산령존은 박호 환인의 마차 앞에 나와 맞았다.

"진왕마마! 그 동안 고생이 얼마나 심하셨습니까. 진작 구해 드리려 했으나 제 힘이 미치지 못해 이제야 진왕마마를 구하게 되었으니 용서해 주십시오."

박호 환인은 깜짝 놀라 만류했다.

"무슨 당치 않은 소리를……. 이제 저는 진왕도 무엇도 아닌 단지 한 늙은이에 불과한데 이처럼 밝은 세상을 보여주시고도 용서라니요."

이미 박호 환인은 이 세상사에 미련이 없었다. 어서 죽어 혼이라도 직녀의 곁에 찾아가길 바랄 뿐이었다. 고황산령존은 박호 환인이 더 이상 정사에 뜻이 없음을 알자 자못 서운했으나 그 마음이 충분히 이해되었다.

"진왕마마, 마마께서 만나 보실 반가운 사람이 있습니다. 여봐라, 호령 왕자를 모셔와라."

박호 환인은 고황산령존의 말에 의아했다.

'호령 왕자가 누구기에 반가운 사람이라 할까? 이 세상에 내가 반가워할 사람이 있단 말인가?'

그때 호령 왕자가 의젓한 모습으로 걸어 들어왔다.

"부르셨습니까, 고황 폐하!"

박호 환인이 호령을 보자 어딘지 낯이 익었다. 13세의 씩씩한 소년의 모습에서 왠지 끈끈한 인연의 끈이 느껴졌다.

고황은 호령에게 말했다.

"호령, 이분께 인사를 올리거라. 이분이야말로 네 생부이시다."

"예?"

고황의 말에 박호 환인과 호령은 동시에 놀랐다.

"아니, 그럼?"

박호 환인은 고황의 말에 입을 다물지 못했다.

"그렇습니다. 13년 전 직녀 황후께서는 진왕마마의 왕자님을 출산하시다가 돌아가셨습니다. 부족하나마 제가 황후님의 유언을 받들어 지금까지 왕자님을 키워 왔답니다."

고황은 서먹해 하는 호령의 등을 떠밀었다.

"무엇하고 있느냐, 호령. 그 동안 얼마나 많은 고초를 겪으셨는지 모르는 네 아버님이시니 네가 위로해 드려라."

고황의 말을 듣고 보니 호령의 모습에는 어딘지 모르게 직녀의 모습이 어려 있었다.

"어서 오너라, 내 아들아."

"아버님."

박호 환인과 호령은 부둥켜안고 하염없이 눈물을 흘렸다. 어린 시절부터 들었던 어머니에 대한 이야기와 아버지에 대한 안타까움이 새삼 북받쳐 호령은 끝없이 울먹였다.

이들의 모습을 지켜보던 고황산령존 역시 가슴이 뜨거웠다. 고황은 호령을 이젠 사위로 맞고 싶었다. 다행히 고황에게는 무남독녀의 딸이 있었다.

호령과 친남매처럼 다정하게 지냈던 공주 고번천천희(高番千千姬)다. 그녀는 아름답고 품성이 맑은 소녀였다.

"고천희야, 이리 와서 진왕께 술 한잔 올리거라."

아까부터 고황의 곁에서 박호 환인과 호령의 모습을 눈시울 붉히며 바라보던 아름다운 소녀 고천희가 큰절과 함께 붉은 술을 올렸다.

"진왕마마, 고천희옵니다. 만수무강하옵소서."

고천희가 절을 하자 고왕은 박호 환인에게 말했다.

"진왕마마, 제 미거한 자식이옵니다."

박호 환인이 보니 고황의 딸 고천희의 모습은 매우 아리따워 젊은날 직녀를 보는 듯했다.

"매우 훌륭한 소녀로군요."

박호 환인의 말에 고황은 기뻤다.

"진왕마마께서 미거한 제 딸을 칭찬해 주시니 감히 청을 올립니다. 제 딸을 호령 왕자의 비로 드리고저 하는데 허락하시겠는지요?"

고황은 진왕과 사돈이 되어 호령 왕자를 아들과 같이 여기고 싶어 단번에 청혼을 했다. 진왕은 고황의 처사가 고맙고 고천희가 마음에 들었다. 그러나 본인들의 생각을 알 수 없었다.

"고황께서 아끼시는 공주를 주신다 하니 감사하오나 당사자들의 생각이 어떤지 모르는지라……."

박호 환인과 고황의 이와 같은 말에 호령과 고천희는 얼굴을 붉히고 말을 못했다. 지금까지 친남매처럼 지내온 터에 갑자기 부부의 인연으로 대하게 되니 매우 부끄럽고 어색했기 때문이었다.

고황은 두 사람의 모습을 보고 고개를 끄덕였다.

"이것은 과인이 너무 성급하였구나. 그래 조금 더 두고 생각해 보자꾸나."

고황은 두 사람의 감정이 정리될 때까지 기다리기로 했다.

"그 일은 그렇다 치고 이제 진왕마마를 모셔왔으니 한시바삐 소전오를 정벌하고 진국을 다시 찾아야 할 텐데 대신들은 의견을 품하도록 하라."

고황은 신하들에게 명을 내렸다. 취산 진지촌의 지백호(智伯虎)가 나와서 말했다.

"고황이시여, 진국을 치기 위해서는 그들 팔대뇌공 중에 밀사를 보내 우리 편에 가담토록 설득한다면 승전을 장담할 수 있을 것입니다."

고황은 지백호의 의견을 듣자 무릎을 쳤다.

"역시 지백호는 사겸공(思兼公)이오. 그래 팔대뇌공 가운데 누가 우리의 힘이 되겠는고?"

"팔대뇌공 중에서 산뢰(山雷)와 야뢰(野雷) 두 뇌공이 우리에게 호의를 가진 듯합니다. 그들에게 믿음을 줄 수 있는 인물을 사신으로 보낸다면 협력을 얻을 수 있을 것입니다."

고황은 사겸공 지백호의 말에 긍정했으나 고개를 갸웃했다.

"사겸공의 의견은 탁견이나 과연 누구를 위험한 적지에 보내겠소. 만일 산뢰나 야뢰가 협력을 해 준다면 모르겠거니와 자칫하면 호구 안에 들어가는 것이나 다름이 아니겠소."

"고황이시여, 신(臣) 지백호는 이미 연로하여 오래 충성을 다하기 어려우니 이번에 사신으로 보내 주실 것을 청합니다. 마지막 충성으로 보국코저 하옵니다."

사겸공 지백호의 말에 고황은 고개를 저었다.

"그럴 수는 없소. 사겸공의 충성을 모르는 바 아니나 사겸공은 사직의 고굉지신이오. 이제 소전오와 결전을 가름할 국가의 대사를 두고 그대와 같이 지략과 용맹을 겸전한 인물을 사지로 보낼 순 없소."

사겸공 지백호는 거듭 고황에게 청했다.

"고황이시여, 노신을 아끼시는 마마의 은혜는 감사하오나 저를 제외하고 달리 보낼 사람이 마땅찮사옵니다. 물론 죽음을 두려워하지 않을 열사들은 많사오나 산뢰와 야뢰를 설득하려면 비중 있는 인물이 아니면 안되옵니다. 통촉하여 주소서."

"안 되오. 더 말하지 마시오."

고황은 지백호의 간청을 거듭 물리쳤다. 하지만 지백호를 빼고는 사신으로 보낼 인물이 없는 것도 사실이었다.

이때였다.

"저를 사신으로 보내 주소서."

하고 다부지게 소리치는 자가 있었다.

"아니, 호령이 가겠단 말인가?"

그렇다. 만조백관 앞에 호령이 사겸공 지백호를 대신하여 사신으로 갈 것을 자원하고 나선 것이다.

"그렇습니다. 제가 간다면 산뢰와 야뢰에게 신임을 줄 수 있을 것입니다. 이번에 고황께서 저의 생부이신 박호 환인을 구해 주셨으니 제가 목숨을 걸고서라도 큰 공을 세워 보답치 않을 수 없습니다."

고황은 호령의 말이 믿음직스럽긴 했으나 그 말을 일축해 버렸다.

"안 된다, 호령. 그대의 젊은 기상은 훌륭하다만 그대는 진왕마마의 일점 혈육이며 장차 진국을 이끌고 나가야 할 것인데 어찌 그대를 적지에 보내겠느냐. 그대는 물러서라."

고황의 일축에도 호령은 굽히지 않았다.

"고황마마, 무릇 남의 윗사람이 되려는 자가 어찌 위험을 두려워하고 겁쟁이처럼 물러서길 바라십니까? 저의 젊은 생애를 걸고 한번 큰 공을 얻고 싶사오니 허락해 주소서."

호령이 이와 같이 청하자 진왕 박호 환인도 가만히 있을 수 없었다.

"고황마마, 호령 왕자의 의기가 장하니 그 청을 들어주시길 바랍니다."

고황은 진왕 박호 환인까지 호령의 뜻에 찬성하자 더 이상 고집할 수가 없었다.

"진왕마마께서 그렇게 말씀하오시니 더 고집할 수 없군요. 좋다 호령 왕자, 그대를 사신으로 명하겠다. 그 대신 왕자는 사신의 임무를 기필코 완수토록 하라."

고황이 사신으로 명하자 호령은 씩씩하게 대답했다.

"명심하여 사신의 임무를 다하겠사옵니다."

호령이 사신의 임무를 맡자 장수 중에서 두 사람이 일어섰다.

"고황마마, 저희들이 왕자님과 함께 사신으로 갈까 하오니 허락해 주소서."

자원하고 나선 사람들은 석의노명과 옥옥명이었다. 두 사람은 어린 시동 때부터 진왕을 보필했던 인물들이라 호령 왕자에 대한 애착과 기대가 남달랐다. 그렇기 때문에 생명을 걸고 호령을 지키리라 다짐하고 나선 것이다.

고황은 사려가 깊은 석의노명과 용감한 장수 옥옥명이 동행하겠다고 청하자 호령에 대한 걱정을 덜 수 있었다.

"좋소. 그대들이 마음을 합하여 호령 왕자를 보필해 주기 바라오."

호령은 자기의 청이 받아들여지자 무엇보다 기뻤다. 호령이 사신으로 떠날 행장을 수습할 때였다.

"오라버니, 어쩜 제 생각은 조금도 안해 주시고 그럴 수가 있어요. 야속해요."

하며 울먹이는 소녀가 있었다. 고천희였다. 친오누이처럼 다정하게 지내 온데다 이제 곧 부모의 명으로 혼인을 앞둔 터에 사지(死地)로 떠나려는 호령이 고천희는 야속하기만 했다.

호령은 고천희의 눈물을 보자 가슴이 덜컹했다.

"천희, 울지 마. 사내란 어떠한 처지에서 해서는 안될 일과 하지 않으면 안될 일이 있어. 이번 일은 내가 하지 않으면 안될 일이야."

호령은 옷고름으로 고천희의 눈가를 씻어 주며 환하게 웃었다. 고천희는 호령이 다정하게 대하자 더욱 서러웠다.

"몰라요. 오라버니는 저에게 관심이 없으신 거예요. 그러니까 혼인을 앞둔 터에 떠나시려 하는 게 아니에요?"

고천희는 무엇이 자기를 서럽게 하는지 알지 못했지만 호령에게 매달려 하소연하고 싶었다. 호령은 그런 고천희의 마음을 짐작한 듯 가만히 고천희의 어깨를 감싸안으며 말했다.

"그건 아니야. 내가 천희를 얼마나 좋아하는지 천희도 알 거야. 이번 일을 무사히 마치고 돌아오면 우리 혼인하도록 하자. 그때까지 기다려 줘, 응?"

고천희는 호령의 말에 눈물을 거두고 그제야 배시시 웃었다.

"오라버니, 이건 제 선물이에요. 돌아올 때까지 꼭 간직하세요."

천희는 품안에서 옥경(옥거울)을 내놓았다. 옥경은 두 쪽으로 나눠져 있었다.

"그래, 내가 잘 간직할께. 그럼 다녀오겠어."

호령은 고천희의 손을 잡아 주고는 행장을 수습하고 나섰다. 돌아서서 가는 호령의 모습을 고천희는 안타깝게 바라보고 있었다.

⑮

송화강의 상류 목단령

천하의 명산 백두산이 북쪽으로 뻗어 올라간 목단령(牧丹嶺)의 험준 계곡을 오르는 세 사람의 나그네가 있었다.

이 목단령의 동쪽에서 발원한 강물이 목단강(牧丹江)을 이루고 경박호를 만든다.

세 사람의 나그네가 목단령 서편 천리 송화강의 물줄기를 따라 거슬러 오르자 길이 좁아지면서 험해졌다.

"석의노명, 아직 야뢰의 궁(宮)이 멀었어요?"

세 명의 나그네는 호령 일행이었다. 호령은 어린 나이에도 굳굳하게 천리길을 걸어와 준령을 넘고 있었다.

"예, 왕자님. 오늘 목단령을 넘어 내일 해질녘이면 닿을 수 있을 겁니다."

석의노명은 옛날 박호 환인을 모시고 천하를 횡보했던 때를 기억하며 대답했다.

"그렇다면 해지기 전에 노숙할 곳을 찾아야지 자칫 잘못하면 짐승들 때문에 밤잠을 설칠 게 아닙니까?"

호령은 산짐승이 무섭다기보다 자기를 보호하려고 석의노명과 옥옥명이 밤잠을 설치는 게 걱정이었다. 벌써 며칠째 그랬기 때문이다.

"염려 마십시오, 왕자님! 여기에는 명활산 고야촌(姑射村)이 가까우니 노숙하지 않아도 될 겝니다."

"아니, 이곳에 진국의 육촌 고야촌이 있단 말이오? 어떻게 이런 산골에 나라를 열었단 말이오?"

호령은 이런 깊은 산속에 나라가 있다는 것이 믿어지지 않아 의아해 했다.

"자세한 것은 명활산 고야촌장을 만나거든 물어보시옵소서."

해가 산마루를 넘어서자 세 사람은 발걸음을 재촉했다. 산속에서는 밤이 빨리 와 해가 지면 금세 어둠이 닥치는 법이다.

한참 목단령을 넘어 동쪽 기슭을 내려가고 있을 때 옥옥명이 소리쳤다.

"아, 저기 집들이 보입니다."

옥옥명이 가리키는 곳을 바라보자 과연 수백 채의 기와집들이 늘어서 있었는데 그 규모가 굉장했다.

그곳에는 집들뿐 아니라 붉은 황토로 만든 수많은 가마들이 줄줄이 늘어서 있었다. 실로 도자기의 나라라고 해야 할까.

호령 일행이 고야촌의 솟대를 지날 즈음 이십여 명의 젊은이들이 나타나서 가로막았다.

"그대들은 누구인데 고야촌에 함부로 들어서는가?"

이마에 머리띠를 질끈 동여매고 활과 창으로 무장한 젊은이들이었다.

그 중에 한 젊은이는 용모가 마치 여인처럼 아름다웠는데 젊은이들의 대장인 듯 보였다.

석의노명은 그 젊은이를 보자 그가 고야촌의 촌장 호진(虎珍)의 아들이라는 것을 단번에 알아차렸다.

"우리는 고야촌의 촌장 호진을 만나러 왔으니 젊은이들은 앞장서서 안내토록 하게."

젊은이들은 촌장 호진의 이름을 말하자 공손해졌다.

"잠깐 기다리시오. 촌장님께 말씀을 올리겠으니 손님들의 대명(大名)을 알려주십시오."

용모가 수려한 호진의 아들이 말하자 석의노명이 말했다.

"우리는 고황산령존의 명을 받아 왔으니 즉시 촌장에게 전하게. 이름은 촌장이 보면 알 것이네."

석의노명의 말에 호진의 아들은 눈짓으로 호령 일행을 감시케 하고 촌락 안으로 들어갔다.

잠시 후 한 노인과 함께 돌아왔는데 한눈에 노인이 고야촌의 호진 촌장임을 알 수 있었다. 노인은 석의노명을 보더니 예를 표했다.

"고황산령존이 보냈다더니 석의공께서 오셨구려."

석의노명과 고야촌장 호진은 옛날 박호 환인 때부터 알고 있던 터였다.

"반갑습니다, 호치공."

석의노명은 호진을 호치공(虎稚公)이라 불렀다. 그 까닭은 호진이 옛 진국(辰國)의 벼슬인 오치(五稚) 중에서 도공(陶工)을 관장하는 직책을 맡았었기 때문이다.

"그렇군요, 석의공. 그 호치라는 직함도 들어 본 지 꽤 오래 되었소. 지금은 고야촌의 일개 촌부일 뿐이오."

"무슨 말씀을……. 호치공은 지금도 진국 육촌 중에 고야촌의 국주(國主)가 아니오이까?"

"그렇긴 하오만 나라의 힘이 약해 소전오의 압박을 받고 있으며 이웃의 야뢰공의 도움으로 간신히 명맥을 유지할 따름이지요. 하여튼 여기서 이럴 게 아니라 궁으로 들어갑시다."

호진의 입에서 야뢰의 말이 나오자 호령은 짐짓 긴장이 되었다. 그러나 지금 신분을 드러내는 것은 아직 시기상조다 싶어 묵묵히 호진을 따라 들어갔다.

고허촌은 밖에서 보기보다 알차고 큰 나라였다. 백성들은 주로 도자기와 피혁, 직물, 목공예, 석물 등을 생업의 위주로 하고 있었다. 도자기에는 흑도(黑陶)와 백도(白陶), 홍도(紅陶)뿐 아니라 기와와 옹기까지 다양하게 생산되고 있었다.

"호, 이것 참 대단하구려."

석의노명은 고야촌으로 들어서며 그 문화의 우수함에 놀랐다. 옛 진국에서 생산되던 것들이 그대로 보존되어 있었던 것이다.

호진의 궁성 또한 고황산령존의 궁성에 못지 않았다. 호령은 궁금하기 짝이 없었다. 농업이나 목축을 할 만한 땅도 없는 이곳의 궁전이 어떻게 이런 번성을 누리고 있을까 싶었다.

호진의 안내를 받아 궁성 안으로 들어서자 석의노명은 옷깃을 바로 하고 호진을 불렀다.

"호치공, 그대는 진한의 고야촌장이기 전에 옛 진국의 호치공이었소. 하여 그대에게 소개시킬 분이 있소. 이분은 진국 박호 환인의 아들 호령 왕자님이시오."

"아니, 박호 환인의 왕자시라니, 그게 사실이오?"

호진은 석의노명의 말에 두 눈을 크게 뜨고 호령을 바라보았다. 정말 그랬다. 박호 환인의 젊은 시절과 너무나 닮아 있었다.

"왕자님, 소신 호치공 호진이옵니다. 진작 알아뵙지 못해 죄송하옵니다."

호진은 소년 왕자 호령 앞에 흰 머리를 조아렸다. 호령은 호진을 부축해 일으켰다.

"호치공, 일어나시오. 아직 호령은 나라를 되찾지 못했으니 일개 야인일 뿐이오. 부디 호치공은 옛 은의가 조금이라도 남아 있다면 부왕 박호 환인께서 나라를 회복토록 힘을 보태 주시오."

호령의 겸손한 말에 호치는 서운했다. 그러나 호령의 말 가운데 박호 환인의 말이 나오자 더욱 감개무량했다.

"왕자님의 말씀은 저 호치를 서운케 합니다. 제가 어찌 박호 환인님의 은혜를 잊겠사옵니까. 그런데 박호 환인께서는 지금 어디 계시오니까?"

"부왕이신 박호 환인께서는 고황산령존의 도움으로 천석굴에서 풀려나 지금은 고허국에 계시오."

호진은 박호 환인이 고황산령존의 도움으로 나라를 회복하려 한다는 말을 듣자 뛸 듯이 기뻐했다. 그리고 호령이 팔대뇌공 중 야뢰와 산뢰를 설득하기 위해 사신으로 왔다는 말을 듣자 발벗고 나서 돕겠다고 했다.

"염려 마옵소서. 그렇지 않아도 야뢰와는 마음을 터놓고 돕는 사이이옵니다. 내일에는 소전오의 궁궐을 짓는 와기들과 공물들을 야뢰의 궁으로 가져갈 계획인데 그때 소신의 자식 호산(虎山)을 수행케 하겠습니다. 다만 야뢰도 소전오의 감시를 받고 있으니 조심해야 하옵니다."

"소전오가 궁궐을 새로 짓고 있소?"

호령은 원수 소전오의 말이 나오자 후일을 위해 자세히 알고 싶었다.

"그렇습니다. 옛날 박호 환인께서는 천하 백성들을 살리기 위해 애를 쓰셨으며 농업을 장려했기에 곡물을 저장할 도기나 용기가 많이 쓰였는데 지금은 소전오가 농사를 작파해 버리고 궁전을 짓느라 백성들의 삶이 말이 아닙니다. 저희 고야촌은 기와를 만들어 공급하니 다행히 큰 어려움은 없습니다만."

호령은 처음 듣는 말들이 새로웠고 나라를 다스리는 데 중요한 가르침이라 여겨졌다.

"소전오가 짓는다는 궁궐은 어느 정도입니까?"

"예, 소전오는 화려한 것을 좋아해서 궁궐의 규모를 엄청나게 꾸몄지요. 궁에는 인공의 연못을 파고 기화요초를 심고 진귀한 짐승들을 모아 기른답니다. 새로 짓는 궁전의 규모는 엄청나옵니다. 공사에 쓰이는 기와만도 수십 수백만 장이 넘으며 수천 그루의 나무가 각지에서 베어져 날라오며 백성들은 노역에 시달려 죽어가고 있는 실정입니다."

"호, 그처럼 큰 공사를 벌이자면 국력의 소모도 많겠구료."

"예, 그렇사옵니다. 진국의 나라 곳곳이 피폐해지고 있으나 소전오는 제 계집 풍옥희의 환심만 사려 발버둥이랍니다."

호령은 호진의 말을 한마디도 빼놓지 않고 마음에 새겼다. 이 모든 것이 소전오와의 싸움에 유용할지도 모를 까닭이었다.

그날 밤 호령 일행과 호진은 밤늦도록 이야기를 그치지 않았다.

다음날 아침 고야촌장 호진은 부산하게 야뢰국에 보낼 기와와 도기들을 점검하고 수레에 싣게 했다. 모두 열두 대에 가득 짐을 실었으며 수레를 호위할 병사 삼십 명을 마차꾼과 도공으로 변장케 했다.

그들의 지휘는 호진의 아들 호산이 맡고 있었다. 그의 지휘는 조용하면서도 꼼꼼하여 빈틈이 없었다.

호령과 석의노명, 옥옥명도 도공들에 섞여 야뢰국을 향했다. 호령은 길을 가면서 호산의 모습을 유심히 살펴보았다.

그런데 호산의 걸음이 특이했다. 물이 흐르듯 유연하면서 매우 정확하여 가볍고 경쾌했다.

특히 산 언덕이나 내리막에도 평지를 걷듯 몸 자세가 반듯하여 호령은 내심 탄복을 금할 수가 없었다.

"호산은 생김새와는 달리 무예의 수련이 대단한 것 같군."

"그럴 겝니다. 옛날 호치공도 무예가 대단했으니 그 자제 역시 틀림이 없을 것입니다."

호령이 석의노명에게 슬며시 말하자 석의노명은 옛날 호치공의 젊은 시절을 회상하며 대답했다.

"고야촌은 작은 나라지만 그 내실은 매우 탄탄하구나. 앞으로 소전오와의 싸움에 큰 힘이 되겠는걸."

두 사람이 이야기하는 동안 행렬은 이내 명활산 목단령을 벗어나 흑뢰국의 지경으로 들어서고 있었다. 흑뢰국은 들판이 매우 넓었다.

넓은 풀밭에 소와 양떼들이 떼지어 다니고 있었으며 말을 탄 소년들이 가축을 돌보고 있었다. 일행은 나한령(羅汗嶺)을 넘어 술가도(述可道)에서 하룻밤을 묵고 다음날 백자령(柏子嶺)을 넘었다. 백자령은 잣나무와 전나무들이 울창하게 자라 하늘이 보이지 않을 정도였다.

백자령의 한쪽 골짜기에는 소전오의 궁전 건축을 위해 쓰일 목재들이 베어졌다. 목단강의 상류에서 뗏목으로 엮어 물결에 따라 옮겨 가는 것이었다.

사흘 후 해질녘 흑뢰의 궁이 있는 단천(端川)을 건넜는데 그곳은 후일 영고탑(寧古塔)이라 불린 곳이다. 그곳은 백두산(장백)의 줄기가 북쪽으로 올라 삼면이 암벽으로 싸여 있어 나는 새도 넘기 힘들 정도였다. 그리고 동쪽의 한 협곡만을 통과해 들어갈 수 있는데 그 앞에는 호을가의 강물을 끌어들여 흐르게 하니 천연의 요새라 할 만했다.

흑뢰의 나라 궁성 주위에는 일곱 개의 높은 산봉우리가 솟아 있었다. 그 산들의 빛깔은 눈처럼 희었다.

⑯

흑뢰국과 야뢰국

울창한 측백나무와 떡갈나무가 함께 어우러진 목단령을 넘어 목단하(牧丹河)를 따라가면 오늘날 돈화시(敦化市)에 이른다. 그리고 다시 오른쪽으로 이룡산을 끼고 돌면 마침내 거울처럼 맑은 호수 경박호(鏡泊湖)에 이른다.

박호 임금의 아들 호령과 석의노명, 옥옥명은 고야촌장의 아들 호산과 그 수하 삼십여 명의 보호를 받으며 기와를 실은 소달구지를 이끌고 경박호의 북쪽 흑뢰의 나라로 향했다.

오십여 자는 족히 될 듯한 긴 뗏목 위에 사람과 우마차가 함께 실려 푸른 물살 위를 따라 흐르는 모습은 장관이었다.

경박호에는 크고 작은 배들이 오가며 물고기를 잡거나 여러 가지 짐들을 실어 나르고 있었다.

어떤 뗏목에는 큰 바윗돌이 실려 있었고 튼튼하게 만든 나무울에는 여러 가지 산짐승들이 산채로 잡혀 있었다.

흑뢰국은 가히 물의 나라라 할만치 경박호를 중심으로 가장자리에 촌락을 이루고 살고 있었으며 물자의 움직임이 빈번한 나라였다.

호령 왕자와 호산 일행이 뗏목에서 내려 흑뢰궁으로 향하려고 할 때였다. 어디선가 귀를 곤두세우게 하는 소리가 들려 왔다.

"빨리 빨리 걸어라, 이 굼벵이들아."

"철썩, 윽!"

무지막지하게 생긴 힘센 군사들이 남루한 옷을 걸친 사람들에게 말채찍을 휘두르며 천반역장선에 태우고 있었다.

이백 명이 훨씬 넘어 보이는 사람들이 마치 짐승처럼 학대를 받으며 두 사람씩 발이 묶인 채 끌려가고 있었다.

"이 영감쟁이가 죽으려고 환장했나, 왜 꾸물거려."

한 털북숭이의 군졸이 깡마르고 백발이 다 된 노인의 등짝에다 채찍을 휘두르며 소리질렀다.

"으윽!"

그렇잖아도 비칠대며 걷던 노인은 등줄기에 채찍을 맞자 그 자리에 푹 고꾸라지고 말았다. 먼길을 걸어왔는지 발가락이 찢어져 피가 흐르고 있었다.

"일어서. 이 영감이 어디서 꾀병이야."

이리떼 같은 군졸 서너 명이 노인을 향해 달려들어 채찍을 휘둘러댔다. 노인의 등에선 피살이 묻어 나왔다.

노인은 신음만 내뱉을 뿐 일어서질 못하고 있었다.

이 광경을 지켜보던 호령이 두 주먹을 불끈 움켜쥐고 뛰어들려 했다. 그러자 호산이 재빨리 가로막았다.

"진정하십시오, 왕자님. 큰일을 위해서는 참아야 하옵니다."

"아니 저런 쳐죽일 놈들을 그냥 두란 말이오."

호령이 솟구쳐 오르는 울분을 참지 못하고 씩씩거렸으나 호산뿐 아니라 석의노명과 옥옥명까지 막아서는 바람에 어쩔 수가 없었다.

바로 그때 끌려가는 사람들 중 건장한 한 사내가 병사들에게 달려들었다. 하지만 예의 덥석부리 수염의 병사가 사내의 면상에다 채찍을 내리갈겼다. 채찍은 사내의 얼굴을 피범벅으로 만들어 놓았고, 채찍을 맞은 사내는 흐르는 피를 닦을 생각은커녕 으드득 으드득 이를 갈며 소리질렀다.

"이 사람 백정 놈들아! 오냐, 죽여다오."

그 사내가 눈에 핏발을 세우며 다시 병사들에게 달려들자 이번엔 병사들이 한꺼번에 네댓 명이서 달려들어 그를 쓰러뜨려 놓고 마구 짓밟아댔다.

호령은 자기도 모르게 분노에 찬 눈물을 흘리고 있었다. 병사들은 쓰러진 사내가 반항을 하지 못하자 그때서야 무리들을 싣고 배를 출발시켰다. 멀어져 가는 천반역장선을 바라보며 호령이 물었다.

"저 사람들이 도대체 무슨 죄가 있어서 저렇게 참혹한 모습으로 끌려가고 있소?"

호령의 물음에 한참 동안 묵묵히 사라져 가는 배를 바라보던 호산이 이윽고 입을 열었다.

"왕자님, 저 사람들은 불쌍한 사람들입니다. 죄가 있다면 악당 소전오와 여우 같은 계집 풍옥희, 두 연놈에게 있지요."

호령은 여자처럼 곱상하게 생긴 호산의 입에서 그처럼 거친 욕설이 나오자 깜짝 놀라 호산을 바라보았다.

"자, 두 분 모두 진정하시고 가시면서 말씀하시오. 남의 이목이 두렵소이다."

석의노명이 사려 깊은 눈초리로 젊은이들을 타일렀다.

"왕자님, 소전오와 그의 계집 풍옥희는 자기들의 호사를 위해 힘없는 백성들을 쥐어짜고 있습니다. 그들의 과중한 세금을 못 낸 사람들이 저처럼 죄인이 된 것이랍니다. 이 진국 천지에는 저렇게 이마에 불로 지져진 죄인들이 수천 명이나 됩니다.

또한 소전오의 궁을 짓다 죽어간 백성들의 시체로 진국의 향산(香山) 골짜기가 백골로 그득하다 하옵니다. 백성들은 그 계곡을 '울음계곡'이라 한답니다."

"울음계곡이라니……?"

"밤이 되면 억울하게 죽은 영혼들의 울음 소리가 골짜기를 메운다 해서 그리 부른답니다."

"세상에 어떻게 이런 일이 있을 수 있는가? 만인이 공노할 일이로구나."

호령의 말에 석의노명 또한 비분강개했다.

"그렇습니다. 소전오는 언젠가 이 죄값을 받을 날이 분명히 올 겁니다. 아니 이제 멀지 않았다고 생각합니다."

호령과 호산은 잠시 동안 아무 말 없이 묵묵히 걷고만 있었다.

그러나 그들의 마음 속엔 수없는 소용돌이와 회오리가 일고 있었다.

일행은 흑뢰궁에서 멀지 않은 닭바위골 여울목에서 야숙을 하기로 했다. 기와를 실은 소수레를 울타리처럼 둘러쳐 놓고 주위에 듬성듬성 모닥불을 피웠다. 흑뢰궁이 가깝다고는 하나 산과 골짜기가 너무 깊어 짐승들이 사람들을 해칠 우려가 있기 때문이었다.

그들은 고야촌에서 준비해 온 잡곡떡을 나눠 먹고 여울물을 마셨다. 잡곡떡은 박호 임금 때부터 널리 심어 기르기 시작한 기장과 콩, 조 등을 갈돌로 갈아 산나물과 버무려 토기 시루에 찐 것으로 여행 때 먹기 좋게 갈무리한 것이었다.

그들이 저녁을 채 먹기도 전에 어디서 몰려왔는지 초라한 옷을 입은 아이들과 여인들이 몰려와 우두커니 바라보고 있었다. 석의노명은 먹기가 민망해서 한 소녀에게 말했다.

"배고프냐? 이것 먹으련……."

소녀는 석의노명의 손에서 재빨리 잡곡떡을 낚아채더니 허겁지겁 먹기 시작했다. 그 옆에서 머리에 부스럼이 잔뜩 난 한 소년이 소녀에게 소리질렀다.

"너만 먹냐? 나도 좀 줘……."

그러자 소녀는 몸을 홱 돌려 달아나 버렸다.

"싫어. 이건 내거야……."

호령과 일행들은 그 광경을 보고 음식을 먹을 수가 없어 먹던 것을 주위에 있던 아이들과 여인들에게 나누어 주었다. 노랗게 황달이 든 얼굴들, 주근깨가 들깨처럼 박힌 아이들에게 더 나눠 줄 것이 없어서 호령은 안타까웠다. 사방에서 때절은 손바닥을 내미는 뼈만 앙상한 그들의 손길을 뿌리치는 것이 쉽지 않았다.

그때 느닷없이 기마군사 이십여 명이 몰려들더니 앞뒤 볼 것 없이 칼과 창을 마구 휘둘러댔다. 순간 호령 일행을 둘러쌌던 여인들과 아이들 십여 명이 순식간에 피투성이가 되어 쓰러지면서 아비규환의 난장판이 되었다. 여자들과 아이들은 비명을 지르며 어둠 속을 뿔뿔이 흩어져 갔다.

호령과 석의노명, 옥옥명과 호산 일행은 재빨리 창검을 들고 군사들에게 대항했다.

"우리는 고허국의 도공들이오. 왜 아무 죄도 없는 사람들에게 칼을 휘두르는 거요!"

호산이 힘껏 목청을 돋워 소리질렀다. 하지만 군사들의 칼질은 멈출 줄을 몰랐다.

"이 수상한 놈들을 모조리 사로잡아 노예로 팔고 가자."

군사들 가운데 붉은 갑옷을 입은 우두머리가 군사들을 몰아대고 있었다. 이를 본 호령이 더 크게 소리질렀다.

"네놈이 괴수로구나. 어디 한번 죽어 보겠느냐?"

호령은 기합 소리와 함께 삼장 높이로 뛰어 올라 벼락이 썩은 고목을 내리치듯 푸른 검광을 뿌렸다. 순간 붉은 갑옷의 우두머리가 단번에 가슴팍이 갈라지며 앞으로 푹 고꾸라졌다. 우두머리가 쓰러지자 나머지 병사들은 비칠비칠 뒤로 물러섰다.

"우리는 흑뢰공을 뵈러 온 사람들이다. 네놈들은 웬 놈이냐?"

호산이 소리치자 군사들은 자기들끼리 눈짓을 하더니 슬금슬금 달아나 버렸다. 호령이 호산에게 물었다.

"왜 저들이 느닷없이 우리를 공격했을까?"

호산은 쓰러진 군사들의 우두머리를 보더니 말했다.

"이놈은 흑뢰를 감시하기 위해 소전오가 파견한 적검(赤劍)이란 자입니다. 이놈은 사람들만 보면 닥치는 대로 달려들어 노예로 잡아가는 악랄한 놈입니다. 오늘 드디어 왕자님 손에 도륙되고 말았군요."

호산의 말을 듣고 석의노명이 적검의 배를 걷어차며 침을 뱉았다.

"소전오의 하수인이라니 마땅히 죽어야 할 자를 죽인 셈이군. 천벌이다, 이놈!"

이때 어둠 속에서 힘찬 말발굽 소리가 들리더니 오십여 기의 군사들이 들이닥쳤다.

"어떤 놈들이기에 흑뢰를 찾느냐! 썩 나서거라!"

갑옷 위에 금빛 전포를 두른 장수가 검정말을 타고 나서며 소리질렀다.

모닥불과 초생달에 비친 장수의 모습은 사뭇 당당해 보였다.

"내가 흑뢰공을 찾았소."

호령이 당당한 걸음으로 금빛 전포의 장수 앞에 나서자 그는 흠칫 놀라는 듯했다.

"이봐, 불을 가져와 봐!"

금빛 전포의 장수는 송진 횃불을 가져오게 하여 호령의 모습을 살펴보더니 나지막이 신음을 흘렸다.

"흠."

금빛 전포의 장수는 말에서 훌쩍 뛰어내리더니 한결 부드러운 목소리로 말했다.

"잠깐 귀하와 할 얘기가 있으니 나를 따라오시오."

그는 군사들에게 기다리라 하곤 호령의 팔을 잡고 이끌었다.

석의노명이 얼른 호령을 만류하려 하자 호산이 무슨 생각에서인지 석의노명을 눈짓으로 만류했다.

금빛 전포의 장수가 호령과 함께 오십여 보쯤 걷더니 우뚝 멈춰서서 호령에게 물었다.

"내가 바로 그대가 찾는 흑뢰요. 그대는 박호 임금과 어떤 사이요?"

단도직입적인 물음에 호령이 잠시 망설이다가 그를 똑바로 쳐다보면서 대답했다.

"난 그분의 아들이오. 귀공을 만나기 위해 불원천리길을 왔소. 그 이유는 이십여 년 뒤바뀌어진 천도(天道)를 바로 세우려는 데 있소."

흑뢰는 호령의 말에 갑자기 얼굴 표정이 굳어졌다. 흑뢰는 먼 하늘의 별을 바라보는 듯하더니 싸늘하게 내뱉았다.

"그렇다면 그대는 나에게 반역을 권하는 겐가? 먼길을 찾아온 것은 고마우나 부질없는 짓이니 이만 돌아가 주게."

호령은 흑뢰의 말을 듣자 피가 거꾸로 솟는 듯했다. 설마 흑뢰가 이렇게 나올 줄은 몰랐던 것이다.

"흑뢰공께서 이리 말씀하실 줄은 몰랐습니다. 선대 흑뢰공께서는 어부 임금을 도와 충성을 다하셨고 부왕께서 깊은 우의를 가지시고 친히 찾아뵈어 도움을 청하라 하셨는데 이렇게 박절히 물리치시는 이유가 무엇입니까?"

"왕자께서 천도를 바로잡는다 하셨는데 박호 임금이나 소전오 임금은 비록 다른 배를 타고 났으나 형제지간이 아니오. 형제지간의 골육 다툼에 끼어들어 새삼스럽게 또다시 피를 흘릴 필요가 있겠소?"

듣고 보니 흑뢰의 말에도 일리가 있었다. 하지만 호령은 그대로 물러설 수가 없었다.

"흑뢰공! 천도를 바로 세움은 왕가의 적·장자의 혈통을 바로잡는 데 뜻이 있음이 아니오. 천도란 오상(五常), 즉 오륜을 기본으로 함이니 임금 된 자는 일신의 영화나 권세를 누리는 데 천도가 있음이 아니요 위로 하늘을 대신하여 아래로 만백성과 억조창생의 삶을 돕는 데 올바른 도가 있습니다.

한데 현재의 암군 소전오는 어떠합니까? 스스로 하늘을 두려워하지 않고 백성들을 노예처럼 부리며 원수를 맺고 있지 않소이까?

아침에 강을 건너는 늙은이의 뼈가 남다르다는 핑계로 정강이뼈를 부러뜨려 놓는가 하면 어진 사람의 심장을 쪼개며(충신의 심장은 남과 다르다 하여 산 사람의 심장을 꺼내어 봄), 살륙으로 사해(四海)를 병들게 하며, 간사함을 지혜롭다 하며, 충신과 어진 관리를 내쳐 백성들의 삶을 고단케 하며, 음란하고 방탕하여 여인들을 희롱하니 어찌 상천의 뜻이라 하겠소이까. 이제 천도를 바로 잡음은 하늘의 뜻을 대신하여 바른 도를 세움에 있음이지 사사로운 은원을 갚고자 함이 아니오이다."

흑뢰는 호령의 말을 듣고 그때서야 얼굴의 긴장을 풀었다.

"저하께서 진정으로 뜻이 그러하다면 흑뢰의 간과 뇌를 땅에 쏟는다 한들 어찌 대의를 저버리겠소. 다만 왕위를 차지하려는 야망에만 눈이 어두워 백성들의 희생을 두려워하지 않는 혈통의 정통성만을 내세울까 걱정함이오.

왕위란 천하의 공기(公器)이니 어찌 주인이 따로 있겠소. 진정으로 백성들을 사랑하는 마음이 없고서야 어찌 천도를 바로 잡는다 할 수 있겠소?"

호령은 흑뢰의 말이 끝나자 한참 동안 눈을 감고 있다가 갑자기 눈을 번쩍 뜨더니 천천히 흑뢰를 향해 큰절을 올렸다.

"흑뢰공, 공의 가르침 하늘의 소리로 알로 옷깃을 여미고 겸허히 받았습니다. 이 자리에서 천지신명께 분명히 맹세하노니 호령은 결단코 왕좌를 탐내지 않겠소이다. 천하의 의를 위해 공의 한쪽 팔을 빌려주시지 않겠소이까?"

흑뢰는 나이 어린 호령 왕자의 깊은 뜻과 그 겸허한 자세에 탄복했다.

"과연 박호 임금의 왕자라 다르시오. 인중룡(人中龍)이로군요."

흑뢰는 호령 왕자를 일으켜 세워 그 인물을 살피더니 말했다.

"경진주신(經津主神), 이리 나오너라."

흑뢰의 부름을 받고 나선 호령 왕자 또래의 젊은이는 흑뢰를 꼭 빼닮았는데 의기로운 기상이 넘쳐 보였다.

"경진주신이라는 제 아들놈이옵니다. 왕자께서 거두어 주셔서 큰 일에 종처럼 부려 주십시오."

호령은 경진주신의 손을 잡으며 말했다.

"흑뢰공의 아드님이라니 호령은 형제의 정으로서 사귀고 싶소이다. 앞으로 부족한 점을 많이 일깨워 주시기 바라오."

경진주신은 호령에게 큰절을 올렸다.

"이 몸 왕자님께 충성을 맹세하오니 거두어 주옵소서."

호령은 경진주신을 일으켜 세워 석의노명과 옥옥명과 호산에게 서로 인사를 시켰다. 드디어 호령은 흑뢰의 큰 힘을 얻게 되었다.

푸른 물줄기가 끊임없이 북쪽으로 흘러드는 목단강변의 드넓은 초원에선 초여름의 화창한 날씨에 온갖 꽃들이 여인의 마음을 유혹하고 있었다.

초원 위에 한 여인이 시녀들과 함께 꽃으로 화관을 만들고 있었다. 그 모습은 마치 꽃과 사람이 서로 아름다움을 뽐내는 듯했다.

"아씨께서 천계(天癸)를 받으시더니 오늘따라 더욱 눈이 부십니다."

시녀가 꿈을 꾸는 듯한 눈빛으로 푸른 비단 장포를 걸친 한 소녀를 보며 입을 열었다.

"천계라니……?"

소녀가 커다랗고 시원스런 눈동자로 묻자 시녀가 눈을 흘기며 웃었다.

"시치미 떼시긴……, 월사(月事)도 모르세요?"

그제야 소녀는 며칠 전 겪었던 일이 생각나 귓부리가 빨갛게 물들었다. 그녀는 이제 더 이상 소녀가 아니라 비로소 여자가 된 것이다.

이 소녀와 시녀를 아까부터 숲속에서 지켜보던 한 사내가 있었다.

"대기귀신(大己貴神)님, 푸른 장포를 걸친 계집이 바로 야뢰의 딸 금잔희라 하옵니다. 어떻습니까? 쓸만하지 않사옵니까?"

앞 이마가 벗어지고 그 대신 뒷머리를 길러 말꼬리처럼 땋아내린 사내가 금삼을 입은 젊은이를 보며 히쭉 웃었다. 두툼한 입술 사이로 누런 이가 번뜩였다.

"저것 참, 뼈째로 씹어도 비린내가 안 나겠는걸……."

금삼의 젊은이가 가느다랗고 교활하게 생긴 눈초리를 빛내며 침을 삼키자 말총머리는 계면쩍게 웃으며 느물댔다.

"뭘요, 그 대신 상으로 시녀들을 주십시오."

"그래, 좋도록 하라구."

대기귀신은 부하들에게 눈짓을 하고 금잔희와 시녀들에게 달려들었다.

"에그머니, 웬놈들이냐? 아니, 그대는 대기귀신 님이 아니십니까?"

시녀들 중 제법 나이 들고 당찬 여인이 금잔희를 암탉이 병아리를 감싸듯 하며 앞으로 나섰다.

"알았으면 됐어. 너따위에겐 볼일이 없으니 비켜."

대기귀신은 시녀를 한쪽으로 밀쳐냈다. 시녀는 밀려났다가 재빨리 대기귀신의 팔을 잡고 금잔희를 돌아보며 소리쳤다.

"아씨, 달아나세요. 빨리……."

금잔희는 사태를 눈치채고 얼른 꽃마차로 달려가 말채찍을 휘둘렀다. 그러자 대기귀신이 버럭 화를 내며 말했다.

"이런 쳐죽일 늙은 암탉년이……."

대기귀신은 허리에 찬 장검으로 시녀의 아랫배를 쿡 찔렀다. 시녀의 입과 배에서 왈칵 피가 쏟아졌다. 시녀는 단발마의 비명을 지르며 발악을 했다.

"저, 저주를 받으리라. 이 음탕한 도, 도적놈들……."

대기귀신과 부하들은 시녀들을 내버려둔 채 말채찍을 휘두르며 달아나는 금잔희의 마차를 뒤쫓기 시작했다. 한 채의 화려한 사륜 마차를 쫓는 다섯 필의 기마들로 차츰 거리가 좁혀지고 있었다.

"흐흐, 달아나 봐야 독 안에 든 쥐다."

대기귀신은 실뱀처럼 가는 눈으로 웃으며 그의 푸르죽죽한 낯짝을 흐물거렸다.

"물러서지 못해. 이 불한당 놈같으니……."

금잔희는 마차를 몰면서 한손으로 말채찍을 휘두르며 접근하는 대기귀신을 쏘아보았다.

"호, 이게 제법 팔닥거리네. 그래야지. 멸치가 그물에 잡혀도 튀는 맛이 있어야지……."

대기귀신은 마치 횟감이라도 보는 듯 금잔희를 보며 군침을 삼켰다.

"더러운 네놈의 입을 찢어 놓겠다."

금잔희는 말채찍으로 대기귀신의 얼굴을 후려쳤다. 그러자 대기귀신은 급히 머리를 숙여 피하면서 마차를 끌고 가는 말의 다리를 장검으로 후려쳤다. 순간 말이 비명을 지르며 쓰러졌고 마차는 언덕배기 아래쪽으로 나뒹굴었다.

"발버둥치더니 결국 잡혔군. 어디 네년 속살 맛 좀 볼까?"

대기귀신은 쓰러져 채 몸을 가누지 못하고 있는 금잔희의 손목을 낚아채며 천잠사 푸른 비단 옷자락을 잡아챘다.

'찍' 하고 비단 옷자락이 찢어지며 금잔희의 흰 살결이 빙어처럼 투명하게 내비쳤다. 그다지 크진 않지만 둥글고 탄력 있게 생긴 금잔희의 젖가슴이 사내들의 눈길 아래 드러났다.

금잔희는 남은 한손으로 얼른 젖가슴을 가리며 대기귀신의 얼굴에 침을 뱉았다.

"퉷! 더럽고 음탕한 귀신아. 차라리 날 죽여라."

대기귀신은 얼굴에서 침을 닦아내며 눈꼬리를 치켜세웠다.

"그럴 수야 없지. 아직 속살 맛도 못 봤는걸……."

금잔희는 대기귀신의 눈초리를 보자 온몸의 피가 싸늘히 얼어붙는 한기가 들었다. 작살에 뀀 물고기처럼 갑자기 몸에서 기운이 빠져 나갔다. 꼼짝 못하고 대기귀신에게 능욕될 판이었다.

그때였다.

"물러서라! 당장 그 더러운 손을 떼라."

야뢰궁을 향해 가던 호산과 그 수하들이 어느새 그 주위에 몰려들고 있었다. 그 뒤로 호령과 석의노명, 옥옥명도 천천히 다가서고 있었다. 대기귀신은 금잔희의 팔을 놓고 장검을 휘두르며 호산에게 달려들었다.

"휙!"

바람을 가르며 호산의 몸을 가를 듯 파고든 장검을 그림자처럼 물러서며 호산은 대기귀신의 손목을 내리쳤다.

"검을 버려랏."

호산의 기합과 함께 대기귀신의 손에서 장검이 힘없이 떨어졌다. 형세의 불리함을 눈치챈 대기귀신은 뒷걸음으로 물러서며 이를 갈았다.

"으드득, 두고 보자. 이놈들……."

금잔희를 능욕하려던 욕망에 차 있다가 갑작스런 침입자에게 다 잡은 먹이를 뺏기고 당황해서 달아나는 대기귀신을 보며 호산은 저놈이 누굴까 하고 생각했으나 알 수 없었다. 그가 소전오의 아들 대기귀신인 줄은 몰랐던 것이다.

"어디 다친 데는 없습니까?"

밝고 다정하게 물어 오는 호산의 여인처럼 아름다우면서도 반듯한 풍모에 금잔희는 부끄러워 얼굴을 들지 못했다.

"예, 덕분에 무사히……."

금잔희는 찢어진 옷자락으로 얼른 젖가슴을 가렸지만 채 가릴 수가 없어 난감했다. 이를 눈치챈 호산이 재빨리 자기의 겉옷을 벗어 금잔희에게 내밀었다.

호산의 옷에서 땀냄새가 났지만 금잔희는 그 냄새가 오히려 풋풋한 젊음이 느껴져 싫지 않았다.

호령 일행이 오자 호산은 한쪽으로 물러섰다. 호령이 금잔희에게 물었다.

"그대는 누구요?"

소년티가 채 가시지 않은 호령이 제법 위풍스럽게 묻자 금잔희는 약간 의아했지만 나긋하게 대답했다.

"소녀는 야뢰국주의 딸 금잔희라 하옵니다만 길손들은 누구신지요?"

금잔희가 야뢰국주의 딸이라 하자 호령과 호산은 깜짝 놀랐다.

"그대가 정말 야뢰국주의 딸이란 말인가? 이것 참 묘한 인연이군. 우리는 야뢰공을 만나러 온 사람들이오."

호령은 야뢰공과의 첫 만남에 좋은 선물이 될 것 같아 내심 기뻤다. 일행은 금잔희의 마차를 다시 일으켜 세우고 말을 바꿔 서서히 야뢰궁을 향했다.

산은 눈처럼 하얗게 빛이 났다. 한여름에도 만년설이 덮인 듯했다. 태고적 바다가 융기되어 이룩된 암염(嵒鹽)의 산이었다.

귀한 소금이 산을 이뤄 천연의 풍요를 누리는 나라이다.

먼 훗날 이곳은 영고탑이 세워지고 발해의 동경성이 된다. 박호 임금의 아들 호령과 고야촌장의 아들 호산이 금잔희의 안내를 받으며 들어설 때는 진국 팔대뇌공 중 야뢰의 땅이었으며 아직 그다지 인구는 많지 않았다.

특히 이날따라 야뢰궁으로 접어드는 길목에는 다른 곳에 비해 인적이 드물었다.

"왜 이리 조용하지. 사람들이 통 보이지 않는군."

호령이 나지막이 말할 때였다.

"바로 저놈들이다. 흑거미! 놈들을 모두 체포해 노예로 만들라."

숲속에 숨어 있던 대기귀신이 흑검과 수하들에게 호산에게 당한 분풀이를 명령했다.

"공격하라."

대기귀신과 흑검의 명을 받은 기마군사 이십여 기가 좁은 골짜기 가득 대오를 나란히 하며 호령과 호산 일행에게 달려들었다.

호산은 재빨리 기와를 실은 수레를 전면에 내세워 기병들의 전진을 막으면서 검은 물체를 던지기 시작했다.

'획' 하는 파공음이 들리는 족족 눈을 감싸며 대기귀신과 흑검의 수하 기병들이 말에서 거꾸러졌다.

호산뿐 아니라 그 수하들이 기와쪽을 기병들에게 빗살처럼 퍼붓자 기병들은 순식간에 십여 기 이상의 사상자를 냈을 뿐 접근조차 할 수 없었다.

흑검은 이를 갈며 자신이 직접 이십여 기의 기병을 이끌고 짓쳐들었다.

"호잇, 모두 짓밟아 버려라."

흑검은 앞장서서 말을 달렸다. 그는 날아오는 기와쪽을 장검으로 쳐내며 단숨에 호령의 수레 앞으로 닥쳐들었다.

"이 쥐새끼 같은 놈들아! 비겁하게 숨지 말고 사내라면 나서서 맞서 보라."

흑검이 욕설을 퍼붓자 창을 들고 재빨리 다가서는 그림자가 있었다.

"그래, 내가 상대하마. 얼마나 센 놈인가 한번 겨뤄 보자."

"앗! 호령 왕자, 위험합니다."

호령은 석의노명과 옥옥명이 말릴 사이도 없이 흑검 앞에 창을 들고 우뚝 섰다.

"흥! 젖비린내 나는 어린 놈이로구나. 오냐, 너부터 황천으로 보내주마."

흑검은 핏빛 주홍마의 고삐를 잡아채며 호령의 가슴팍을 향해 장검을 휘둘렀다.

흑검의 칼과 호령의 창이 전광석화처럼 맞부딪쳤고 두 사람의 신음이 동시에 터졌다. 호령은 오른팔 어깨에서 피를 흘리며 창을 떨어뜨렸다.

흑검도 귀에서 피를 흘리며 말에서 굴러 떨어졌다. 그러나 창이 귓가를 스쳤을 뿐 큰 부상은 없었다.

"애송이, 이번엔 꼭 죽이고 말테다."

흑검은 장검을 쥐고 호령을 향해 단번에 두 쪽을 낼 듯 내리쳤다.

"퍽!"

흑검의 칼날에 찢어진 사람의 피살이 튀었다.

"악! 석의노명."

"왕, 왕자님."

"아, 석의노명, 나 때문에 목숨을 잃다니……."

"왕자께서 무사하셔서 다행……진 진작에…… 진왕을 위해…… 죽 죽어……."

석의노명은 말끝을 채 맺지 못하고 왈칵 피를 토하며 쓰러졌다. 하지만 목숨을 잃은 것은 석의노명뿐이 아니었다.

"흐윽."

뒤이어 달려온 옥옥명의 창이 흑검을 꿰뚫었던 것이다.

"와아 !"

흑검이 작살 맞은 물고기처럼 목이 꿴 채 쓰러지자 호령의 진영에서는 사기가 올라 고함을 질렀다. 반면 대기귀신의 진에서는 사기가 꺾여 잠잠했으나 아직도 수적으로 유리한 탓에 물러서려 하지 않았다.

"뭣들 하느냐. 흑검 장군의 원수를 갚자."

이번엔 대기귀신이 전 기병을 이끌고 호령과 옥옥명과 피를 토하고 있는 석의노명을 향해 덮쳐들었다. 호산도 호령을 구하기 위해 수레 뒤에서 뛰어 나왔다. 엄폐물 없는 들판에서의 격전, 호령과 호산이 필살(必殺)의 힘을 다했으나 전세는 점점 불리해졌다.

대기귀신과 기병들이 호산의 수하들을 단숨에 짓밟아 왔다. 진이 와르르 무너지며 호산의 수하들이 쫓겨왔다.

"물러서지 마라 !"

호산은 눈에 핏발을 세우며 적의 말을 재빨리 빼앗아 타고 적진을 향해 달려들었다.

호산은 낫으로 풀을 베듯 적의 목을 베어 나갔다. 하지만 사방에서 조여드는 적들에 둘러싸여 호산의 모습도 폭풍 속의 조각배처럼 위태롭게 보였다.

이때 힘찬 뿔나팔 소리가 들렸다.

"뿌우 뿌우."

깃발을 든 한 무리의 기마가 양쪽의 싸움 한가운데로 뛰어들었다.

"멈춰라."

백마를 타고 위엄 있게 나타난 것은 야뢰였다. 털빛이 온통 흰 말을 '숙상'이라 한다. 야뢰의 말은 '숙상' 중에서도 뼈대가 군센 명마였다. 야뢰를 보자 대기귀신은 의기양양해서 소리쳤다.

"야뢰공! 저 역적놈들을 잡으시오."

대기귀신의 말에 야뢰는 송충이 같은 눈썹을 곤두세웠다.

"닥치시오. 이 땅에서는 내가 주인이오. 대기귀신은 진국으로 돌아가시오."

야뢰가 시녀들의 보고를 받고 격분하여 달려온 것이다.

"흠, 그렇다면 야뢰공은 저놈들과 같이 반역을 하겠다는 건가?"

대기귀신은 실뱀 같은 눈에 잔뜩 의심을 품고 야뢰의 태도를 살폈다.

"대기귀신은 물러가라 하지 않았소. 내 나라는 내 방식으로 다스리겠소."

대기귀신은 야뢰공의 결연한 의지를 보고 금잔희에 대한 자신의 잘못도 있고 해서 슬금슬금 물러났다.

이어서 야뢰가 소리질렀다.

"네놈들은 순순히 포박을 받겠느냐, 아니면 일전을 하겠느냐?"

야뢰가 호령과 호산 일행을 향해 소리치자 금잔희가 크게 놀라며 말했다.

"아버님, 이들은 저를 구해 주려 한 사람들입니다."

그러자 야뢰가 금잔희에게 말했다.

"너는 상관 말고 물러섰거라. 자세한 것은 체포해서 조사해 보면 알 일 아니겠느냐."

금잔희는 그토록 노한 야뢰의 얼굴을 본 적이 없는지라 얼굴을 감싸고 울면서 어디론가 달려갔다. 호산은 사태가 심상찮게 돌아가자 호령에게 말했다.

"호령 왕자님! 야뢰가 이렇게 나올 줄 몰랐습니다. 분하지만 왕자님께서는 몸을 피하십시오. 제가 적을 막아 싸우겠습니다."

"고맙소, 호산. 하지만 나 혼자 살겠다고 그대 같은 충신을 사지로 몰 수는 없소. 차라리 투항토록 하여 죄없는 부하들이라도 살립시다."

호산은 호령 왕자의 말에 깜짝 놀랐다. 순간 무엇인가를 생각한 듯 호산이 말했다.

"왕자님의 뜻이 그러시다면 호산이 따르겠습니다. 야뢰공! 투항하겠소."

호산이 무기를 버리고 성큼성큼 야뢰공 앞에 나가 투항하자 수하들도 뒤를 이었다.

"모조리 포박하라. 내 친히 문초할 것이니 끌고 가자."

야뢰공의 지휘에 따라 호령과 호산 일행은 포로가 되어 끌려갔다.

"빨리 빨리 걸어."

호령 일행은 흑뢰국에서 보았던 노예꼴이 되어 끌려가게 되었다.

차가운 돌감옥 속에 호령은 다른 사람들과 격리되어 혼자 갇혔다. 뒤로 묶인 결박이 손목을 조여 괴롭고 갈증이 났으나 옥졸은 좀처럼 다가서지 않았다. 그래서 옥졸들에게 도움을 청할 수도 없었다.

"이렇게 갇혀 젊은 생을 마쳐야 하는가."

호령은 안타까운 자신의 심정을 감옥 벽에 써 내려갔다.

범이 달리며 길을 찾음은
어인 연고일까?

구름 속에서 바라보니
갑옷 속에 피가 흐르네
논에서 어찌 고기가 노닐며
쥐 여우가 대붕의 뜻을 알랴
묻노니 하늘이시여
어찌하여 내 발길 막으시는가
슬프도다
일곱 자 몸에 있는 재간은 썩고
석 자의 쌍검 칼집에서 빛 뿌리네
하늘 받들면 청사에 남는다지만
이 몸이 늙어 가면
더운 피를 언제나 쏟으랴
검은 머리 헛되이 셀까 두려운데
그 누가 이 마음 알아나 줄 것인가?

— 《수 · 당연의》에서

호령은 자신의 아버지 박호 임금도 자기처럼 천석굴에 갇혀 청춘을 보냈던 것을 기억하고 부르르 몸을 떨었다. 하지만 그에게는 아무런 방법도 떠오르지 않았다.

"이렇게 허무하게 끝나야 하는가……."

호령이 한숨을 내쉴 즈음 괴이한 소리가 나지막이 들려왔다. 둔탁한 소리와 질질 끌고 가는 듯한 소리, 그 소리 가운데 조그맣게 신음하는 소리 같기도 했다. 이어 '철커덩' 하며 누군가 굳게 잠긴 뇌옥의 문을 열고 들어왔다. 검은 옷을 입은 사람이 손에 든 비수로 호령의 손과 발에 묶인 결박을 풀었다.

"쉿, 조용히……."

괴인은 얼굴에 복면을 했기 때문에 누군지 알 수가 없었다. 그 목소리와 체취가 어딘가 귀에 익은 여인의 것이었다.

옥문에 선 그림자는 달이 구름 속에 들어가자 재빨리 호령의 팔을 끌었다.

"빨리 서두르세요."

돌감옥 한쪽엔 옥졸 한 사람이 창을 어깨에 두른 채 쓰러진 듯 앉아 있었다. 호령이 감옥 속에서 들은 소리의 정체인 것이다.

어두운 담벽을 따라 돌던 검은 그림자가 달빛에 천천히 복면을 벗었다.

"그대는 금잔희……?"

검은 머리칼과 흰 얼굴이 대비된 금잔희였다.

"놀라지 말고 절 따라오세요. 모든 일은 아버님께서 시키신 일이니까요."

낮에는 감옥에 잡아 가두고 밤에 딸을 시켜 구출해 낸 야뢰의 태도가 사뭇 괴이했으나 묵묵히 금잔희의 뒤를 따르는 수밖에 없었다.

"어서 오십시오, 왕자님. 고생하셨습니다."

호산과 옥옥명이 놀랍게도 먼저 풀려나와 호령을 맞았다.

"그대들도 무사했구만……."

호령 일행이 안으로 들어서자 야뢰는 호령 앞에 무릎을 꿇고 큰 절을 올렸다.

"아니, 왜 이러시오, 야뢰공."

호령은 깜짝 놀라 야뢰를 일으켰다.

"낮에 흉칙한 대기귀신 놈에게 당할 뻔한 제 딸년을 구해 주셔서 감사하옵니다. 생각 같아서는 대기귀신 놈을 찢어 죽이고 싶었사오나 야뢰국 곳곳에 놈들의 첩자가 있는 까닭에 왕자께 죄를 지었습니다."

"죄랄 것까지야……. 그래, 앞으로 야뢰공은 어쩔 셈이오?"

야뢰는 호령의 모습을 보고 말했다.

"왕자님을 뵈니 옛날 박호 임금님을 본 듯하옵니다. 그때는 소전오에게 속아 못할 짓을 했사옵니다. 하나 이젠 소전오놈의 소행을 보면 그때의 잘못이 뼈저리게 후회되옵니다. 앞으로 소전오를 치고 진국을 회복하는 데 이 야뢰 남은 생을 걸겠습니다."

"그렇다면 얼마나 고마운 일이겠소. 야뢰공, 공을 믿겠소."

호령은 야뢰의 몸을 얼싸안았다. 그만큼 기쁨이 컸던 것이다.

"야뢰공, 공은 지금 천하의 형세를 어찌 보시오?"

호령이 묻자 야뢰가 손으로 턱을 고이며 잠시 생각에 잠기더니 말했다.

"아직은 때가 이릅니다. 고허국과 저 야뢰가 힘을 합친대도 소전오와 염국을 이기기엔 역부족입니다. 오반역장선을 관장하는 흑뢰의 힘을 빌릴 수 있다면 승산은 반반이옵니다. 여기에 산뢰의 도움을 받을 수 있다면 승산은 우리 쪽에 더 있사옵니다."

"됐소, 야뢰공! 이미 흑뢰공이 우리 쪽을 돕기로 약속한 바 있으니 이제 산뢰만 설득할 수 있다면 공의 말대로 승산을 걸고 싸울 수 있겠구려."

흑뢰가 협력하기로 했다는 말에 야뢰는 깜짝 놀랐다.

"왕자께서 벌써 흑뢰와 협의를 하셨군요? 장하십니다, 정말."

"뭘요. 흑뢰공이 대의를 위해 나서 준 덕이지 내가 한 게 무엇이겠소. 이제 야뢰공이 나서 준다니 바로 산뢰국을 향해 떠나겠소."

호령이 금세 떠날 듯 서둘자 야뢰는 손을 내저었다.

"산뢰공의 설득은 불초 야뢰가 맡겠습니다. 산뢰와는 교분이 있으니 사리를 따져 설득한다면 우리와 뜻을 같이하리라 생각하옵니다. 왕자님께서는 이곳에서 바로 고허국으로 돌아가셔서 대군이 출동할 수 있도록 하시는 게 좋겠습니다."

"고맙소, 아뢰공. 공이 마음을 다하여 산뢰를 설득할 수 있다면 천하를 위해 큰 공이 되리다. 이 호령 삼가 부탁을 드리겠소."

야뢰는 호령 왕자가 자기의 충심을 알아주자 눈물이 나도록 고마웠다.

"산뢰를 설득한다면 그 증거로 산뢰국의 진판수(眞坂樹)로 만든 창 오백 개를 고허국에 바치겠습니다."

'진판수'란 박달나무로 단단하여 쉽게 부러지지 않기 때문에 창자루로써 일품이었다.

"호, 그렇게 많은 진판수를 구하기란 쉽지 않을 텐데……. 아무튼 뜻을 다한 마음의 협력을 얻는 것이 중하니 너무 무리하게 요구하진 마시오."

"알겠습니다. 그 점은 야뢰에게 맡겨 주시고 먼저 왕자님께서 타실 말을 준비코자 하오니 저를 따라 오십시오."

호령과 옥옥명이 야뢰의 뒤를 따라 야뢰궁 뒤편의 마방에 이르렀다. 마방에는 말들이 가득했다. 청총과 조류, 오추, 황표, 백기, 적토 등이 줄지어 있고 점박이 오화규와 몸뚱이가 긴 일장우도 있었다.

달빛에 비친 말들은 야뢰가 다가가자 히잉대며 반겼고 마른 건초를 씹는 놈도 있었다.

"이것 참, 대단하군. 마치 천마들이 한꺼번에 구름을 타고 내려온 듯한데……."

옥옥명이 살찐 말의 잔등과 갈기를 쓸어 보며 탄복했다. 옥옥명은 먹물처럼 검은 오추마를 골랐고 호령은 황표마 한 필을 골랐다.

“두 분의 안력(眼力)이 대단하군요. 한번 타 보도록 하십시오.”

야뢰는 마구간에서 말을 끌어내어 호령에게는 황표마를, 옥옥명에게는 조류마의 고삐를 넘겨 주었다. 고삐를 당기자 말들이 가볍게 달려 나갔다.

옥옥명의 조류마는 힘차 보였고 황표마는 조심스러워 보였다. 또한 황표마는 네 굽을 가지런하게 뛰어 보폭이 일정했다. 제자리에 돌아온 말들을 살펴보니 조류마는 거칠어 말굽에 먼지가 묻어 있었고 황표마는 연기처럼 가볍게 발걸음을 놀려 먼지가 묻지 않았다. 황표마야말로 잘 길든 말이었다.

“왕자께서 보시는 눈이 탁월하시군요.”

야뢰는 웃으며 말 잔등에 여행에 필요한 짐들을 싣게 했다. 호령과 옥옥명은 야뢰와 호산의 배웅을 받으며 어두운 밤길을 달려 나갔다.

고향에 돌아가길 기다렸소
뜻을 펴고 물에 돛을 세우니
귀향길에 발걸음 멈추지 않고
시위 떠난 살같이 질주하노라.

—《수 · 당연의》에서

황표마와 조류마가 대지를 박차고 질주하자 귓가에 바람이 일었다. 천오백 리 길을 내달려 이튿날 해질녘엔 이미 고허국의 지경에 이르렀다.

한 달여 동안에 호령은 부쩍 성장하여 어엿한 장부가 된 듯했다. 다만 어릴 때부터 보살펴 준 석의노명이 목숨을 던져 지켜준 덕분이었지만.

호령이 고허국에 돌아오자 고황산령존은 노고를 치하해 마지않았다.

"장하구나, 호령. 그새 많이 늠름해졌구나. 이리 가까이 오너라."

고황산령존은 급히 숙설간에 명을 내려 연회를 준비케 했다. 이날 음식으로는 백두산에서 잡은 원숭이 두개골과 갖가지 버섯, 송화강의 잉어조림, 사향노루 구이, 멧돼지와 산채를 볶은 요리 등이 산더미처럼 쌓였다.

"호령, 이리 와서 한잔 부어라."

고황산령존은 호령이 따르는 죽엽청(竹葉靑)을 마시며 기쁨에 젖어들었다.

세 잔의 죽엽청, 가슴속을 타고 흐르니
복숭아꽃 두 송이가 피어 오르네.

죽엽청은 삼절(三絶)이라 한다. 삼절이란 세 가지 빼어난 점으로써 첫째는 맑고 깨끗함이며, 둘째는 품위 있는 맛이며, 셋째는 은은하게 오래도록 풍기는 대나무향이다.

그 죽엽청의 맛보다 고황산령존을 더욱 기쁘게 한 것은 호령이 가져온 흑뢰와 야뢰국과의 혈맹이었다.

호령은 고황산령존의 환대를 받는 가운데 마음은 딴 데 가 있었다. 왜냐하면 그토록 보고 싶었던 고천희와 아버지 박호 임금이 보이지 않았기 때문이었다.

"고황 폐하! 소자 이만 물러나 아버님을 뵙고 싶습니다."

고황은 호령을 더 붙잡고 얘기를 나누고 싶었으나 그의 청을 순순히 허락했다.

"그렇지. 먼저 사돈께 인사를 해야지."

고황은 고개를 끄덕이며 호령을 박호 임금의 처소로 물러나게 했다. 호령이 박호 임금의 처소에 이르자 버선발로 뛰어나와 맞아 주는 소녀가 있었다.

"오라버니……."

"고천희."

두 사람은 누가 먼저랄 것도 없이 서로 끌어안았다. 그들은 한참 동안 세상이 온통 정지해 버린 듯 숨조차 쉬지 않고 안고만 있었다.

이윽고 호령이 백합처럼 하얀 고천희의 얼굴을 보며 말했다.

"정말 보고 싶었어……."

호령의 그 한마디에 고천희는 왈칵 울음을 터뜨리며 호령의 목을 두 팔로 끌어안았다.

"미워 죽겠어, 오라버니. 오라버니를 기다리다 가슴이 다 타버리는 줄 알았다구……."

"그건 나도 마찬가지야. 그러니까 이렇게 달려왔잖아."

호령의 말에 고천희는 울음을 그치고 손가락을 내밀었다.

"오라버니, 약속해 줘. 나 혼자 버려 두곤 아무 데도 가지 않겠다고 말이야."

호령은 웃으며 가느다란 고천희의 손가락에 자신의 손가락을 걸었다.

"그래, 약속하지. 우린 이제 함께 있을 거야. 그런데 아버님은 어디 계시지?"

호령이 묻자 고천희가 대답했다.

"아버님은 지금 주무셔요. 오라버니가 떠난 이후 많이 허약해지셨어요. 조금 전까지도 오라버니만 찾다가 약을 드시고 간신히 잠이 드셨거든요. 이리 오세요."

고천희는 호령을 박호 임금의 침전으로 안내했다. 등을 돌리고 누워 있는 박호 임금은 흰 머리가 부쩍 늘었고 등은 마른 나뭇가지처럼 앙상했다.

"아버님, 소자 호령이 돌아왔사옵니다."

박호 임금은 천석굴에서 고초를 겪은데다 한 점 혈육인 호령마저 곁에 없자 외로움에 병이 든 것이다. 호령이 불렀으나 정신이 흐려 깨어나지 못하다가 간신히 입을 열었다.

"얘, 고천희야."

박호 임금은 나지막한 목소리와 손짓으로 고천희를 불렀다.

"내가 이제 죽으려나 보다. 호령이 부르는 소리가 귓가에 들리는구나. 걔가 제 어미 곁에서 나를 부르는 게 틀림없어……."

고천희가 말했다.

"아버님, 아니에요. 호령 오라버니가 돌아왔사옵니다. 지금 아버님 곁에 있는걸요."

그러자 호령이 울먹이는 목소리로,

"아버님, 호령이 아버님 곁에 돌아왔사옵니다."

라고 말하며 쇠약해진 아버지의 손을 잡았다. 앙상한 박호 임금의 몸 어디에 그런 힘이 숨어 있었는지 벌떡 일어나 말없이 아들의 어깨를 움켜잡고는 노안 가득히 눈물을 글썽였다.

"네가 돌아왔구나, 아들아!"

호령이 큰절을 올리자 박호 임금이 고천희를 보며 말했다.

"이 아이가 며느리처럼 나를 잘 돌봐주어 지금 살아 남아 오늘 너를 다시 보는구나. 이 아이의 은공을 네가 대신 갚아다오."

그러자 호령이 고천희를 보고 말했다.

"고맙구나. 노쇠한 아버지를 그토록 돌봐주었다니……."

"오라버니도, 제가 남인가요 뭐. 오라버니의 아버님은 제 아버님이나 마찬가진걸요 뭘…….”

고천희는 얼굴을 붉히며 달아났다.

유월 초여드렛날, 호령이 야뢰국에서 돌아온 지 채 열흘도 되지 않아 박호 임금과 고황산령존은 호령과 고천희의 혼례를 올리기로 집안 어른들끼리 결정했다.

박호 임금은 작은 여의주(如意珠) 한 쌍과 연옥(軟玉) 목걸이를 보내 청혼을 했다.

고황산령존 역시 승낙의 표시로 보옥(寶玉)과 궁시(弓矢) 한 벌을 보내왔으며 십여 년 동안 고천희의 혼례를 위해 담아 두었던 여아홍(女兒紅)을 수레에 실어 보내왔다.

여아홍은 맛과 향이 독특한 쌀로 빚은 고급술이다. 그 후로부터 만주에서는 시집갈 때 축하객에게 특별히 내놓는 술이 되었다.

예물이 오고 가면 정친(定親)의 표식이 되어 신부측에서 혼례 날짜를 결정해 신랑측에 알리게 된다.

고허촌의 궁성 안팎에는 며칠 전부터 오색 등불이 걸려 밤에도 떠들썩했다. 나라 안팎이 온통 경축 분위기였다.

마침내 혼인날이 다가왔다.

고허국 궁성에는 혼인을 축하하는 붉은 글씨가 곳곳에 내걸렸다. 뜰에는 고황산령존의 신하들이 예복을 입고 모여들었고 박호 임금의 옛 신하들도 먼 곳에서 찾아와 축하해 주었다.

그들 중에는 벨루진이란 곱추 노인이 있었는데 툭 튀어 나온 등에 풀무까지 지고 있었다.

“아니, 이건 벨루진이 아닌가?”

박호 임금은 노인을 보자 반색해 맞으면서 그의 등에 진 풀무를 보고 괴이쩍은 눈초리를 보냈다.

“존귀하신 임금님!”

벨루진 영감은 풀무를 등에서 내려놓고 큰절을 올리며 말했다.

"늙은 목숨이 구차하게나마 살아 남아 오늘 임금님을 뵈옵니다."

영감은 목이 메이는지 늑대같이 으릉대는 목소리로 인사를 올렸다.

"그래, 얼마나 고생이 심했나……."

박호 임금이 손을 잡고 일으키려 했다.

"이대로 박호 임금님 앞에 쓰러져 죽어도 여한이 없습니다만, 오늘 제가 온 것은 이 풀무로 병장기를 만들어 원수를 갚고자 합니다. 전일에는 농기구를 만들었지만 지금은 병장기가 필요할 테니까요."

박호 임금은 벨루진 영감의 마음씨가 너무나 갸륵하여 기쁘고 고마웠다.

"하지만 쇳돌을 구할 수 있을까?"

"그건 염려 마십시오. 고독정산에 무진장 묻혀 있으니 젊은 장정 두셋만 있으면 쇳돌은 얼마든지 캘 수 있습니다."

"숯은?"

박호 임금이 묻자 벨루진 영감의 답이 금세 내려졌다.

"산에 참나무가 얼마든지 있으니 도끼로 찍어다 구우면 될 게 아닙니까?"

그토록 간단했다. 그런데 문제는 병사들이었다. 그러나 이 역시 걱정할 필요가 없었다. 어디서 소식을 듣고 하루에도 수십 명씩 박호 임금의 휘하로 몰려들었기 때문이다.

그들은 스스로 사냥을 해서 어느 정도 식량을 자급하면서 군사 훈련을 겸하기 때문에 일거양득이라 할 수 있다.

이때 호령과 고천희의 결혼 축하 선물이듯 야뢰국과 산뢰국에서 오백 개의 진판수로 만든 창과 산죽(山竹)으로 만든 화살이 수레에 실려 왔다.

《일본서기》는 다음과 같이 기록해 놓았다.

'고황산령존이 명을 내려…… 산뢰에게는 오백 개 진판수의 팔십옥참을 채취케 하고 야뢰에게는 오백 개 야천(들판의 소죽)의 팔십옥참을 채취케 했다.' (又使, 山雷者 採五百箇 眞坂樹 八十玉籤.)

박호 임금은 이들을 무장시켜 복수의 날을 준비하면서 아들 호령 왕자의 결혼식을 맞이하고 있었다.

"온다. 가마가 온다."

누군가 뜨락에서 고함을 지르는 뒤편에 기치를 높이 든 행렬이 줄지어 오고, 나팔과 고각, 징과 북이 울렸다.

"꽃가마다!"

철모르는 아이들도 신이 나서 뛰며 소리질렀다.

"화촉등불을 밝혀라!"

젊은 남녀들이 청사 홍사 초롱을 들고 길을 밝히는 밤이었다. 뜨락 이곳저곳에는 모닥불이 타올랐고 먹음직한 멧돼지와 양의 넓적다리가 꼬챙이와 막대기에 꿰여 구워지면서 구수하게 고기 굽는 향기가 물씬 풍겨 나왔다.

대웅전 안에는 굵은 황촉이 타오르며 사방을 밝혔다. 집전의례를 맡은 노인이 근엄하게 외쳤다.

"가마 착지."

사실 고천희가 타고 온 것은 꽃가마가 아니라 꽃수레라 해야 옳았다. 앞에는 두 필의 백마가 끌고 뒤에는 바퀴가 달렸는데 수레 안에는 두 명의 시녀들이 함께 타고 있었다.

수레가 궁문을 넘어서려 하자 집전을 맡은 노인이 향수를 뿌리면서 숯불 위를 지나오게 했다. 사귀를 쫓고 복을 비는 의례였다.

의례를 맡은 여관이 호령 왕자에게 활을 건넸다.

"꽃수레를 향해 화살을 세 번 쏘시오."

호령은 꽃수레의 백마 앞 땅에 세대의 화살이 나란히 꽂히게 했다. 그러자 수레에서 주렴이 걷혀지고 붉은 비단 홍포(紅袍)에 싸인 신부와 시녀가 걸어 나왔다. 신부 고천희는 '혜'라는 가죽신을 신었는데 신발조차 붉은 색이었다.

가마에서 내려서서도 대웅전 안까지 붉은 비단이 깔려 있어 신부는 사뿐히 시녀들의 부축을 받으며 걸어 들어갔다.

마침내 박호 임금 앞에 호령과 나란히 앉자 집전을 맡은 노인이 소리쳤다.

"붉은 면사를 벗기세요."

호령은 신부 고천희의 얼굴을 덮고 있는 비단을 벗겨냈다. 모란꽃보다 화사한 고천희의 얼굴이 부끄러움과 흥분으로 붉게 물들며 고개를 다소곳이 숙이고 있었다.

이윽고 합환주로 여아홍의 붉은 술이 나눠지고 식전이 이어지자 박호 임금은 직녀 치산희를 그리워하며 눈가에 안개꽃을 피웠다.

"그녀가 살아서 오늘 이 광경을 지켜볼 수 있었다면……."

다시 박호 임금이 나직이 중얼거렸다.

"직녀! 곧 당신 곁으로 가고 싶소. 하지만 아직 원수를 갚지 못했으니 외롭더라도 조금만 기다려 주오."

박호 임금은 밖으로 나와 영롱히 빛나기 시작한 별들을 보고 있었다. 금성이 서방으로 운행하고 있었다.

"아! 정말 길조(吉兆)로구나."

금성은 태백(太白)이라 하는데 오방 중 서방에 속하고 오행(五行) 중 금(金)에 속하며 십간(十干) 중 경신(庚辛)에 속한다. 또한 정벌

(征伐)을 의미하는데 서쪽에서 동쪽으로 움직인 것이다. (사기, 천관서)

이것은 서쪽의 고허국 쪽에서 동쪽의 소전오를 징벌할 때임을 말하는 것이다.

군사를 동원하여 작전을 할 때에는 금성을 본받아 금성이 빠르게 운행하면 빠른 속도로 행군하고 금성이 느리게 운행하면 느리게 행군해야 한다. 빛을 환하게 뿌리면 용감히 전투해야 하며 둥글고 안정되어 있으면 용병함에 돌다리를 건너듯 신중해야 하는 것이다. 그러므로 금성의 빛이 가리키는 방향에 따라 용병하면 길한 것이다. (사기, 천관서)

박호 임금은 금성을 바라보며 주름진 주먹을 불끈 쥐었다. 그리곤 나직이 되뇌었다.

"소전오, 기다려라! 얼마 남지 않았노라."

⑰
멸망의 노래

하늘나라 진국(辰國) 천원(天元)이다.

박호 임금으로부터 진국(辰國)을 빼앗고 형 박호 임금을 천석굴에 가둔 소전오는 대뢰의 딸 풍옥희와 함께 화려한 궁전을 짓게 했다.

천하의 신산(神山)에서 목재들과 석재들이 날라져 오고 궁궐의 처마가 기러기 날개처럼 연이어 벌려 섰다.

궁궐에 인공의 연못을 파고 연못 주위에 산을 만들어 기화요초(琪花瑤草)와 진귀한 동물과 새들을 길렀다.

소전오는 이 궁전 주위를 청지(淸地)라 하여 아래 백성들이 얼씬거리지 못하게 병사들에게 지키게 했다.

소전오는 궁전을 아내 풍옥희와 두 사람만의 낙원으로 만들어 놓고 다음과 같이 노래했다.

구름이 서기 어린 곳
구름 속의 팔중원이여!

이제 사랑하는 아내를 위해
이 궁전을 만드노라
영원히 사랑할 내 사랑 아내여!

–《일본서기》

청지는 크게 두 군데로 나눠져 있었다. 먼저 소전오가 신하들과 정치를 논하는 정전(政殿), 황후와의 침전(寢殿), 평상시 거처인 편전(便殿), 왕자나 공주·옹주의 거처인 궁방(宮房)뿐 아니라 팔대뇌공의 관청, 곡식창고, 음식을 장만하는 숙설간 등이 줄지어 늘어져 있으며, 이와는 별도의 후원이 감춰져 있다. 말하자면 으슥한 언덕바지에 이름 없는 전각들이다. 하지만 청지의 궁인들은 그곳을 양지당(陽池堂) 또는 운우정(雲雨亭), 예기원(藝器院)이라는 속칭으로 부르고 있었다.

궁인들이 예기원이라 부르는 곳은 소전오가 풍옥희 몰래 자주 찾는 곳으로, 갓 10세에서 30대까지의 여인들로 가득했다.

그곳의 속칭이 예기원이라 불리는 까닭은 소전오가 여인의 음호(陰戶) 가운데 명기만을 골라 모아 놓은 탓이었다.

소전오는 흡혈오귀 중 천수일명의 등을 두드리며 음흉하게 웃었다.

"이봐 대머리, 오늘 용주(龍珠)를 물고 들어왔다구? 분명한 사실인가?"

"그럼요, 틀림없사옵니다."

천수일명이 대머리를 긁자 소전오의 눈에 의심의 빛이 스쳤다.

"그걸 그대가 어찌 알지? 늙은이가 먼저 뿌리를 담근 게 아냐?"

소전오의 섬뜩한 눈초리를 본 천수일명은 얼른 목을 움츠리며 말했다.
"아니올시다. 천벌을 받지요. 제가 어찌 감히……, 이 나이에 척 보면 알지 꼭 맛을 봐야 압니까요."
소전오는 천수일명의 콧잔등에 흘러내리는 땀을 흘낏 보며 그때서야 심드렁하게 화를 풀었다.
천수일명이 겨우 한숨을 돌리며 이마와 콧등의 땀을 닦자 소전오가 다시 심술궂게 물었다.
"대머리, 어떻게 겉만 보고 용주인지 알 수 있지? 말해 봐."
천수일명은 바싹 마른 입술에 침을 바르며 설명했다.
"저의 경험으로 볼 때 용주라 할 수 있는 여인의 음호는 일천 명에 한둘 있을까말까 하리만치 귀하옵니다."
소전오는 짜증을 냈다.
"그건 설명치 않아도 알고 있어……."
천수일명은 또 찔끔했으나 말을 이었다.
"이런 음호를 가진 여인은 대개 살결이 백옥처럼 맑으며, 눈동자는 검게 빛나고 흰자위가 푸른 빛을 띱니다. 콧날은 오똑하면서도 반듯하고 입술은 작고 도톰하면서 붉으며, 이는 옥처럼 희면서 가지런한 법입니다. 이마는 둥글면서도 반듯하며 온몸에 탄력과 윤기가 넘치며 여인의 굴곡이 조화를 이루니 가히 명기라 할 수 있사옵니다."
"흠! 늙은 말이 콩은 먼저 먹는다더니 제법이군. 그래, 오늘 온 애가 그런 용주란 말이지?"
소전오는 천수일명의 설명을 듣자 은근히 기대에 차 올라 바지춤이 뻐근해졌다. 천수일명은 눈치를 채고 곧 덧붙였다.
"그럼요, 오늘 밤 모시도록 준비를 시켜 두겠습니다."
소전오와 천수일명 둘은 음흉하게 마주 보며 웃었다.

예기원의 호젓한 전각에 천수일명의 손길에 끌려온 진요화(眞妖花)는 시녀들에 의해 온몸의 옷이 모두 벗겨지고 침향나무로 만든 목간탕(沐間湯)에서 씻겨졌다. 시녀들은 진요화의 몸을 씻으면서 수다를 떨었다.

"어쩜, 이리도 피부가 고우실까. 같은 여자라도 부럽구먼."

"이러니 진왕을 모실 만하지……. 게다가 용주라니, 참 세상 불공평해……."

시녀들은 말을 하다가 진요화의 눈치를 살폈다. 자기들의 지나친 말에 앙심을 품을까 두려웠던 것이다. 그러나 진요화는 아무것도 모르는 듯 가만히 눈을 감고 있었다.

시녀들은 알맞게 데워진 물로 진요화의 머리끝에서 발끝이며 발가락 하나하나에까지 정성껏 씻어 내렸다. 그 물에서는 은은한 매화향이 퍼지고 있었다.

시녀들은 진요화의 수밀도처럼 탐스러운 온몸에 사향과 매화수를 바르고 손톱과 발톱을 다듬고 귀를 후벼 주었다.

시녀들의 손놀림은 섬세하면서도 정교했다. 온몸이 녹아들도록 마사지를 한 후 정갈한 속옷과 비단옷을 입혔다. 진요화가 기름불 아래 고즈너기 앉았을 땐 귀기마저 서릴 정도로 아리땁게 꾸며져 있었다.

소전오가 진요화의 전각에 든 것은 밤이 이슥해서였다. 소전오가 들어서자 진요화는 부끄러운 듯 두려운 듯 허리를 굽힌 채 한쪽으로 물러나 앉아 가녀리게 떨고 있었다.

"두려워하지 말고 이리 가까이 오너라."

소전오는 자못 부드럽고 다정하게 불렀으나 진요화는 여전히 오금이 저린 듯 선뜻 다가서지 못했다.

"어허, 괜찮대두 그러는구나……."

소전오가 다시 부드럽게 타이를 즈음 시녀들이 주안상을 차려 왔다. 시녀들이 소전오 앞에 주안상을 놓고 물러서자 그때야 상 앞에 모로 비켜서 옷깃을 여미고 앉았다.

"자, 술 한잔 따르거라."

소전오는 점잖고 부드럽게 말하며 옥잔을 내밀었다. 진요화는 무릎걸음으로 다가앉아 오리 모양의 삼족호(三足壺) 손잡이를 잡고 조심스럽게 술잔을 따랐다. 손끝이 미세하게 떨리고 있었다.

"어허, 어딜 보고 따르는 게야. 얼굴을 들라."

요화는 소전오가 근엄하게 말하자 천천히 고개를 들었다.

"호, 이런 절색이로고. 화용월색(花容月色)이라더니 너를 두고 한 말이로구나."

소전오는 요화의 얼굴을 보자 눈이 길게 찢어졌고 자신도 모르게 목젖에 침이 꿀꺽 삼켜졌다.

소전오는 얼른 술잔을 비우고 또다시 술잔을 따르게 한 후 요화에게 물었다.

"네 이름이 무엇이냐?"

소전오는 연거푸 술잔을 비운 후 진요화의 가느다란 손을 덥석 잡았다. 진요화는 몸을 움츠리면서도 차마 손을 빼지 못하고 얼굴만 붉게 물들였다.

"어렸을 때 이름은 설화(雪花)라 했는데 지금은 요화(妖花)라 하옵니다."

"그래? 설화인지 요화인지 과인이 보면 알 것이니라."

소전오는 이미 후끈 달아 있었다. 풍옥희와 젊어 한때 대뢰의 도움을 얻고자 결혼했으나 요즘은 내심 진저리를 치고 있었다. 그도 그럴 것이 걸핏하면 장인인 대뢰를 업고 위세를 부리기 일쑤였기 때문이다.

게다가 이미 마흔이 넘어 여인으로서의 한 고비를 넘고 있었던 것이다. 그렇기에 겉으로는 풍옥희를 위하는 척하면서도 내심 후원에서 무슨 짓을 하든지 내버려 두고 있었는데 요즘 어린 미동들을 불러들이는 낌새가 있었다.

이런 판국이니 소전오의 탐색하는 마음이 더욱 짙어질밖에…….

소전오는 주안상을 한쪽으로 밀쳐 놓게 하고 진요화를 무릎 위에 앉혔다.

"네 손은 어찌 이리 작으면서도 고우냐."

소전오는 진요화의 허리를 한손으로 잡고 다른 한손으론 손등을 어루만지며 귓불에 입을 대고 속삭였다. 소전오의 뜨거운 숨이 진요화의 귓불을 파고들자 귓불이 단풍처럼 붉어졌다.

이 방면에 있어 소전오는 이미 도가 통한 사람인지라 결코 서두르지 않았다. 비록 나이는 들었으나 여인을 다루는 수순에 조금치의 허점도 없었다.

진요화의 귓불을 깨문 소전오의 입술이 목젖을 타고 내리더니 여자의 입술을 살짝 빨았다. 그러면서 한손은 비단 옷자락으로 감싼 요화의 가슴을 부드럽게 쓰다듬고 있었다. 그 손이 옥문(玉門)에 이르렀을 때는 요화의 몸도 이미 촉촉히 젖어 있었다.

그날 밤 소전오는 끝없는 열락의 밤을 꽃피웠다. 과연 진요화는 천수일명의 말대로 '용주'라 할만한 명기였다.

성문은 좁고 길었으며 좀처럼 길을 열지 않았지만 일단 남성이 궁 안에 발을 들여놓으면 끝없는 나락으로 끌어들이는 흡인력이 있다. 그날 이후 소전오는 좀처럼 전각을 나서지 않았다.

그런데 소전오가 있는 전각에 기웃거리는 한 사내가 있었는데 바로 대기귀신이었다. 그 아비에 그 자식이랄까. 대기귀신은 소전오보다 한술 더 뜨려 들었다.

어릴 때부터 매우 흉폭해서 '귀신이 나타났다' 하면 남녀노소 할 것 없이 울던 아이도 울음을 그치곤 했다. 대기귀신은 음·양의 이치에 일찍 눈을 떠 길을 가다 눈에 띄는 여인을 보면 추근대기 일쑤였다.

"이봐, 치마를 벗고 엉덩이를 한번 보여줘 봐."

유부녀이건 처녀이건 할 것 없이 대기귀신에게 한번 걸렸다 하면 닦달하는 그의 요구를 거절할 수가 없었다. 자칫 머뭇거렸다간 그 자리에서 목이 잘리거나 참살당하는 경우도 있었다.

그런 대기귀신이 자기의 아버지 소전오와 진요화가 있는 전각을 기웃대고 있었다. 대기귀신은 불빛에 비치는 그림자를 보면서 소리쳤다.

"아바마마, 소자 대기귀신이옵니다."

이날 밤 소전오는 진요화의 배 위에서 질탕하게 요분질을 해대는 참이었다. 그런데 갑자기 대기귀신의 목소리에 뜨끔했으나 시치미를 떼고 물었다.

"웬일이냐? 야심한 밤에……."

"아바마마, 어마마마께서 배가 아프시다면서 급히 아바마마를 찾고 계시옵니다."

"배가 아프면 의원들을 부를 일이지 왜 과인을 찾는단 말이냐?"

소전오는 퉁명스럽게 말했다. 더 이상 진요화와 정사에 몰입할 수가 없었다. 풍옥희는 질투심이 강하여 소전오가 항상 경계하고 있던 차였다.

소전오는 주섬주섬 옷을 입으며 말했다.

"황후가 찾으니 잠깐 다녀오마. 앙탈을 부리면 그 심술에 견딜 수가 없어서……."

그러면서 소전오는 입맛을 다셨다.

진요화는 나약하고 불쌍해 보이는 소전오가 적이 실망스러웠으나 드러내진 않고 속옷 차림으로 그를 배알했다.

어둠 속으로 사라지는 소전오를 보고 들어와 누운 진요화가 잠이 채 들기도 전에 문 앞에 검은 그림자가 다가오더니 문고리를 잡아챘다.

"누, 누구요?"

진요화가 깜짝 놀라 소리치려 하자 그림자처럼 방으로 스며든 괴한이 얼른 진요화의 입을 틀어막았다.

"쉿, 조용히……."

"그, 그대는 태자……?"

괴한의 정체를 짐작한 진요화는 더욱 놀라 눈이 둥그래졌다.

괴한은 그녀의 말은 들은 척도 않고 오른손으로 입을 틀어막고 왼손으론 진요화의 속치마를 걷어 올렸다.

진요화가 힘을 다해 발버둥쳤으나 억센 사내의 힘을 당할 수가 없었다. 사내의 손은 속고의마저 벗겨내고 여인의 채 마르지 않은 금지로 침입했다.

흔히 남자는 하늘이요 여인은 땅이라 한다. 진요화의 땅은 기름진 대지였다. 검은 수풀이 우거져 사내의 탐심을 더욱 북받치게 했고 계곡물은 대지를 흥건하게 적시고 있었다.

사내는 더 이상 참을 수 없는 충동에 자신의 쟁기로 여인의 땅을 마구 파헤쳤다. 슬픈 게 여인의 운명이랄까? 어느새 진요화의 엉덩이도 자기의 의지를 억제치 못하고 사내의 몸놀림에 따라 흔들리고 있었다.

처음에는 미풍에 흔들리는 버드나무와 같더니 점차 아름드리 통나무를 뿌리째 뽑아 버릴 듯 사내의 허리를 두 손으로 끌어안고

요동쳤다. 워낙 색정을 강하게 타고난 터에 소전오와의 채 풀지 못한 욕정의 앙금이 쌓여 있던 터이기도 했다.

두 사람이 최후의 고비를 함께 넘은 후 진요화는 긴 한숨을 쉬었다.

"휴, 이제 저는 어떻게 되는 거예요? 이미 폐하께 몸을 의탁한 터에 태자님과 또 정을 통하였으니……."

아닌게 아니라 대기귀신도 은근히 걱정이 되었다. 하지만 이미 엎질러진 물이었다.

"이미 일이 이렇게 되었으니 어떻게 하겠소. 내 아버님께 말씀드려 그대를 나에게 달라 하겠으니 그때까지만 참고 기다려 주오."

"그 방법밖엔 달리 방법이 없을 것 같군요. 하지만 태자님과의 사이를 만일 누가 눈치라도 챈다면……."

"에이, 설마. 누군가 그러더군. 죽 떠먹은 자리 표가 나느냐구. 배 지나간 자리 흔적이 남느냐구 말이오."

진요화는 될대로 되라는 듯이 체념할 수밖에 없었다.

"전 모르겠어요. 부자분이 모두 한 배에 타셨으니……, 이년의 팔자가 어찌 되려는지……."

"걱정 말고 나만 믿으라니까."

대기귀신은 동백향이 나는 진요화의 머리카락을 쓰다듬으며 또 다시 욕정에 불을 당기고 있었다.

"아니, 또……."

진요화는 곱게 눈을 흘기면서 애써 불안을 떨쳐 버리려는 듯 대기귀신의 가슴 속으로 파고들었다.

두 사람의 밀회는 그 후에도 소전오가 없는 틈을 타서 자주 이뤄졌다. 그러자 시녀들의 입을 타고 그들의 소문이 마침내 황후

풍옥희에게까지 들어갔다.

"무엇이! 그런 해괴망측한 일이 다 있다더냐."

풍옥희는 얼굴에 백분을 바르고 입술에 엷은 홍색을 칠하고 머리에는 자수정이 박힌 보관을 썼다. 그러나 세월의 풍상엔 어쩔 수가 없었다.

피부는 이미 윤기를 잃었고 눈가엔 잔주름이 자글자글하여 거울을 볼 때마다 속이 타곤 했다. 그런데 소전오마저 슬금슬금 바람을 피우며 풍옥희의 곁에 머물러 있지 않으려 했다.

그런 터에 소전오와 대기귀신이 함께 한 계집에게 빠졌다는 소리를 듣자 풍옥희는 가슴에 독기가 서리기 시작했다.

"당장 그 음탕한 계집을 끌고 오너라."

시녀와 환관들이 잠시 후 사색이 된 진요화를 끌고 왔다.

"음, 과연 네년은 음탕하게 생긴 것이 마치 구미호 같구나. 더러운 노예 종년이 감히 궁중의 풍기를 어지럽히고 인륜을 침몰케 한단 말이냐? 요사스러운 년."

풍옥희의 말에 진요화는 가슴에 비수가 스친 듯 서늘했다.

"마마, 죽을 죄를 지었습니다. 살려 주옵소서……."

"흥, 요사스러운 것, 너의 더러운 몸뚱이에 홀렸던 폐하께 살려달라 하거라. 네년이 폐하의 품에 안겼을 땐 죽을 각오쯤 하고 그랬을 게 아니냐. 그러고도 감히 나에게 살려 달라고 비는 게냐. 우선 네년의 고약한 음뽀를 빼야겠다. 뭣들 하느냐. 당장 시행하라."

황후의 서릿발 같은 분노에 시녀들이 달려들어 진요화의 옷을 찢으며 발가숭이로 만들었다.

음뽀를 빼는 것은 음녀(淫女)를 벌하는 것으로 여인의 옥문에 술을 붓고 산낙지를 머리에서부터 집어넣고 자궁을 내려앉게 하는 지독한 형벌이었다. 급기야 진요화는 음뽀가 빠진데다가 시녀들의 몰매에 견디질 못하고 숨지고 말았다.

소전오와 대기귀신이 이 소식을 들었으나 앙칼진 풍옥희의 성미를 아는지라 감히 나서질 못하고 속만 태우고 있었다.

소전오는 불쾌한 기분을 전환하기 위해 악공들을 불렀다.

"추연에게 거문고를 타게 하라."

소전오의 말을 들은 천수일명은 깜짝 놀라 만류했다.

"폐하, 아니되옵니다. 추연의 거문고는 망국의 음이니 더 이상 연주해서는 아니되옵니다."

소전오의 명을 받고 음을 고르는 시녀 추연의 거문고 현을 천수일명이 누르고 만류했다.

"음악은 사람의 혈맥을 동요시키고 사람의 정신을 교류시키며 몸과 마음을 조화롭고 바르게 해야 합니다. 하나 추연의 음은 사람의 마음을 자극하여 패역의 사악한 기운이 흥기하고 있으니 오

• 악기를 연주하는 선인(仙人)-고구려 무용총 벽화

행이 문란해져 나라를 망치게 되옵니다."

소전오는 천수일명의 말에 벌컥 화를 내며 소리를 질렀다.

"과인이 인황으로서 평소에 애호하는 음악조차 마음대로 듣지 못한단 말이냐? 당장 그 손을 치워라."

천수일명은 소전오의 성화에 못 이겨 머리를 흔들며 물러갔다. 마침내 추연이 거문고 현을 마저 고른 후 서서히 현을 뜯기 시작했다.

추연은 거문고를 뜯으며 노래를 시작했다. 노래는 왜하(倭河)에서 남녀가 약속하고 상전(桑田)에서 밀회를 나누는 장면을 묘사하고 있었다.

……뽕잎이 지기 전엔 그 잎이 싱싱했네.
아, 비둘기야, 저 오디 먹지 말라.
아! 여인들아, 남자한테 반하지 말라.
남자가 반하면 벗어날 수 있지만
여자가 반하면 벗어날 수 없다네…….

—《북리(北里)의 노래》

추연의 노래와 거문고 연주가 끝나자 소전오는 흥이 났다.

"세상의 악곡 중에 이보다 더 감동적인 음악이 있을까?"

그러자 추연이 대답했다.

"있사옵니다. 무악(武樂)이라 하옵는데 춤과 더불어야 악의 흥취가 있사온데 폐하께서 끝까지 편안히 들을 수 있사올지……."

추연이 말끝을 맺지 못하고 소전오의 안색을 살피자 소전오가 호기롭게 큰소리로 말했다.

"무슨 소린가. 그 정도의 풍류조차 감당치 못할 나인 줄 아는가? 하늘과 땅이 뒤집어진들 눈 깜짝 않을 테니 마음껏 연주해 봐라."

추연은 소전오가 호기 있게 큰소리로 말하자 내심 코웃음을 치며 현을 튕겼다.

"그럼, 시작하겠사옵니다. 마음을 편히 하고 진중하셔야 합니다."

추연이 서서히 현을 튕겨 나가자 어디선가 선학(仙鶴) 열여섯 마리가 낭문(廊門)에 모여들었다. 그리고 음이 점차 빨라지자 선학들이 너울너울 춤을 추기 시작했다.

소전오는 신이 나서 술잔을 들고 감탄했다.

"굉장하구나. 이런 음악이 있을 줄이야. 계속 하거라."

추연의 입에서는 비릿한 신음이 흘러 나왔다.

"크르릉……."

거문고의 현이 돌연 귀기를 띠어 갔다. 갑자기 서북쪽에서 흰구름이 물러가고 검은 먹장구름이 몰려왔다. 그러자 검은 선학들이 비틀거리며 균형을 잃어 갔다.

8척 1촌이나 되는 거문고에서 방패와 도끼를 든 괴이한 귀령들이 선학들을 쫓고 있었다. 소전오는 서서히 마음이 두려워지기 시작했다. 그러나 큰소리를 쳐 놓았으니 쉬이 음악을 중지시킬 수도 없고 해서 그냥 지켜볼 수밖에 없었다.

이번엔 거문고에서 창과 칼, 도끼 등이 부딪히는 소리가 울렸다. 이때 갑자기 비바람이 거칠게 일더니 장지문이 우렁우렁 울기 시작했다.

선학들은 비칠대며 어디론가 사라졌다. 큰 비가 쏟아지며 회랑(回廊)의 기왓장이 날리기 시작했다.

"악!"

소전오의 시녀들은 핼쓱해진 얼굴로 비명을 질렀다.

그러나 추연은 태연히 귀기 어린 얼굴로 거문고 현을 튕기고 있었다.

"그만, 그만하거라."

소전오는 깜짝 놀라 회랑 곁에 있는 방으로 가 엎드려 떨고 있었다.

추연이 거문고 현을 멈췄을 때는 이미 현 세가닥이 끊어져 있었고 입술에서는 붉은 선혈이 흘러내렸다.

그녀는 그대로 숨을 거두었다. 실로 '죽음의 곡'이었다. 그 곡을 들은 사람들은 그 후 매일 한 명씩 일주일 동안 죽어 북망산으로 갔다. 의원들은 비장이 상해서 그렇다고 말했지만 왜 비장이 상했는지는 알 수 없었다.

그때 진국은 가뭄이 계속되어 초목이 말라 죽어 갔다. 어느 날 햇무리가 해를 겹겹이 에워싸는 징조가 있었다. 이런 징조가 있으면 전쟁에 크게 패한다는 말이 있다.

또한 개기일식이 진국의 청지에 있었다. 이 또한 군주에게 재앙이 있을 징조였으나 소전오는 이를 알지 못했다.

新刻黃掌綸先生評訂神仙鑑首集卷之一

林屋玦樓秘本

江夏明陽宣史徐衡述
汝南清真覺姑李理贊

第一節　太極判化生五老　三才立發育蒸民

夫有形者生於無形。無形為無極。有形為太極。故易有太易。有太初。有太始。有太素。太易者。未見炁也。太初者。炁之始也。太始者。形之始也。太素者。質之始也。形炁質雖具而猶未離。是曰渾淪。視之不見。聽之不聞。循之不得。是謂易也。易變而為一。太初也。一變而為七。太始也。七變而為九。太素也。九者。炁變之究也。一者。形變之始也。清輕者騰為天。濁重者凝為地。天地既分。含精細蘊而化生萬物。故物亦有始有壯有究。皆取法天地。天地者。陰陽之根本。萬物之祖宗。物之最靈者為人。與天地並立為三才。然亦不越乎陰陽五行也。粤自陰陽互交。五行錯綜。時在大地中央。濕熱相蒸處。產出一人。方身圓面。智慧天成。常起立四望。覺八極皆低。仰觀日落月升。衆星每隨一大星旋轉。忽大星中當道金光墜地。凝視之。乃與我同類。長逾一倍。徧體金色。葉下文所繡葉衿上人前來俯撫而呼曰。翼抱汝久矣。融和之炁外達。始知汝已出世。遂復長草編為裳。衣巾之君為與其身命名曰黃老。與說降育根由。曰天地之數。有元有會。十二會為一元。如一週日之分十二分。日暮睡眠。如元會之混淪時也。夜之將半。陰中始得陽炁。如元會天開之時也。夜半後陰炁將伏。尚晴黑莫辨。如元會地闢之時也。而後陽之精為日。東昇而西墜。號曰太陽。陰之精為月。夜現而晝隱。號曰太陰。更有諸星列宿。其體生於地。而精輸於天。次居分埒。各有適屬。兩間有日月星通光。如長夜之將旦。昧爽黎明之時也。於是百物漸作。而人始生矣。黃老乃問天地之形體。金色人答曰。凡物之生。必由胎卵。胎卵象圓而生於水。故水涵天外。地為天包。厥外惟寂。厥中惟靈。天一生水。如人身之有血也。地二生火。如人身之有炁也。水火既生。則有風雲雨雪。施行於其間。陰陽迭為消長。日月錯行代明。有寒溫暑涼。四時之候。有東南西北中五方之位。如人之血脈精炁運行於藏府。形骸肢節。得以轉利。此天地之

• 역대신선통감 : 청나라 강희제 때 저술 (자유중국, 강동무기서국 발행)

雲笈七籤卷之二十七

宋朝奉郎尚書度支員外郎充集賢校理賜緋魚袋臣張君房集進

洞天福地

天地宮府圖 并序

銀青光祿大夫眞一先生司馬紫微集

夫道本虛無因恍惚而有物氣元沖始乘運化而分形精象玄著列宮闕於清景幽質潛凝開洞府於名山元皇先乎象帝獨化卓然眞宰湛爾冥寂感而通焉故得瓊簡紫文方傳代學琅函丹訣下濟浮生誠志攸勤則神仙應而可接修鍊克著則龍鶴昇而有期至於天洞區畛高卑乃異眞靈班級上下不同又日月星斗各有諸帝並懸景位式辨奔翔所以披纂經文據立圖象方知兆朕庶覬希夷則臨目內思馳心有詣端形外謁望景無差乃名曰天地宮府圖其天元重疊氣象參差山洞崇幽風煙迢遠以茲縑素難具丹青各書之於文撰圖經二卷眞經所載者此之略備仙官不言者蓋闕而未詳

十大洞天

太上曰十大洞天者處大地名山之間是上天遣群仙統治之所

第一王屋山洞

周迴萬里號曰小有清虛之天在洛陽河陽兩界去王屋縣六十里屬西城王君治之

第二委羽山洞

周迴萬里號曰大有空明之天在台州黃巖縣去縣三十里青童君治之

第三西城山洞

山海經第十八　　晉　郭璞傳　　棲霞郝懿行箋疏

海內經

東海之內北海之隅有國名曰朝鮮朝鮮今樂浪郡也　懿行案朝鮮已見海內北經

天毒其人水居天毒即天竺國貴道德有文書金銀錢貨浮屠出此國中也晉大興四年天竺胡王獻珍寶懿行案史記大宛傳云有身毒國索隱云身音乾毒音篤孟康云即天竺也所謂浮圖胡也案大宛傳說身毒云其人民乘象以戰其國臨大水後漢書西域傳云天竺國一名身毒其國臨大水修浮圖道不殺伐水經注引康泰扶南傳曰天竺土俗道法流通金寶委積山川饒沃恣所欲大意與郭注同也

偎人愛之偎亦愛也音隱隈反　懿行案愛之藏經本作愛人是也列子云列姑射山有神人不偎不愛仙聖為之臣義正與此合袁宏漢紀云浮屠佛也天竺國有佛道其教以修善慈心為生不殺生亦此義也玉篇云偎愛也本此又云北海之隈有國曰偎人以偎人為國名義與此異

西海之內流沙之中有國名曰壑市音郝　懿行案水經注禹貢山水澤地云流沙在西

• 산해경의 조선－천독국이며, 열고야산(막고야)에 신인이 있는데(마고할미) 부도 부처님(소도)의 나라이다.

歷代真仙體道通鑑序

渾厖既啓玄黃既判惟為人類寔與乾坤清寧並立為三然則通上下之情合陰陽之撰闡玄機而契道妙者洵乎非人莫屬矣夫芸芸者衆攘往熙來鶉居鷇息不足與參造化也軒轅始立人極訪道崆峒即通性命之旨乘雲御氣合德神明柱下道宗手著五千言流沙化胡播教殊域仙踪靈跡粲然昭著此豈徒以虛無之

昭陽作噩二年
大餘五十五　小餘四百一十九　十二
大餘五十七　無小餘
橫艾閹茂三年
大餘四十九　小餘七百六十七　十二
大餘二　小餘八
尚章大淵獻四年
大餘四十四　小餘一百七十五　閏十三
大餘七　小餘十六
焉逢困敦五年
大餘八　小餘八十二　十二
大餘十二　小餘二十四
端蒙赤奮若竟寧元年
大餘二　小餘四百三十　十二
大餘十八　無小餘
游兆攝提格建始元年
大餘五十六　小餘七百七十八　閏十三
大餘二十三　小餘八
彊梧單閼二年
大餘二十　小餘六百八十五　十二
大餘二十八　小餘十六
徒維執徐三年
大餘十五　小餘九十三
大餘三十三　小餘二十四
祝犁大荒落四年

右歷書大餘者，日也。小餘者，月也。端蒙者，年名也。支：丑名赤奮若，寅名攝提格。干：丙名游兆。正北。（冬至加子時，正西加酉時，正南加午時，正東加卯時。）

（索隱述贊：歷數之興，其來尚矣。重黎是司，容成斯紀。推步天象，消息母子。五勝輪環，三正互起。孟陬貞歲，疇人順軌。敬授之方，履端爲美。）

史記卷二十六考證

歷書。正閏餘。正義。一月之日二十九日八十一分日之四十三。○監本誤作四十八。今改正。

又小月六月。○監本誤作小月大月。今改正。

其更以七年爲太初元年。○臣照按：武帝太初元年，歲在丁丑，非甲寅也。此云年名焉逢攝提格，月名畢聚，日得甲子，夜半朔旦冬至者，蓋著太初歷術之元，非是年爲甲寅年甲寅月十一月甲子朔旦冬至也。況年爲甲寅，月則爲丙寅，必不得爲畢聚也。司馬貞輩不明歷法，故紛紛聚訟耳。又按歷術甲子篇第一章，蓋後人因上文焉逢至冬至二十一字，引而不發，難以推步，故續此一篇于後，以申其義，非遷本書也。後復有焉逢攝提格太初元年，以至末祝犁大荒落建始四年，則又後人推衍而續增之，已不知太初元年甲寅之爲托始，而直以爲武帝太初元年爲甲寅矣。故所紀甲子，無一不悞。如建始四年爲壬辰，而悞以爲己巳也。其文既叙至成帝建始四年，則非馬遷本文，不待辨矣。竊恐尚非褚少孫之筆。又按歲在焉逢攝提格甲寅年也。月在畢聚甲寅月也。甲寅年則正月爲丙寅，甲寅月則歲爲壬癸。今日歲在甲寅，月在甲寅，日得甲子者，謂甲寅歲之前十一月，則甲子正月建丙寅之十一月，則亦甲子也。歷從夏時，則日月在畢聚。歷從周正，則曰歲在焉逢攝提格。蓋夏時周正，皆所以敬授人時，而歷元必從冬至起，則一也。元必始甲，無始壬癸之理，則文必如是乃明也。是故不特武帝太初元年非歲在甲寅，亘古固無甲寅年之甲寅月也。

月名畢聚。○按爾雅月在甲曰畢，爲月陽。又曰正月爲陬，邢昺疏曰：正月得甲，則曰畢陬。若史記歷書云月名畢聚也。陬古字作聚，讀爲陬音。

史記卷二十七

漢　太　史　令　司馬遷　撰
宋　中　郎　外　兵　曹　參　軍　裴駰　集解
唐　國　子　博　士　弘　文　館　學　士　司馬貞　索隱
唐　諸　王　侍　讀　率　府　長　史　張守節　正義

天官書第五

（索隱）案：天文有五官。官者，星官也。星座有尊卑，若人之官曹列位，故曰天官。（正義）張衡云：文曜麗乎天，其動者有七，日月五星是也。日者陽精之宗；月者陰精之宗；五星，五行之精。衆星列布，體生於地，精成於天，列居錯峙，各有所屬，在野象物，在朝象官，在人象事。其以神著有五列焉，是有三十五名。一居中央，謂之北斗；四布於方各七，爲二十八舍。日月運行，歷示吉凶，五緯躔次，用告禍福。

中宮天極星，（索隱）案：春秋元命包云宮之爲言宣也。宣氣立精爲神垣。又文耀鉤曰中宮大帝，其精北極星。含元出氣，流精生一也。爾雅云北極謂之北辰。又春秋合誠圖云北辰其星五，在紫微中。楊泉物理論云北極，天之中，陽氣之北極也。極南爲太陽，極北爲太陰。日月五星行太陰則無光，行太陽則能照，故爲昏明寒暑之限極也。其一明者，太一常居也；（索隱）案：春秋合誠圖云紫微，大帝室，太一之精也。（正義）泰一，天帝之別名也。劉伯莊云泰一，天神之最尊貴者也。旁三星三公，或曰子屬。（正義）三公三星在北斗杓東，又三公三星在北斗魁西，並爲太尉、司徒、司空之象，主變陰陽，佐機務。占以徙爲不吉，居常則安，金火守之並爲咎也。後句四星，末大星正妃，餘三星後宮之屬也。（索隱）句音鉤。句，曲也。援神契云辰極橫，后妃四星從，端大妃光明。又按星經以後句四星名爲四輔，其句陳六星爲六宮，亦主六軍，與此不同也。環之匡衛十二星，藩臣。皆曰紫宮。（索隱）元命包曰紫之言此也，宮之言中也，言天神運動，陰陽開閉，皆在此中也。宋均又以爲十二軍，中外位各定，總謂之紫宮也。前列直斗口三星，隨北端兌，若見若不，曰陰德，（索隱）劉氏直音如字，直，當也。又音值。隋音他果反。北一作比。案：漢書天文志隋作隨。姚氏以爲隨是星形，亦通。文耀鉤曰陰德爲天下綱。宋均以爲陰行德者，道常也。（正義）星經云：陰德二星在紫微宮內，尚書西，主施德惠者，故贊陰德遺惠，周急振撫。占以不明爲宜，新君踐極也。又云陰德星，中宮女主之象。星動搖，衆妾爭宮掖，貪嬪內妾惡之。或曰天一。（正義）天一一星，疆閶闔外，天帝之神，主戰鬭，知人吉凶，明而有光，則陰陽和，萬物成，人主吉；不然，反是。太一一星次天一南，亦天帝之神，主使十六神，知風雨、水旱、兵革、饑饉、疾疫。占以不明及移爲災也。星經云：天一、太一二星主王者即位，令諸立赤子而傳國位者。星不欲微，微則廢立不當其次，宗廟不享食也。紫宮左三星曰天槍，右三星曰天棓，（索隱）槍音七庚反。棓，蘇林音部，韋昭音剖，又音白講反。詩緯云天棓五星。

• 사마천의 사기 천관서

煒日急就篇注古有仙人宋無忌此云妖未詳宋無忌見封禪書索隱引白澤圖云火之精日宋無忌蓋其人火仙也以入竈故指爲火之妖
經爲江夏太守注君備州里達人○元本君備作君侯
翅翼舒張○太平御覽作分翅舒張
畢主驚喜○太平御覽作驚歎
注諸人多聞其善卜○諸人監本誤作知人今改正
殆非小心翼翼多福之仁○仁太平御覽作人
輅大愕然曰君可畏也死以付天○太平御覽作君可畏人也命以付天
願安百祿以光休寵注輅于此爲論八卦之道及爻象之精○監本爲論八卦下又重八卦二字衍文今去

魏志卷二十九考證

魏志卷三十

晉　著作郎巴西中正安漢陳　壽撰

宋太中大夫國子博士聞喜裴松之注

烏丸　鮮卑　東夷　夫餘　高句麗　東沃沮　挹婁　濊　馬韓　辰韓　弁辰　倭人

書載蠻夷猾夏。詩稱玁狁孔熾。久矣其爲中國患也。秦漢以來。匈奴久爲邊害。孝武雖外事四夷。東平兩越朝鮮。西討貳師大宛。開邛苲夜郎之道。然皆在荒服之外。不能爲中國輕重。而匈奴最逼於諸夏。胡騎南侵則三邊受敵。是以屢遣衞霍之將。深入北伐。窮追單于。奪其饒衍之地。後遂保塞稱藩。世以衰弱。建安中。呼廚泉南單于入朝。遂留內侍。使右賢王撫其國。而匈奴折節。過於漢舊。然烏丸鮮卑稍更彊盛。亦因漢末之亂。中國多事。不遑外討。故得擅漢南之地。寇暴城邑。殺略人民。北邊仍受其困。會袁紹兼河北。乃撫有三郡烏丸。寵其名王。而收其精騎。其後尚熙又逃于蹋頓。蹋頓又驍武。邊長老皆比之冒頓。恃其阻遠。敢受亡命。以雄百蠻。太祖潛師北伐。出其不意。一戰而定之。夷狄懾服。威振朔土。遂引烏丸之衆。服從征討。而邊民得用安息。後鮮卑大人軻比能復制御羣狄。盡收匈奴故地。自雲中五原以東抵遼水。皆爲鮮卑庭。數犯塞寇邊。幽并苦之。田豫有馬城之圍。畢軌有陘北之敗。青龍中。帝乃聽王雄遣劒客刺之。然後種落離散。互相侵伐。彊者遠遁。弱者請服。由是邊陲差安。漢南少事。雖時頗鈔盜。不能復相扇動矣。烏丸鮮卑。卽古所謂東胡也。其習俗前事。撰漢記者已錄而載之矣。故但舉漢末魏初以來。以備四夷之變云。魏書曰烏丸者東胡也漢初匈奴冒頓滅其國餘類保烏丸山因以爲號焉俗善騎射隨水草放牧居無常處以穹廬爲宅皆東向日弋獵禽獸食肉飲酪以毛毳爲衣貴少賤老其性悍驁怒則殺父兄而終不害其母以母有族類父兄以己爲種無復報者故也常推募勇健能理決鬬訟相侵犯者爲大人邑落各有小帥不世繼也數百千落自爲一部大人有所召呼刻木爲信邑落傳行無文字而部衆莫敢違犯氏姓無常以大人健者名字爲姓大人以下各自畜牧治產不相徭役其嫁娶皆先私通略將女去或半歲百日然後遣媒人送馬牛羊以爲聘娶之禮壻隨妻歸見妻家無尊卑旦起皆拜而不自拜其父母爲妻家僕役二年妻家乃厚遣送女居處財物一出妻家故其俗從婦人計至戰鬬時乃自決之父子男女相對蹲踞悉髡頭以爲輕便婦人至嫁時乃養髮分爲髻著句決飾以金碧猶中國有冠步搖也父兄死妻後母執嫂若無執嫂者則己子以親之次妻伯叔焉死則歸其故夫俗識鳥獸孕乳時以四節耕種常用布穀鳴爲候地宜青穄東牆東牆似蓬草實如穄子至十月而熟能作白酒而不知作麴糵米常仰中國大人能作弓矢鞍勒鍛金鐵爲兵器能刺韋作文繡織縷氈褐有病知以艾灸或燒石自熨燒地臥上或隨痛病處以刀決脈出血及祝天地山川之神無鍼藥貴兵死斂尸有棺始死則哭葬則歌舞相送肥養犬以采繩嬰牽并取亡者所乘馬衣物生時服飾皆燒以送之特屬累犬使護死者神靈歸乎赤山赤山在遼東西北數千里如中國人以死之魂神歸泰山也至葬日夜聚親舊員坐牽犬馬歷位或歌哭者擲肉與之使二人口頌呪文使死者魂神徑至歷險阻勿令橫鬼遮護達其赤山然後殺犬馬衣物燒之敬鬼神祠天地日月星辰山川及先大人有健名者亦同祠以牛羊祠畢皆燒之飲食必先祭其約法違大人言死盜不止死其相殘殺令部落自相報相報不止詣大人平之有罪者出其牛羊以贖死命乃止自殺其父兄無罪其亡叛爲大人所捕者諸邑落不肯受皆逐使至雍狂地地無山有沙漠流水草木多蝮蛇在丁令之西南烏孫之東北以窮困之自其先爲匈奴所破之後人衆孤弱爲匈奴臣服常歲輸牛馬羊過時不具輒虜其妻子至匈奴壹衍鞮單于時烏丸轉彊發掘匈奴單于冢將以報冒頓所破之恥壹衍鞮單于大怒發二萬騎以擊烏丸大將軍霍光聞之遣度遼將軍范明友將三萬騎出遼東追擊匈奴比明友兵至匈奴已引去烏丸新被匈奴兵乘其衰弊遂進擊烏丸斬首六千餘級獲三王首還後數復犯塞明友輒征破之至王莽末並與匈奴爲寇光武定天下遣伏波將軍馬援將三千騎從五原關出塞征之無利而殺馬千餘匹烏丸遂盛鈔擊匈奴匈奴轉徙千里漠南地空建武二十五年烏丸大人郝旦等九千餘人率衆詣闕封其渠帥爲侯王者八十餘人使居塞內布列遼東屬國遼西右北平漁陽廣陽上谷代郡鴈門太原朔方諸郡界招來種人給其衣食置校尉以領護之遂爲漢偵備擊匈奴鮮卑至永平中漁陽烏丸大人欽志賁帥種人叛鮮卑還爲寇害遼東太守祭肜募殺志賁遂破其衆至安帝時漁陽右北平鴈門烏丸率衆王無何等復與鮮卑匈奴合鈔略代郡上谷涿郡五原乃以大司農何熙行車騎將軍左右羽林五營士發緣邊七郡黎陽營兵合二萬人擊之匈奴降鮮卑烏丸各還塞外是後烏丸稍復親附拜其大人戎末魔爲都尉至順帝時戎末魔率將王侯咄歸去延等從烏丸校尉耿曄出塞擊鮮卑有功還皆拜爲率衆王賜束帛

漢末。遼西烏丸大人丘力居。衆五千餘落。上谷烏丸大人難樓。衆九千餘落。各稱王。而遼東屬國烏丸大人蘇僕延。衆千餘落。自稱峭王。右北平烏丸大人烏延。衆八百餘落。自稱汗魯王。皆有計策勇健。中山太守張純叛入丘力居衆中。自號彌天安定王。爲三郡烏丸元帥。寇

正本

孟子集註卷之八

離婁章句下

凡三十三章

孟子ㅣ曰舜은生於諸馮(풍)ᄒᆞ사遷於負夏ᄒᆞ샤卒於鳴條ᄒᆞ시니東夷之人也ㅣ시니라

孟子ㅣ골ᄋᆞ샤ᄃᆡ舜은諸馮에生ᄒᆞ샤負夏애遷ᄒᆞ샤鳴條애卒ᄒᆞ시니東夷人이시니라

● 諸馮、負夏、鳴條、皆地名、在東方夷服之地、

文王은生於岐周ᄒᆞ샤卒於畢郢(녕)ᄒᆞ시니西夷之人也ㅣ시니라

文王은岐周에生ᄒᆞ샤畢郢에卒ᄒᆞ시니西夷人이시니라

● 岐周、岐山下、周舊邑、近畎夷、畢郢、近豐鎬、今有文王墓

地之相去也ㅣ千有餘里며世之相後也ㅣ千有餘歲로ᄃᆡ得志行乎中國ᄒᆞ산若合符節ᄒᆞ니라

• 맹자 : 맹자에 의하면 순임금은 동이인이었다.

以太后指使尚書劾賢。帝病不親醫藥。禁止賢不得入出宮殿司馬中。（○宋祁曰入出當作出入中字上當有門字）賢不知所爲。詣闕免冠徒跣謝。莽使謁者以太后詔即闕下冊賢。（師古曰即就也）曰。間者以來。陰陽不調。菑害並臻。（師古曰菑古災字）元元蒙辜。（師古曰蒙被也）夫三公。鼎足之輔也。高安侯賢未更事理。（師古曰更歷也音工衡反）爲大司馬不合衆心。非所以折衝綏遠也。其收大司馬印綬。罷歸第。即日賢與妻皆自殺。家惶恐夜葬。莽疑其詐死。有司奏請發賢棺。至獄診視。（師古曰謂發冢取其棺柩也診驗也音軫）莽復風大司徒光奏賢。（師古曰風讀曰諷光孔光也）質性巧佞。翼姦以獲封侯。（師古曰翼進也）父子專朝。兄弟並寵。多受賞賜。治第宅。造冢壙。放效無極。不異王制。（師古曰放依也音甫往反）費以萬萬計。國爲空虛。父子驕蹇。至不爲使者禮。（師古曰言不敬天子之使）受賜不拜。辠惡暴著。賢自殺伏辜。死後父恭不悔過。乃復以沙畫棺。（師古曰以朱砂塗之而又雕畫也）四時之色。左蒼龍。右白虎。上著金銀日月。玉衣珠璧以棺。（師古曰以此物棺斂也棺音工喚反）至尊無以加。恭等幸得免於誅。不宜在中土。臣請收沒入財物縣官。諸以賢爲官者皆免。父恭弟寬信。與家屬徙合浦。母別歸故郡鉅鹿。長安中小民讙譁鄉其第哭。幾獲盜之。（師古曰往哭之實欲竊盜也鄉讀曰嚮幾讀曰冀）縣官斥賣董氏財。凡四十三萬萬。賢既見發。臝診其尸。（師古曰臝露形也音郎果反）因埋獄中。賢所厚吏沛朱詡。自劾去大司馬府。買棺衣。收賢尸葬之。王莽聞之大怒。以它辠擊殺詡。詡子浮。建武中。貴顯至大司馬司空。（○劉攽曰案後漢傳浮祇爲大司空未嘗爲司馬明多兩字）封侯。而王閎王莽時爲牧守。所居見紀。莽敗乃去官。世祖下詔曰。武王克殷。表商容之閭。（師古曰商容殷賢人）閎修善謹勑。兵起。吏民獨不爭其頭首。今以閎子補吏。至墨綬。卒官。蕭咸外孫云。（○宋祁曰咸字下當有之字）

贊曰。柔曼之傾意。（師古曰曼澤也言其質柔而色理光澤也）非獨女德。蓋亦有男色焉。觀籍閎鄧韓之徒非一。而董賢之寵尤盛。父子並爲公卿。可謂貴重人臣無二矣。然進不繇道。（師古曰言本不以德進繇讀與由同）位過其任。莫能有終。所謂愛之適足以害之者也。漢世衰於元成。壞於哀平。哀平之際。國多釁矣。（師古曰釁謂間隙也）主疾無嗣。弄臣爲輔。鼎足不彊。棟幹微撓。（師古曰撓弱也音女教反）一朝帝崩。姦臣擅命。董賢縊死。丁傅流放。辜及母后。奪位幽廢。（師古曰謂貶皇太后趙氏爲孝成皇后退居北宮哀皇后傅氏退居桂宮）咎在親便嬖。所任非仁賢。故仲尼著損者三友。（師古曰論語稱孔子曰損者三友友便辟友善柔友便佞損矣）王者不私人以官。殆爲此也。（師古曰殆近也）

前漢書卷九十三考證

鄧通傳鄧猶登也○按史記無此四字

人有告通盜出徼外鑄錢注師古曰東北謂之塞西南謂之徼○胡三省曰匈奴傳侯應上議曰孝武攘匈奴于幕北建塞徼起亭隧是北方之塞亦曰徼也朝鮮傳曰朝鮮屬遼東外徼是東方之塞亦曰徼也師古殆未深考歟直言徼以要遮爲義豈不簡而明乎

前漢書卷九十三考證

前漢書卷九十四上

漢　蘭臺令　史班　固撰

唐正議大夫行祕書少監琅邪縣開國子顏師古注

匈奴傳第六十四上

匈奴。其先夏后氏之苗裔。曰淳維。（師古曰以殷時始奔北邊）唐虞以上。有山戎。獫允。薰粥。（師古曰皆匈奴別號獫音險粥音七六反）居于北邊。隨草畜牧而轉移。其畜之所多則馬牛羊。其奇畜則橐佗。驢贏。駃騠。騊駼。驒奚。（師古曰橐佗言能負橐囊而馱物也蠃驢種而馬生也駃騠駿馬也生七日而超其母騊駼馬類也生北海驒奚駏驉類也佗音徒河反駃音決騠音提騊音陶駼音塗驒音顛）逐水草遷徙。無城郭。常居耕田之業。然亦各有分地。（師古曰分音扶問反其下亦同）無文書。以言語爲約束。兒能騎羊。引弓射鳥鼠。（師古曰言其幼小則能射）少長。則射狐菟。（師古曰少長言漸大）肉食。（師古曰言無米粟唯食肉）士力能彎弓。盡爲甲騎。其俗。寬則隨畜田獵禽獸爲生業。急則人習戰攻以侵伐。（師古曰人人皆習之）其天性也。其長兵則弓矢。短兵則刀鋌。（師古曰鋌鐵把小矛也音蟬）利則進。不利則退。不羞遁走。苟利所在。不知禮義。自君王以下。咸食畜肉。衣其皮革。被旃裘。壯者食肥美。老者飲食其餘。貴壯健。賤老弱。父死妻其後母。兄弟死。皆取其妻妻之。其俗有名不諱而無字。夏道衰。而公劉失其稷官。變于西戎。（師古曰公劉后稷之曾孫也變化也謂行化於其俗）邑于豳。（師古曰即今之豳州是其地也）其後三百有餘歲。戎狄攻太王亶父。（師古曰自公劉至亶父凡九君也父讀曰甫）亶父亡走于岐下。（師古曰岐山之下）豳人悉從亶父而邑焉。作周。（師古曰始作周國也）其後百有餘歲。周西伯昌伐畎夷。（師古曰西伯昌即文王也畎音工犬反畎夷即畎戎也又曰昆夷昆字或作混又作緄二字並音工本反昆緄畎聲相近耳亦曰犬戎也山海經云黃帝生苗龍苗龍生融吾融吾生弄明弄明生白犬白犬有二牝牡是爲犬戎許氏說文解字曰赤狄本犬種也故字從犬）後十有餘年。武王伐紂。而營雒邑。復居于酆鄗。放逐戎夷涇洛之北。（師古曰北洛即漆沮水也本出上郡雕陰泰冒山而東南入于渭○宋祁曰注文冒一作昌越本作冒）以時入貢。名曰荒服。其後二百有餘年。周道衰。而周穆王伐畎戎。（師古曰穆王昭王子康王孫也）得四白狼四白鹿以歸。自是之後。荒服不至。於是

• 전한서 ①: 흉노와 동호는 모두 환국에서 갈라진 한 뿌리이

作呂刑之辟。師古曰卽尚書呂刑篇是也辟法也音闢至穆王之孫。懿王時。王室遂衰。戎狄交侵暴虐中國。中國被其苦。詩人始作疾而歌之曰。靡室靡家。獫允之故。豈不日戒。獫允孔棘。師古曰小雅采薇之詩也孔甚也棘急也言征役踰時靡有室家夫婦之道者以有獫允之難故也豈不日日相警戒乎獫允之難甚急至懿王曾孫宣王。興師命將以征伐之。詩人美大其功曰。薄伐獫允。至於太原。師古曰小雅六月之詩也薄伐言逐出之出車彭彭。城彼朔方。師古曰小雅出車之詩也彭彭盛也朔方北方也言獫允既去北方安靜乃築城以守是時四夷賓服。稱爲中興。至于幽王。用寵姬褒姒之故。與申侯有隙。師古曰幽王宣王之子申侯怒而與畎戎共攻殺幽王于麗山之下。師古曰麗讀曰驪遂取周之地。鹵獲而居于涇渭之間。侵暴中國。秦襄公救周。於是周平王去酆鄗而東徙于雒邑。師古曰平王幽王之子當時秦襄公伐戎至郊。師古曰郊古岐字○劉敞曰當字下宜有是字始列爲諸侯。後六十有五年。而山戎越燕而伐齊。齊釐公與戰于齊郊。師古曰釐讀曰僖後四十四年。而山戎伐燕。燕告急齊。齊桓公北伐山戎。山戎走。後二十餘年。而戎翟至雒邑。伐周襄王。師古曰襄王惠王之子襄王出奔于鄭之氾邑。蘇林曰氾音凡今潁川襄城是也師古曰以襄王嘗處之因號襄城初襄王欲伐鄭。故取翟女爲后。與翟共伐鄭。已而黜翟后。翟后怨。而襄王繼母曰惠后。有子帶。欲立之。於是惠后與翟后子帶爲內應。開戎翟。戎翟以故得入。破逐襄王。而立子帶爲王。於是戎翟或居於陸渾。師古曰今伊闕南陸渾山川是其地東至於衛。侵盜尤甚。周襄王既居外四年。迺使使告急於晉。晉文公初立。欲脩霸業。迺與師伐戎翟。誅子帶。迎內襄王于雒邑。當是時。秦晉爲彊國。晉文公攘戎翟。居于西河圁洛之間。晉灼曰圁音嚚三倉作圁地理志圁水出上郡白土縣西東流入河師古曰圁水卽今銀州銀水是也書本作圁晉說是也後傳寫者誤爲圁耳洛水亦謂漆沮號曰赤翟白翟。師古曰春秋所書晉師滅赤狄潞氏郤缺獲白狄子者而秦穆公得由余。西戎八國服於秦。故隴以西有緜諸。畎戎。狄獂之戎。師古曰皆在天水界緜諸道及獂道是也獂音桓在岐梁涇漆之北。有義渠。大荔。烏氏。朐衍之戎。師古曰此漆水在新平荔音隸氏音支朐音許于反

而晉北有林胡。樓煩之戎。燕北有東胡山戎。服虔曰烏桓之先也後爲鮮卑各分散谿谷。自有君長。往往而聚者。百有餘戎。然莫能相壹。自是之後。百有餘年。晉悼公使魏絳和戎翟。戎翟朝晉。後百有餘年。趙襄子踰句注而破之。幷代。以臨胡貉。師古曰貉音莫伯反後與韓魏共滅知伯。分晉地而有之。則趙有代句注以北。而魏有西河上郡。以與戎界邊。其後義渠之戎。築城郭以自守。而秦稍蠶食之。至於惠王。遂拔義渠二十五城。惠王伐魏。魏盡入西河及上郡于秦。秦昭王時。義渠戎王與宣太后亂。有二子。師古曰卽昭王母也宣太后詐而殺義渠戎王於甘泉。遂起兵伐滅義渠。於是秦有隴西北地上郡。築長城以距胡。而趙武靈王亦變俗胡服。習騎射。北破林胡樓煩。自代並陰山下。至高闕爲塞。師古曰並音步浪反高闕解在衞青傳○宋祁曰郡本樓煩陰山爲句而置雲中鴈門代郡。其後燕有賢將秦開。爲質於胡。胡甚信之。歸而襲破東胡。東胡卻千餘里。師古曰卻退也音丘略反與荊軻刺秦王秦舞陽者。開之孫也。燕亦築長城。自造陽至襄平。師古曰造陽地名在上谷界襄平卽遼東所治也置上谷漁陽右北平遼西遼東郡以距胡。當是時。冠帶戰國七。而三國邊於匈奴。如淳曰燕趙秦其後趙將李牧時。匈奴不敢入趙邊。後秦滅六國。而始皇帝使蒙恬將數十萬之衆。北擊胡。悉收河南地。因河爲塞。築四十四縣城臨河。徙適戍以充之。師古曰適讀曰謫有罪謫合徙戍者令徙居之而通直道。自九原至雲陽。因邊山險塹谿谷。可繕者繕之。師古曰繕補也起臨洮至遼東萬餘里。又度河據陽山北假中。師古曰北假地名當是時。東胡彊而月氏盛。師古曰氏音支匈奴單于曰頭曼。師古曰曼音莫安反頭曼不勝秦。北徙十有餘年。而蒙恬死。諸侯畔秦。中國擾亂。諸秦所徙適邊者皆復去。師古曰適音謫於是匈奴得寬。復稍度河南與中國界於故塞。單于有太子名曰冒頓。後有愛閼氏。生少子。師古曰閼氏匈奴皇后號也閼音於連反氏音支○宋祁曰冒音墨頓音毒無別訓姚令威云侯閼董仲舒傳冒音莫克反又如字司馬遷傳亦音莫克反劉攽曰匈奴單于號其妻爲閼氏彌顏使以皇后解之太俚俗也

頭曼欲廢冒頓。而立少子。迺使冒頓質於月氏。冒頓既質。而頭曼急擊月氏。月氏欲殺冒頓。冒頓盜其善馬。騎亡歸。頭曼以爲壯。令將萬騎。冒頓迺作鳴鏑。應劭曰髐箭也師古曰鏑音嫡髐音呼交反習勒其騎射。師古曰勒其所部騎皆習射也令曰。鳴鏑所射而不悉射者。斬。行獵獸。有不射鳴鏑所射。輒斬之。已而冒頓以鳴鏑自射善馬。左右或莫敢射。冒頓立斬之。居頃之。復以鳴鏑自射其愛妻。左右或頗恐。不敢射。復斬之。頃之。冒頓出獵。以鳴鏑射單于善馬。左右皆射之。於是冒頓知其左右可用。從其父單于頭曼獵。以鳴鏑射頭曼。其左右皆隨鳴鏑而射殺頭曼。盡誅其後母與弟。及大臣不聽從者。於是冒頓自立爲單于。冒頓既立。時東胡彊。聞冒頓殺父自立。迺使使謂冒頓曰。欲得頭曼時號千里馬。冒頓問羣臣。羣臣皆曰。此匈奴寶馬也。勿予。冒頓曰。柰何與人鄰國愛一馬乎。遂與之。頃之。東胡以爲冒頓畏之。使使謂冒頓曰。欲得單于一閼氏。冒頓復問左右。左右皆怒曰。東胡無道。迺求閼氏。請擊之。冒頓曰。柰何與人鄰國愛一女子乎。遂取所愛閼氏予東胡。東胡王愈驕。西侵。與匈奴中間有棄地。莫居千餘里。各居其邊爲甌脫。服虔曰甌脫作土室以伺也師古曰境上候望之處若今之伏宿舍也甌音一侯反脫音土活反東胡使使謂冒頓曰。匈奴所與我界甌脫外棄地。匈奴不能至也。吾欲有之。冒頓問羣臣。或曰。此棄地。予之。於是冒頓大怒曰。地者。國之本也。柰何予人。諸言與者皆斬之。冒頓上馬。令國中有後者斬。遂東襲擊東胡。東胡初輕冒頓。不爲備。及冒頓以兵至。大破。滅東胡王。虜其民衆畜產。既歸。西擊走月氏。南幷樓煩白羊河南王。師古曰二王之居在河南悉復收秦所使蒙恬所奪匈奴地者。與漢關故河南塞。至朝那膚施。師古曰朝那屬安定膚施屬上郡遂侵燕代。是時漢方與項羽相距。中國罷於兵革。師古曰罷讀曰疲以故冒頓得自彊。控弦之士三十餘萬。師古曰控引也控弦言能引弓者自淳維以至頭曼千有餘歲。時大時小。別散

• 전한서 ②: 연나라가 쌓은 장성은 조양에서 양평인데, 양평은 북경시 창평(昌平)이다.

馬邊懸男頭。馬後載婦女。長驅西入關。迥路險且阻。還顧邈冥冥。肝脾爲爛腐。所略有萬計。不得令屯聚。或有骨肉俱。欲言不敢語。失意機微間。輒言斃降虜。要當以亭刃。我曹不活汝。豈復惜性命。不堪其詈罵。或便加棰杖。毒痛參幷下。旦則號泣行。夜則悲吟坐。欲死不能得。欲生無一可。彼蒼者何辜。乃遭此戹禍。邊荒與華異。人俗少義理。處所多霜雪。胡風春夏起。翩翩吹我衣。肅肅入我耳。感時念父母。哀歎無窮已。有客從外來。聞之常歡喜。迎問其消息。輒復非鄉里。邂逅徼時願。骨肉來迎己。己得自解免。當復棄兒子。天屬綴人心。念別無會期。存亡永乖隔。不忍與之辭。兒前抱我頸。問母欲何之。人言母當去。豈復有還時。阿母常仁惻。今何更不慈。我尚未成人。奈何不顧思。見此崩五內。恍惚生狂癡。號泣手撫摩。當發復回疑。兼有同時輩。相送告離別。慕我獨得歸。哀叫聲摧裂。馬爲立踟躕。車爲不轉轍。觀者皆歔欷。行路亦嗚咽。去去割情戀。遄征日遐邁。悠悠三千里。何時復交會。念我出腹子。匈臆爲摧敗。旣至家人盡。又復無中外。城郭爲山林。庭宇生荊艾。白骨不知誰。從橫莫覆蓋。出門無人聲。豺狼號且吠。煢煢對孤景。怛咤糜肝肺。登高遠眺望。魂神忽飛逝。奄若壽命盡。旁人相寬大。爲復彊視息。雖生何聊賴。託命於新人。竭心自勗厲。流離成鄙賤。常恐復捐廢。人生幾何時。懷憂終年歲。其二章曰。嗟薄祜兮遭世患。宗族殄兮門戶單。身執略兮入西關。歷險阻兮之羌蠻。山谷眇兮路曼曼。眷東顧兮但悲歎。冥當寢兮不能安。冥音眠 飢當食兮不能餐。常流涕兮眥不乾。薄志節兮念死難。雖苟活兮無形顏。惟彼方兮遠陽精。北方近陰遠陽 陰氣凝兮雪夏零。沙漠壅兮塵冥冥。有草木兮春不榮。人似禽兮食臭腥。言兜離兮狀窈停。兜離匈奴言語之貌 歲聿暮兮時邁征。夜悠長兮禁門扃。不能寐兮起屏營。登胡殿兮臨廣庭。玄雲合兮翳月星。北風厲兮肅泠泠。胡笳動兮邊馬鳴。孤雁歸兮聲嚶嚶。樂人興兮彈琴箏。音相和兮悲且清。心吐思兮匈憤盈。欲舒氣兮恐彼驚。含哀咽兮涕沾頸。家旣迎兮當歸寧。臨長路兮捐所生。兒呼母兮號失聲。我掩耳兮不忍聽。追持我兮走煢煢。頓復起兮毀顏形。還顧之兮破人情。心怛絕兮死復生。列女後傳云琰字昭姬也

贊曰。端操有蹤。幽閑有容。區明風烈。昭我管彤。婦人之至其節 妻有聲者可書其志風懿烈以昭明文史之所記也管彤赤管筆解見皇后紀

後漢書卷一百十四考證

曹世叔妻傳又詔融兄續繼昭成之○何焯曰司馬彪云馬續述天文志續字季則見馬援傳末

孝女曹娥傳迎婆娑神○困學紀聞云曹娥碑云盱能撫節安歌婆娑樂神以五月五日迎伍君傳云婆娑神誤也

皇甫規妻傳安定皇甫規妻者不知何氏女也○按唐張懷瓘書斷云扶風馬夫人大司農皇甫規之妻也

董祀妻傳追懷悲憤作詩二章○何焯曰按董卓傳卓以牛輔子壻素所親信使以兵屯陝輔分遣其校尉李傕郭汜張濟擊破河南尹朱儁于中牟因略陳留潁川諸縣殺掠男女所過無復遺類文姬流離當在此時蔡邕傳邕在長安與從弟谷謀東奔兗州又欲遯逃山東時未必以家自隨也蘇氏以董卓旣誅邕乃隨坐不應文姬先罹禍亂疑此詩爲後人作考之不詳也

後漢書卷一百十四考證

後漢書卷一百十五

宋 宣城太守范 曄撰

唐 章懷太子賢注

東夷傳第七十五

王制云。東方曰夷。夷者柢也。言仁而好生。萬物柢地而出。事見風俗通 故天性柔順。易以道御。至有君子不死之國焉。山海經曰君子國衣冠帶劍 外國圖曰去琅邪三萬里 東其爲人黑色壽 不死並在東方也 夷有九種。曰畎夷。于夷。方夷。黃夷。白夷。赤夷。玄夷。風夷。陽夷。竹書紀年曰后泄二十一年命畎夷白夷赤夷玄夷風夷陽夷 后相即位二年征黃夷七年于夷來賓後少康即位方夷來賓也 故孔子欲居九夷也。昔堯命羲仲宅嵎夷。曰暘谷。蓋日之所出也。孔安國尚書注曰東表之地稱嵎夷暘谷日之所出也 夏后氏太康失德。夷人始畔。太康啟之子也盤于遊田不恤人事爲羿所逐也 自少康已後。世服王化。遂賓於王門。獻其樂舞。竹書紀年曰后發即位元年諸夷賓于王門諸夷入舞 桀爲暴虐。諸夷內侵。殷湯革命。伐而定之。至于仲丁。藍夷作寇。仲丁殷太戊之子也竹書紀年曰仲丁即位征于藍夷也 自是或服或畔。三百餘年。武乙衰敝。東夷寖盛。遂分遷淮岱。漸居中土。武乙帝庚丁之子 及武王滅紂。肅慎來獻石砮楛矢。管蔡畔周。乃招誘夷狄。周公征之。遂定東夷。尚書序曰成王旣伐東夷 征之作 康王之時。肅慎復至。後徐夷僭號。乃率九夷以伐宗周。西至河上。穆王畏其方熾。乃分東方諸侯。命徐偃王主之。博物志曰徐君宮人娠而生卵以爲不祥棄於水濱孤獨母有犬名鵠蒼獵於水濱得所棄卵銜以歸母覆煖之遂成小兒生而偃故以爲名宮人聞之乃更錄取長襲爲徐君 也 偃王處潢池東。地方五百里。自山陽以東海陵以北其地當之也 行仁義。陸地而朝者三十有六國。穆王後得驥騄之乘。史記曰造父以善御幸於周穆王得驥溫驪驊騮騄耳之駟 乃使造父御以告楚。令伐徐。一日而至。於是楚文王大舉兵而滅之。偃王仁而無權。不忍鬬其

• 후한서 : 하나라 무을이 쇠폐해지자 동이가 회대지방에 옮겨가 살았으며 점판 중앙을 점령했다.

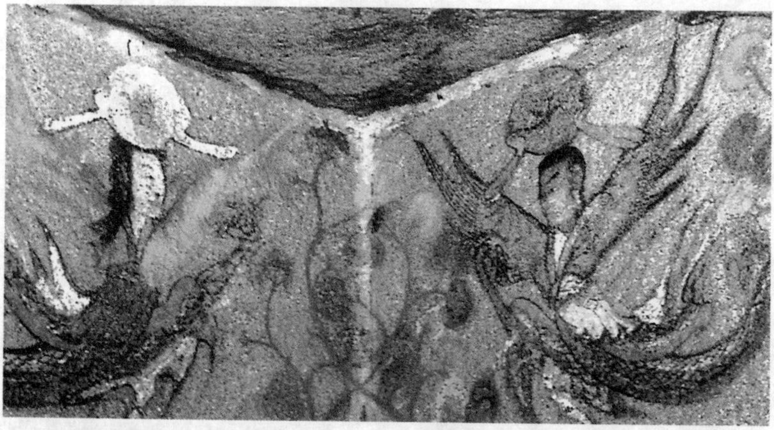

• 고구려 고분벽화 속의 해의 신과 달의 신 : 해신이 들고 있는 태양에는 삼족오(세발까마귀)가 그려져 있고, 달신이 들고 있는 달에는 황금두꺼비가 그려져 있다. 까마귀와 까치는 하늘나라와 통하는 사신이 되며, 황금두꺼비는 훌륭한 아들을 상징한다. 동부여의 금와왕 출생의 신화는 이를 반영한다.

민족의 뿌리를 밝히는
한국 역사 9000년

초판 인쇄/1997년 8월 10일
초판 발행/1997년 8월 13일
2쇄/1997년 12월 10일

지은이/최종철

펴낸이/임종대/펴낸곳/미래문화사
등록 일자/1979년 10월 19일
등록 번호/제3-44호

주소/서울시 용산구 효창동 5-421 ㉾ 140-120
전화/715-4507/713-6647
팩시밀리/713-4805

정가 7,000원

ISBN 89-7299-143-0 03900